马克思主义理论研究
和建设工程重点教材

知识产权法学

《知识产权法学》编写组

主　编　刘春田

主要成员

（以姓氏笔画为序）

马一德　王　迁　王太平

冯晓青　曲三强　孙新强

李　琛　李雨峰　李明德

张玉敏　郭　禾　郭寿康

高等教育出版社·北京

二维码资源访问

使用微信扫描本书内的二维码,输入封底防伪二维码下的 20 位数字,进行微信绑定,即可免费访问相关资源。注意:微信绑定只可操作一次,为避免不必要的损失,请您刮开防伪码后立即进行绑定操作!

图书在版编目(C I P)数据

知识产权法学 /《知识产权法学》编写组编. -- 北京:高等教育出版社,2019. 8(2022.1 重印)
马克思主义理论研究和建设工程重点教材
ISBN 978-7-04-052207-5

Ⅰ.①知… Ⅱ.①知… Ⅲ.①知识产权法-法的理论-中国-高等学校-教材 Ⅳ.①D923.401

中国版本图书馆 CIP 数据核字(2019)第 128888 号

责任编辑 帅映清　　封面设计 王 鹏　　版式设计 于 婕　　责任校对 张 薇
责任印制 朱 琦

出版发行	高等教育出版社	网　址	http://www.hep.edu.cn
社　址	北京市西城区德外大街 4 号		http://www.hep.com.cn
邮政编码	100120	网上订购	http://www.hepmall.com.cn
印　刷	保定市中画美凯印刷有限公司		http://www.hepmall.com
开　本	787mm×1092mm　1/16		http://www.hepmall.cn
印　张	19.75		
字　数	350 千字	版　次	2019 年 8 月第 1 版
购书热线	010-58581118	印　次	2022 年 1 月第 10 次印刷
咨询电话	400-810-0598	定　价	41.00 元

本书如有缺页、倒页、脱页等质量问题,请到所购图书销售部门联系调换
版权所有　侵权必究
物 料 号　52207-00

目　录

第一编　著作权与相关权利

第三编　商标权与其他商业标记权

绪　论

党的十一届三中全会开启了中国改革开放的伟大征程。历经四十余年的辉煌实践，中国发生了翻天覆地的变化。

经过长期努力，党的十八大以来，中国特色社会主义建设进入新时代。随着深化改革、扩大开放和实施创新驱动发展战略，我国将逐步进入创新型社会。习近平指出："创新是一个民族进步的灵魂，是一个国家兴旺发达的不竭动力，也是中华民族最深沉的民族禀赋。"① 创新，主要指科学技术创造与文学艺术创作。人类文明史告诉我们，创新是财富的源泉。知识产权法是工业文明以来确立的与创新相匹配的近现代财产制度。

各国法律界普遍认为，知识产权制度从 17 世纪发端，它是工业文明借助于市场经济逐步形成的崭新的财产制度，其本质是一种建立在对创造成果和商业标记的商业利用基础上的新的财产制度。迄今已有近 400 年的历史。随着工业化发展，知识产权制度已经为世界各国所普遍接受，并成为现代社会财产制度的核心。世界各国法律公认，知识产权属于私权，即民事权利。中国自 20 世纪 70 年代末改革开放以来，逐步建立健全了作为民法建设重要组成部分的知识产权制度，并加入了主要知识产权国际组织和公约，建立了与国际知识产权规则相融通的知识产权运行与保护的机制，在知识产权法治建设上取得重大进步，并努力从知识产权国际规则的参与者向建设者转变。知识产权制度作为工业社会的财产制度，是构成现代社会的基础设施。正如习近平所言：知识产权保护不仅是中国履行国际义务的需要，更是中国构建创新型国家，实现自身经济社会发展目标的需要。② 目前，知识产权已经成为影响中国经济、社会生活的重要内容。知识产权法律，也已成为中国国民步入现代社会生活的重要教科书。知识产权法学被列为全国普通高等学校法学专业的核心课程，既反映了知识产权制度在当代中国经济社会生活中的基础作用，也表明了中国政府对知识产权法学高等教育的重视。

本书分设绪论以及著作权与相关权利、专利权与其他技术成果权、商标权与其他商业标记权、与知识产权有关的反不正当竞争法和知识产权国际条约五编。

绪论部分主要围绕知识产权的概念进行阐述。法律概念是建立科学的理论体

---

① 习近平：《习近平谈治国理政》，外文出版社 2014 年版，第 59 页。
② 《习近平同奥巴马举行中美元首第二场会晤》，《人民日报》2013 年 6 月 10 日。

系的起点，也是解释法律制度的钥匙，是学科的基础。知识产权属于民事财产权利，知识产权法属于财产法，是民法的重要组成部分。在财产法中，因权利发生的前提与根据不同，而把财产权划分为物权、债权和知识产权。知识产权在现代财产权利体系中居于核心地位。绪论主要涉及如下内容：知识产权法学的概念与学科发展；知识产权概述，包括知识产权的定义以及知识产权客体的本质与特征，及其与物权客体、债权客体的区别；知识产权法的性质与分类；知识产权制度的构成；知识产权法与宪法、民法的关系；知识产权制度的历史沿革与发展趋势。

第一节　知识产权法学的概念与学科发展

一、知识产权法学的研究对象、指导思想、研究方法

（一）知识产权法学的研究对象

根据我国《民法通则》① 第五章第三节和《民法总则》第 123 条关于知识产权是权利人依法就作品、发明创造、商标等客体享有的专有权利之规定，知识产权是基于创造成果和商业标记依法产生的权利的统称。创造成果包括科学技术成果和文学艺术作品。商业标记包括商标、商号、地理标记等商业领域的标记。知识产权作为财产权属于民事权利。知识产权法作为财产法属于民法的一个组成部分。知识产权法学是以知识产权的理论、制度与实践为研究对象的一门法律科学。知识产权法学属于民法学的一个重要分支，也是法学的一个新兴学科。

（二）知识产权法学的指导思想

知识产权法学是当代中国特色社会主义法学的基本组成部分，也是我国教育部确定的法学专业高等教育的核心课程之一。马克思主义是知识产权法学一以贯之的指导思想。马克思主义世界观和方法论对知识产权法学学科的指导意义，主要表现为四个方面：首先，在哲学层面，马克思主义经典作家以科学实践观为基础，正确地解决了物质与精神、存在与思维、客体与主体的关系问题，第一次实现了唯物主义与辩证法的统一、唯物主义自然观与历史观的统一。这种内在统一的哲学用唯物史观与唯物辩证法解释社会领域的各种现象，是指导我们学习和研究知识产权法学的重要理论指针。其次，在政治经济学层面，知识产权是基于创造成果和商业标记依法产生的权利的统称。知识产权法律体系的理论探索和实践

---

① 本书引用现行法律时，一律使用全称，但省略"中华人民共和国"。

创新，与国家的社会制度、经济运行以及公民的社会活动、经济利益密切相关。知识产权法作为上层建筑，归根结底是由经济基础所决定的，是经济关系在法律上的表现。因此，知识产权法学研究，离不开对社会生产关系即经济关系及其发展规律的认识，离不开对人类社会各发展阶段的生产、交换以及与之相适应的产品分配和消费规律的认识，也就是说，知识产权法学的研究离不开对政治经济学这门学科理论成果的把握。马克思主义政治经济学深入研究社会经济活动的一般规律，不仅为我们认识资本主义的历史和本质，也为我们认识当代资本主义和社会主义提供了基本立场、基本观点和基本方法，同时也为我们学习和研究知识产权法学提供了科学的指导。例如，马克思主义有关科学技术属于生产力，以及当代马克思主义有关科学技术是第一生产力的观点，具有重大的理论意义和实践价值。历史上，马克思主义关于科学技术属于生产力的观点和理论一脉相承，不断深化。马克思早年就揭示，生产力中也包括科学，并认为，一般社会知识也成为直接的生产力。邓小平1978年3月18日在全国科学大会上指出："科学技术属于生产力。"并在1988年9月5日进一步提出："科学技术是第一生产力。"江泽民则强调，科学技术是第一生产力，而且是先进生产力的集中体现和主要标志。胡锦涛指出，人类文明每一次重大进步都与科学技术的革命性突破密切相关。科学技术作为人类智慧的伟大结晶，推动创造了巨大的物质财富和精神财富。党的十八大以来，党中央作出"创新是引领发展的第一动力"的论断，并提出了"创新驱动发展战略"。习近平提出："坚持创新是第一动力，坚持抓创新就是抓发展，谋创新就是谋未来"的理念。这些论断，为我们研究知识产权提供了基本的理论依据。再次，在法理学层面，马克思主义法理学具有高度科学性和强大生命力，能够深刻揭示知识产权的本质、规律等知识产权法学的核心问题。知识产权法学作为法学的一个新兴学科，主要研究知识产权的理论、制度与实践。其中，法的理念、法的精神是法律制度的灵魂，是法律制度体系的支柱。作为法学的基础理论，法理学正是通过反映其所处时代的法的理念、法的精神，为研究法律制度、法律体系以及法的规律，推动法学发展提供思想动力和基本方法。因此，知识产权法学同马克思主义法理学有着不可分割的联系。最后，在中国化的马克思主义层面，应当理性认识到，我国将长期处于社会主义初级阶段，这是基本国情。中国特色知识产权理论体系的研究和构建，离不开中国特色社会主义理论体系，尤其是习近平新时代中国特色社会主义思想，其对中国基本国情的论述、对实现中华民族伟大复兴的论述、特别是对于新时期依法治国方略的论述，为中国特色知识产权法学理论体系的研究和探索、开拓和创新，始终立足于中国的土壤，回应中国发展的需求奠定了重要的思想基石。众所周知，知识产权作为新型财产，作为私权，是市场经济和工业文明的产物，并伴随资本主义而产生和发展。但历史实践说明，私权、市场经济、工业文明并不专属于资本主义。社会主义将有一个很长的历史时期处于初级阶段，私权、市场经济、工业文明将长期存在。在社会主义初级阶段，我国经济发展遵循市场决定资源配置的原则。当前，中国特色社会主义进入新时代，转型为主要依靠创新发展经济。在这一宏大的背景之下，知识产权越来越重要，构建中国特色知识产权法学也成为时代的当务之急。所谓创新驱动发展，就是把技术和制度创新作为增长社会财富的主要手段。其中，技术创新是增长财富的直接手段，在市场经济社会，给技术创新成果赋予知识产权，是合理分配新增财产，促进持续创新的有效法律保障。实践证明，知识产权制度作为现代国家财产制度的重要组成部分，不是法律体系中的某个具体环节，而是现代国家不可或缺的，具有奠基作用的基础法律设施。对此，我国积极实行以增加知识价值为导向的分配政策，通过知识产权制度激励创新，把加强知识产权保护作为完善产权制度最重要的内容。实践证明，我国在坚持社会主义基本制度的基础上，建立了一套既符合全球化，又适合中国国情的知识产权制度，并制定和实施国家知识产权战略，有效促进了经济与社会发展，促进了中国的进步，其合法性、正当性，世所公认。实践证明，马克思主义是发展的。用当代马克思主义构建、解释和指导知识产权法学，可以为中国知识产权制度的建设和发展提供有效的理论根据，具有重要的理论价值和时代意义。

（三）知识产权法学的研究方法

首先，知识产权法学是民法学的基本理论在知识产权领域的具体运用。私权是知识产权的根本品性。民法是知识产权法的最终归属。知识产权法是民法体系的重要组成部分。知识产权法与民法拥有同一个核心价值和灵魂。无论外在逻辑结构，还是内在精神宗旨，知识产权制度都身处民法之中，与民法融为一体。在制度上，离开了民法制度的奠基和支撑，知识产权制度就是无本之木。在精神上，离开了民法学博大精深理论的涵养，知识产权理论将成无源之水。这是由民法和知识产权法的逻辑关系和社会实践所决定的。知识产权法是民法的一部分，和民法是部分与整体，即树木与森林的关系。同为财产权利，知识产权和物权、债权具有共性。财产之所以区分不同的类型，主要是基于获得财产的前提和手段不同，知识产权发生的前提不同于传统财产，故形成了与传统物权、债权不同的财产制度。按照上述逻辑，知识产权法学是民法学普遍理论的具体运用。

其次，因为知识产权制度是与物权等其他传统财产制度不同的新型财产制度，因而有其特殊性和独特的研究方法。知识产权作为财产，其价值主要来源于对创造成果的商业性利用。知识产权法学自身的特殊性，取决于"知识"这种有别于"物"和"行为"的客体，在财产的发生、变更和灭失中的特殊现象、特殊功能、特殊规律。为此，要认识和把握与"物""行为"相区别的"知识"的本质、样态、特征。此外，主要以创造性劳动成果为客体的知识产权，获得财富的手段与凭非创造性劳动成果等手段获取财富的传统财产权，也有本质不同。在这个问题上，应当认真学习马克思主义劳动观和社会历史观，树立正确的劳动观，创造崇尚劳动、尊重劳动，尤其是尊重创造性劳动的价值观。从财产的质和量的角度看，创造性劳动成果的财产收益的多寡，与创造程度高低没有必然联系，而是按照其被商业化的程度和数量计量的。因此，有些情况下，即便创造程度再高，若创造成果无人问津，创造者仍会血本无归。反之，即便创造程度不高，只要天时地利人和，占得先机，也会"洛阳纸贵"。例如英国当红女作家罗琳，一部《哈利·波特》，让她一夜暴富，名满天下。所以，学习和研究知识产权法学，除了掌握扎实的民法学理论，还需要有良好的哲学、经济学、法理学训练，深刻理解知识、技术的本质、范围和经济社会功能，把握由此而决定的知识产权法学的独特研究方法。同时，还要注意与时俱进，紧跟科学技术进步的步伐，深入研究知识产权法学自身的特殊现象，把握知识产权法学的特殊规律。

二、知识产权法学的理论建设与学科发展

知识产权是工业文明的产物。历史证明，知识产权制度有效地推动了生产力的进步和经济的发展。作为一种复杂的经济、社会现象，它借助于制度、机构的力量，已成为将生产力、经济基础与上层建筑融为一体的系统机制。对它的技术、文化、经济和法律理论分析、历史研究，乃至哲学思考，一再吸引着科学、技术、经济和法律学人的目光。但是，作为一项新的财产制度，知识产权制度与农业社会就产生并成熟的传统物权、债权制度相比，要年轻得多。即便在知识产权制度起源地的欧美发达国家，也没有形成如物权法学、债权法学等相对统一的知识产权理论体系。当代，以数字技术为基础的互联网技术将广泛、深入、持久地影响和改变人类的生活方式，也将对知识产权制度、实践和理论构成新的挑战。

20世纪初，我国的有识之士对当时的知识产权制度就有了较为清晰的认识与研究，并有相应的研究成果问世。当时有的大学法学专业，也开设了以著作权法、专利法和商标法为主要内容的课程，具备了一定的学术积累。今天，我国的知识产权制度已经成为全球知识产权体系的一部分。我国知识产权理论研究与学科建

设，是以改革开放为背景，在传统与现代接续，西学与国情结合，全球化与本土化互动的环境中，以我国知识产权法治建设与国际知识产权法治的兼容为条件建立和发展起来的。以中国改革开放为起点，迄今四十余年间，大体经历了制度诠释和初步的理论研究、学科建设两个阶段。

第一阶段，经验与理论空白背景下粗浅的制度诠释。1979 年《中美科技合作协定》和《中美贸易关系协定》的签订，为中国重建知识产权制度奠定了国际条约的法律基础。随后，知识产权理论研究和制度建设同步展开。在十几年的知识产权诸单行法律建设历程中，中国的法学家一边学习和引进发达国家的制度，一边比照处于急剧转型中变动不居的中国社会，在知识产权制度的指导思想、价值取向、体系整合、制度安排、规范设计、条文推敲、文本表达、涉外关系等基础问题上，力图作出尽可能系统合理的构建。由于历史条件所限，那时，所谓研究，基本是按照欧美国家的制度路径，对外国法律或国际条约进行文本介绍。或是依赖欧美制度的逻辑对崭新的中国法律文本作粗浅的解说。囿于国情、眼界与学识，面对来自以财产私有制为基础的市场经济社会的法律制度，如何将其植入一个财产单一公有制和计划经济的，又处于改革过程中的中国社会，法学界的思想和理论准备不足，因而不具备提出系统的、有纲领性的知识产权理论的基础，尚无驾驭知识产权法学学科建设、发展方向的能力。因此，既难以对知识产权的一般理论进行思考，也难以对具体制度作深入研究。再加上当时社会主义法治恢复初期，民法学界主要力量无暇顾及萌芽状态的知识产权法学，致使原本作为民法制度的知识产权制度建设，在其制度构建之初欠缺民法的制度支撑，知识产权法学学科建设，欠缺民法学的精神指导和理论涵养。

这一时期，知识产权法学的学科建设经历了从无到有，从民法学中派生出来发展成其独立分支学科的历史。20 世纪 80 年代佟柔教授主编的法学统编教材《民法原理》一书，知识产权制度以"智力成果权"为名，作为教材的一章安排其中。1985 年，36 课时的知识产权法学作为选修课首次出现在高等学校法学专业课堂上。1987 年，知识产权法学被列入国家教育委员会全国高等学校专业目录。随后，90 年代，出现了一批以法学统编教材《知识产权法教程》为代表的教材，开始探讨知识产权法学的学科建设。

第二阶段，知识产权法学理论研究的开启与学科的初建。20 世纪与 21 世纪之交，随着我国向市场经济的过渡和全面融入国际社会，知识产权日益深刻地影响着现代社会生活。知识产权制度日益丰富的社会实践开启了我国基于本土经验的知识产权理论研究。这一时期，学界开始关注知识产权的基础理论问题，开始对知识产权的基本概念，知识产权作为财产的合理性、正当性，法律属性，对象与客体，法律体系建构，价值评估，归责原则，侵害赔偿，专门制度，历史梳理，文化价值乃至哲学基础等基本范畴以及与知识产权密切联系的问题进行探讨。继而把眼光投向知识产权问题的纵深，相继出现了一批有价值的成果。

在知识产权问题上，既要重视经验，也要重视理论与逻辑思辨，二者不可偏颇。知识产权理论，源自社会实践，源自对实践的经验总结。在强调经验时，论者每每以美国大法官霍姆斯的观点为据，即法律的生命是经验而不是逻辑。又曰：历史研究之一页当抵逻辑分析之一卷。这固有其道理。但是，简单比较经验与理论的优劣是片面的。经验固然可贵，但它还只是感性认识，是走向理性的一个阶段。"经验使我们得以融入事物或事物得以融进我们的直观，但它仍然不构成知识。我们不能通过直观来理解或解释任何东西。通过直观的方式我们能获得的只是对事物的体验而不是对事物的理解。而只有对事物的理解才是我们在科学和哲学中追求知识所要达到的目标。"① 经验唯有纳入科学的思维体系，才能上升为理论。中西传统，各有所长。与霍姆斯同时代的晚清大儒沈家本持论更显全面、公允。他认为："大抵中说多出于经验，西学多本于学理。不明学理，则经验者无以会其通；不习经验，则学理亦无从证其是。经验与学理，正两相需也。"② 可见，经验和理论，二者更像"术"与"道"，是辩证的关系，是一个硬币的两面，不分伯仲。处于初期的中国知识产权研究，应处理好两者的关系。

这一时期，知识产权法学的学科地位急剧提升。1999 年，教育部将知识产权法学列入全国高等学校法学专业 14 门核心课程之一，并组织力量编写教材。近年来，《知识产权法学》又被确定为马克思主义理论研究和建设工程重点教材，进一步推动了知识产权法学的学科建设。总体来讲，我国的知识产权法学学科还处于初建阶段，知识体系和总体框架还在建设、调整和完善之中。需特别指出的是，法理研究对知识产权法学学科建设至关重要，我们在完善对知识产权制度分析的同时，加强对知识产权的法理研究和阐述将是本学科建设的重要任务。

第二节　知识产权概述

一、知识产权的定义

关于知识产权的概念，有多种表述方式，大致可以归纳为三种：第一种是列

① ［德］M. 石里克：《普通认识论》，李步楼译，商务印书馆 2005 年版，第 110 页。
② 沈家本：《历代刑法考》（第四卷），邓经元、骈宇骞点校，中华书局 1985 年版，第 2217 页。

举知识产权主要组成的方法，第二种是下定义的方法，第三种是完全列举知识产权保护对象或者划分的方法。

用列举知识产权主要组成的方法表述知识产权的概念是国内外著作普遍采取的方法。比如，知识产权传统上包括专利、商标和著作权三个法律领域，或者将专利权、商标权与著作权等结合在一起称之为知识产权①。

用下定义的方法界定知识产权概念的，主要反映在有关知识产权法的论著或教科书中。有代表性的是世界知识产权组织编写的《知识产权法教程》一书以及我国20世纪90年代以来袭用世界知识产权组织提法编写的教材。前者认为，知识产权的对象是指人的脑力、智力的创造物。后者为知识产权下的定义是：人们就其智力创造的成果依法享有的专有权利。

用完全列举知识产权保护客体或者划分的方法表述知识产权概念的代表，是两部重要的国际公约：一是《成立世界知识产权组织公约》，该公约第2条第8款列举了8种类型的知识产权。二是1993年通过的《与贸易有关的知识产权协定》（以下简称TRIPs协定），同样列举了8类知识产权。

上述对知识产权概念的表述对于研究和高等教育而言都有局限性。列举知识产权组成部分的方法不能揭示属概念的全部外延；下定义的方法固然简练、抽象，但仅限于概括创造成果，不能言及商业标记，无法涵盖知识产权客体的全部；完全列举知识产权保护客体或者划分的方法表述清楚、全面、明确，但用来说明概念则失之烦琐，且知识产权是一个发展、开放的系统，难免挂一漏万。目前我国知识产权学界通常接受的方法是，既有所归纳，也对迄今为止知识产权的主要客体的范围作类型化的、全面却不封闭的描述。基于此，本书认为，知识产权是基于创造成果和商业标记依法产生的权利的统称。

知识产权概念之所以将创造成果权和商业标记权并列，是因为创造成果权的概念不能覆盖商业标记权的内容。二者划分的标准是各自获得财产的手段不同。创造成果权的价值与商业标记权的价值来源截然不同。创造成果权作为财产，其价值来源于创造，或者说创造成果所带来的功能或功效，即使用价值，是精神或物质的需求对象。消费者为获得特定的功能或功效，必须付出对价，以获得对创造成果的支配权。著作权客体——作品，为消费者提供的是满足精神消费的审美功能；专利权客体——技术发明，可以为消费者实现物质实用功能。二者的财产价值均源自因客体的创造性而产生的功能，消费者的消费对象是特定的创造

①　郑成思：《知识产权法教程》，法律出版社1993年版，第1页。

物——"知识"本身。商业标记是指商标、商号，产品的包装、装潢，地理标志等各类用于区别商品或服务来源的标记。商业标记权作为知识产权，其价值的来源不同于创造成果权。消费者的消费对象不是商业标记本身，而在于它所指代的产品与服务。商业标记权作为财产权属性源于其作为媒介的区别功能；其量的规定性，取决于该区别功能在市场交易中所发挥的作用、所占份额的大小。

强调知识产权依法产生，反映了立法者的价值取向。包含两层意思：第一层意思是指并非一切创造成果都可以成为法律保护的客体，也并非任何标志都可以成为受法律保护的商业标记。受经济的、文化的、民族的或政治的因素的影响，法律要对纳入其范围的"创造成果"和"商业标记"进行筛选、裁剪、取舍、保护。第二层意思是指并非所有施加在创造成果和商业标记上的行为，都可以受到知识产权的规制。人的社会行为包罗万象，行为的后果会产生巨细不同、五花八门的社会关系。法律的功能是有限的，它只选择对经济关系有相当影响的一部分关系加以调整，在知识产权法的规定以外的对知识产权的客体所施加的行为，不受知识产权的规制。比如，书店在销售广告中罗列图书名录，或简要介绍出版物内容的行为，就不具有著作权法上的意义，不构成侵害图书著作权；汽车修理店广告词中类似"专修宝马"或"专修奔驰"的描述，也不具有商标法上的意义，既不属于侵害该类车产品的商标权行为，也不构成所谓对他人商标的"合理使用"。

二、知识产权的性质与特征

（一）知识产权的性质

1986 年的《民法通则》和 2017 年的《民法总则》相继将知识产权归为民事财产权利，归为私权。这是认识和处理知识产权事务的基础。法的基本原理认为，权利的属性决定于它所反映和调整的社会关系的性质，这种关系是客观的，不因人的主观意志而改变。知识产权所反映和调整的社会关系是平等地位的自然人、法人等主体之间的财产关系，因而具备了民事权利的最本质的特征，故为民事权利。民事权利被称作"私权"，民法被称作"私法"，以调整具有平等地位的私人之间的人身与财产关系。唯其如此，世界贸易组织《与贸易有关的知识产权协定》前言中，把"承认知识产权为私权"作为最重要的全球共识之一。从《民法通则》到《民法总则》，再到世界贸易组织《与贸易有关的知识产权协定》，从中国到世界，对知识产权属性的统一的客观表述，对于长期缺乏"私权"和"私法"传统和观念的中国社会而言，具有纲领性的作用和特殊的意义。

要厘清知识产权的私权本质，需要拂去公权力作用表象所产生的误解。所谓公权力，就是公法上的权力，主要表现为国家对于个人、法人的权力，如政府征收税金的权力等。私权利，是指个体的权利，既包括自然人，也含法人。法治国家，个体是国家肌体的细胞，个体私权利是国家公权力的基础。在私权的运行机制中，离不开公权力的辅助，如审查、确认、登记、执照、公示等。有些知识产权在权利形成、权利确立、权利行使、权利请求和权利救济中，也需要公权力的参与。最突出的是专利权、商标权的运行机制，若没有一个具有公信力的机构对当事人请求事项中的技术问题以及可能发生的违反法律或利益冲突等问题进行必要的审核，专利权、商标权的独占的、排他的权利就难以确认。这种现象很容易使人对专利权、商标权，以及整个知识产权的私权属性产生疑问与动摇，甚至在认识上出现"私权公授""知识产权是行政许可"和"知识产权私权公权化的趋势"等错觉或误解。

需要指出，社会生活中公权力与私权往往交织在一起，但二者却有本质的区别。在法治社会的法律体系中，私权和公权力之间，私权始终居于目的、实体、主体、第一性的地位；公权力则居于手段、程序、辅助、第二性的地位。为保障私权秩序的合理、公平，经常需要借助于公权力的介入，须有公法规范，但是公权力在其中也只是辅助的手段。在知识产权的保护中，公权力具有关键的作用，但是，公权力的作用再突出，也不可能超出或改变法律对私权确认的实体规定，更不可能主辅颠倒地因公权力不可或缺的保障作用而改变私权的性质。在知识产权法的机制中，公权力机构，如商标局或专利局的职能，是依法确权、私权登记、颁发证照和向社会公示私权的存在及其合法性。它们对自然人、法人或其他民事主体提出的确认私权的请求所作出的决定，所遵照、适用的是商标法或专利法等私权法的规定，而非行政权力。这既不会造成私权利与公权力的混合，也不会导致私权属性的变异，更不会出现私权公权化。

（二）知识产权的特征

知识产权作为财产权，其特征是在与其他形态的财产权的比较中归纳出来的。现代社会的财产权一般由物权、债权和知识产权组成。物权、债权和知识产权虽然均属于民事财产权，但又互相区别，原因在于它们各自的客体不同。传统物权的客体是占有一定空间，能够为人的行为所支配并能够满足人们一定物质或精神需要，表现为动产和不动产的，有体有形的"物"。随着科学技术的进步，物的范围也在扩大。一些无体无形却实实在在存在的东西，如电、气，也成为物权的对象。债权的客体是以作为或不作为方式存在的"行为"。知识产权的客体，是以创造成果和商业标记形态出现的有形无体的"知识"。由于债权的客体是"行为"，故决定了其义务主体是特定的人,其权利具有相对权的特征。物权和知识产权分别表现为人的行为对"物"和"知识"的控制、利用和支配,其义务主体是不特定的世人,因而其权利具有绝对权的性质,亦称"对世权"。可见,债权与知识产权的区别是显而易见的,无须赘言。以下着重分析同作为"对世权"的知识产权与物权的差异,进而归纳出知识产权的特征。

1. 知识产权的客体是知识。物权的客体是动产和不动产以及其他客观存在的物理学意义上的"物"。作为知识产权客体的"知识",是不含物质实体的思想或情感的表现形式,具体表现为科学技术成果、文学艺术作品和商业标记,这些是非物质的客观存在,是在"虚"中"拟"出来的"物",是一种以特殊方式存在的事物。

2. 知识产权的排他效力弱于物权。物权与知识产权虽然同为绝对权利,但是物权通常可以借由人的行为对物质实体的实际占有或控制实现各项权能,而"知识"作为非物质的客观实在,很难通过人的行为对它赖以栖身的物质"载体"控制对它的利用,因此,在独占性、专有性和排他性上,知识产权显然要弱于物权。物权人对物的占有、使用、收益和处分行为,只要不侵害他人的利益,不危及社会公众和国家的利益,不违反公序良俗,不滥用法律赋予的权利,其权利是绝对的和排他的。法律对物权人权利的限制规定,是个别现象。知识产权人对其创造成果的占有、使用、收益和处分行为,除了要考虑和遵循与物权人行使物权时的相同约束条件之外,法律还明确、具体、广泛地规定了对知识产权的限制制度,如"合理使用""强制许可"等。也就是说,法律赋予物权人的权利,除个别情况外,权利人以外的人是不可以行使的。但是,知识产权却不是这样。法律赋予创造成果权利人的某些权利,非知识产权人依据法定的"合理使用""法定许可"和"强制许可"制度,可以行使依法原本属于知识产权人的权利。易言之,在知识产权的制度中,存在着一个权利人与非权利人可以共享的领域。这种情况在物权法中是鲜见的。

3. 知识产权利益的实现离不开法律的保障。物权人的利益既可以借助法律实现,也可以通过事实上对物权客体"物"的占有来实现。知识产权权利人无法通过对其"知识"实行"占有"来实现其利益,必须仰仗法律的保障。物权的客体多为有形有体或是可控的物质实体,物质是特定的,通常可以被权利人实际占有和控制。物权人占有和使用其客体物时,则在事实上有效地排除了其他人同时占有和使用其客体物的可能。但是,作为知识产权的客体的科学技术成果、文学艺术作品和商业标记,只是一种来自描述的"结构"和"形式",或者表现为数据,这种知识形态的客体一旦被设计描述出来，就可以不依赖于特定的载体存在，只要被公开，很难被权利人实际控制和占有。也就是说，作为一种表现形式，只要找到得以彰显其存在的载体，就可以再现，从而在理论上具有无限再现的特点。所以，知识产权的客体难以被权利实际独自占有和控制，而导致其独占性和排他性不同于物权。这也是知识产权极易受到侵害的原因。

4. 当同一载体上的知识产权与物权因权利行使而发生冲突时，知识产权通常让位于物权。在一件实体物之上，可以并存物权与知识产权这两种财产权。同时，对知识的权利和对知识所附着的载体之物权这两种权利可以分别属于不同的人。比如，一幅画作，在著作权保护期内，物权与著作权是并存的。当绘画的物权转让时，基本不影响原著作权关系。当物权和著作权分属不同的民事主体时，著作权的实现定然受到物权的制约。如果著作权人行使权利须以接触或使用作品原件为前提，这势必和物权发生冲突。当两个权利人不能就此达成一致时，尽管两种权利并无高下之分，但基于物权人依法享有对该画作实物的控制，往往会导致著作权因受到物权的对抗而难以实现。

5. 知识产权的期限由法律明确规定。作为财产，知识产权具有法定的期限，期限届满，权利归于消灭，创造成果进入公有领域，成为人人可以无偿利用的公共资源；商业标记的注册，如商标、商号等，也有法定的时间效力，期限届满可以续展注册，法定期限不续展的，也进入公有领域。物权则无此法律品性，物权的期限与物的自然寿命竞合。

6. 知识产权的价值源于客体的使用价值。按照经济学理论，物作为劳动产品，其价值的质的规定性取决于人的劳动，量的规定性则取决于生产该产品的社会必要劳动时间。物本身是价值的承载者，虽然也受市场供求关系的影响，但终究不能摆脱价值规律的制约。知识产权则不然。创造成果和商业标记等知识，本身是无价的，知识并非价值的承载者。知识产权作为一项财产权，其价值是通过人们对其客体，即"结构"和"形式"的利用而表现出来的。知识产权的价值的质源于特定知识的使用价值，知识产权价值的量的规定性则取决于其使用价值的市场价格。由于创造成果和商业标记可以无限复制，权利人因复制品得以大量出售而获得财产收益。物通常会因使用而减损，导致价值减少。知识的使用非但不会造成知识及其利用价值的减少，反而会增加。这是知识产权和物权的重大区别。

三、知识产权的分类

知识产权有两种分类方法：一种是把知识产权分为著作权和工业产权；另一

种是把知识产权分为创造成果权和商业标志权。

（一）著作权和工业产权

这种分类方法是以知识的功能为标准划分的。著作权是广义的，包括著作权和邻接权，其保护客体的功能是精神上的，也称非实用功能。其保护客体是能够产生令人愉悦精神的美的感受，以满足人类审美需求为目的的知识类型，包括文学、艺术和科学作品，表演艺术家的演出，录音制品和广播电视节目。为了实践和司法上的方便，多数国家的立法把与著作权相关的邻接权也置于著作权法中，如德国和中国。

工业产权是指著作权以外的知识产权，主要是专利权和商标权。其保护客体的功能是物质上的，也称实用功能。虽然被称为工业产权，但其保护对象的范围已超出"工业"的范围，主要指以实现人类的衣食住行等生活、生产的功能，满足物质消费为目的的知识类型，以及以实现规范市场经济秩序功能为目的的符号、标记类型的知识，如商业、农业、服务标记，地理标记，商号及标记，禁止与知识产权有关的不正当竞争，集成电路布图设计，植物新品种，域名，未公开的信息等。

需要说明，《成立世界知识产权组织公约》列举的知识产权第4项所说的"科学发现"，实际上既不能列为著作权的客体，也不是工业产权的客体。按照知识产权理论，科学发现不同于发明创造，发明是在认识事物的本质和规律的基础上，遵循自然法则对改造客观世界、解决特定问题而提出的技术方案。按照我国《专利法》第2条，发明是指对产品、方法或者其改进所提出的新的技术方案。发现则不同，按照《科学发现国际登记日内瓦条约》所下的定义，科学发现是"对迄今尚未被认识和尚不能证实的物质世界的现象、性质或规律的认识"。其认识对象是客观世界固有的本质及规律，而不是人类对物质世界干预的结果。故科学发现成果不宜作为知识产权保护的客体。虽然1967年的《成立世界知识产权组织公约》以及我国1986年颁布的《民法通则》都曾把"科学发现"规定为知识产权的保护对象，但在我国所有知识产权的相关法律、法规，都没有保护有关"科学发现"的规定。在知识产权立法规划中，也无此内容。此外，各国法律或者国际条约也未把科学发现作为知识产权加以保护。因此，我国新通过的《民法总则》中的知识产权条款，未将"科学发现"列为知识产权的保护客体。

（二）创造成果权和商业标志权

知识产权分为创造成果权和商业标志权，是学术界很早就出现的划分方法。比如日本学术界在20世纪60年代的著作中，明确地介绍了这种划分方法。我国在

20 世纪 80 年代末的出版物中也有这种提法。

知识产权是财产，故本书的划分方法是以知识产权价值的来源作为标准，将知识产权划分为创造成果权和商业标志权。创造成果权的价值，来源于对创造成果直接的商业利用。譬如，专利技术实施带来的经济收益，文学艺术作品的复制发行所带来的收益。总之，无论是科学技术还是文学艺术等创造性的智力成果，它们所具有的物质或精神上的使用价值是其价值的源泉，对它们的直接利用所获得的收益，就是创造成果的价格。与创造成果不同，商业标志的财产价值不是来源于该标志的创造性，而是来源于它作为标志的区别商品、服务来源和商业主体的功能，来源于所标志的商品、服务和工商业主体的市场评价。所以，商业标志的价值，既包括因承载区别功能所带来的经济收益，也包含市场对商品、服务、经营主体商业信誉的评价。

四、知识产权的客体

（一）知识产权的客体是知识

知识产权的客体是以"形式、结构、符号系统"等为存在方式的知识。客体是指那些借由对它的支配、利用、控制而发生法律关系的事物。客体是第一性的，是发生、变更和消灭法律关系的前提和基础。民事权利中的财产权之所以区分为物权、债权和知识产权，正是由于它们各自客体的自然属性以及存在方式的差异所致。客体不同，导致人类对其控制、利用、支配的行为方式不同，因而造成法律调整其行为的手段的差别，进而形成权利类型的不同。其中，物权的客体为物，债权的客体是行为，知识产权的客体是知识。

知识是精神活动的产物，是人类对其认识的描述，是人造的客观世界。人是符号的动物，知识的存在方式是具体的、有限的形式、结构或符号系统。知识是知识产权发生的前提和基础。知识产权法中的"知识"，和物权法中的"物"，在法律关系上遵循相同的原理。从哲学上讲，世界是物质的。实际生活中，"物"既是具体的，又是包罗万象的概念。而法律上的"物"，既非包罗万象的概念，也非泛指所有具体的"物"，而是一个经法律筛选后，内涵确定、外延清晰的法律概念。同样，"知识"既是具体的，也是一个可以涵盖人类全部文明成果的外延广泛的概念。知识产权中的"知识"也并非泛指所有的"知识"，同样是一个经过法律筛选的，内涵、外延确定的法律概念。其与物权法中"物"一样，是确定的、有限的，是发生、变更和消灭知识产权法律关系的客观承担者。和物权一样，在知识产权领域，以创造成果和商业标志为样态存在的知识，也是确定的、有限的，它们是知识产权法律关系得以发生的根据，是知识产权的客体。将知识产权的客体界定为"知识"，是认识上的进步，无论逻辑上，还是实践上，都不存在困难。

（二）"知识"的特征

权利客体自然属性的不同，决定民事权利的区别。根据客体的自然状态，可以用形与体的概念作为划分不同财产权的标准。

物权是以人类的支配物为前提，物的自然状态是形式加质料，有形有体，是形与体的统一；债权以债务人的履行行为作为前提；知识，作为一种纯形式、符号，是非物质的。这一自然属性决定了知识产权具有不同于物权与债权的独特的面貌和特征。纯形式和非物质性这一本质，决定了"知识"具有如下特征：

1."知识"作为形式，不具有实体性，它必须依赖于一定的物质载体而存在。知识所彰显的，是反映一定思想和情感的表达。知识作为形式是人类心智结晶的外在的客观表达，因而必然利用了人类大脑这种物质材料，以及外在表达所赖以实现的物质材料的双重载体才得以存在。比如，"胸中之竹"就是以大脑材料为载体的"竹"；"手中之竹"就是以实现表达的物质材料为载体的"竹"。但是由于在以大脑材料为载体的情况下，信息是抽象的，不具有具体的形式特征，从可表达、可传递的知识的角度来看属于"无"的状态，所以，还不能构成客观外在的"知识"。"知识"是以物质为载体而为人们所感知的存在形式。

2."知识"作为形式，在时间上具有永存性的特点。"知识"一旦被描述、表达出来，呈现一种为人感知的客观状态，具有永不磨损的品格。这和物有根本的不同，作为物权客体的物，是特定的，不具有永存性特点。物权以物的存在为前提，如影随形，物灭失之后，物权也就消灭了。因此，在法律上，不必为物权设定时间界限，而是任由物的自然寿命决定。作为形式的知识，其存在和再现需要物质材料加以支撑，但是并不受特定的物质材料的限制，即使支撑形式存在的某一物质材料灭失，只要作为表达的形式还在，无论是附着在物质材料上，还是转换压缩为数字储存于计算机或在人脑记忆中，其结构和形式没有任何损失，该形式仍然可以被抽取出来，还可以从物质世界中找到使它再现的新材料。知识的形式本质和非物质性，决定了它是靠表现和传递而存在并维系其寿命的。除非是作为知识的形式全部灭绝和储存于大脑中的信息全部失传这两种情况同时出现，否则，知识的寿命是无限的。

3."知识"作为形式，受其非物质性决定，在空间上可以无限地再现或复制。人类可以不受地域、国别以及特定物质材料的限制，在同一时间，利用不同的载体，不受数量限制地复制相同的结构与形式，并互不影响。因而知识一旦被创造出来并予以公开，客观上就为人们提供了共享该知识的可能。当其他人获取或利用该知识时，并不导致知识的创造者失去该知识，他可以与众多的人不受数量限制地、互不干扰地同时共同占有和利用该知识。物则不同，它是特定的，同一个物不可能同时在不同的地域被不同的人所占有和利用。

第三节　知识产权法概述

一、知识产权法的概念

知识产权法是基于对知识产权的控制、使用、收益、处分而产生的法律规则体系。知识产权为私权。知识产权法为私权法。在知识产权理论中，存在知识产权包含人身权内容的观点，实践中也有这样的立法例，但知识产权本质上是财产权，知识产权法属于财产法。

现代财产法主要由知识产权法、物权法、债权法这三个相互区别、相互关联、相互依存的部分构成。知识产权是一个抽象的概念，是对著作权、专利权、商标权等的统称。知识产权法也一样，各国立法很少有统一的"知识产权法"。通常将著作权法、专利法、商标法和反不正当竞争法等一起，统称为"知识产权法"。我国在理论、立法和实践中也采用此说。

二、知识产权法与宪法

我国建立知识产权制度的基础条件是社会主义市场经济，根本法律依据是宪法。

首先，通过宪法，推动发展科学事业、促进人才培养、鼓励创造活动，将公民在各个领域从事创造活动的自由作为公民的基本权利予以保障。《宪法》第20条规定："国家发展自然科学和社会科学事业，普及科学和技术知识，奖励科学研究成果和技术发明创造。"第23条规定："国家培养为社会主义服务的各种专业人才，扩大知识分子队伍，创造条件，充分发挥他们在社会主义现代化建设中的作用。"第47条规定："中华人民共和国公民有进行科学研究、文学艺术创作和其他文化活动的自由。国家对于从事教育、科学、技术、文学、艺术和其他文化事业的公民的有益于人民的创造性工作，给以鼓励和帮助。"这些规定，既彰显国家鼓励创造，重视培养知识分子，尊重知识，尊重人才的价值取向，也为创造活动的合法性提供宪法性基础。

其次，宪法通过对基本经济制度的规定，使公民因创造成果而获得相应的财产权利，从而为知识产权制度的正当性提供了宪法基础。1993 年《宪法修正案》第 3 条在宪法序言中增加了"我国正处于社会主义初级阶段"的规定。1999 年《宪法修正案》第 12 条将这一表述修正为"我国将长期处于社会主义初级阶段。"与之相匹配，《宪法》第 6 条规定："国家在社会主义初级阶段，坚持公有制为主体、多种所有制经济共同发展的基本经济制度，坚持按劳分配为主体、多种分配方式并存的分配制度"。这种分配制度是社会主义初级阶段分配制度的一大特点，符合社会主义市场经济阶段的生产力发展和人们的觉悟水平。众所周知，除去按劳分配制度之外，其余分配方式实质上是按对生产要素的占有状况进行分配的。生产要素，分为人的劳动和各种物质、非物质生产要素两大类。人的劳动，主要是指个体或受雇于非公有制经济组织的劳动者的收入方式。在物质和非物质生产要素中，知识、技术对于财富创造而言，具有基础的、决定性的作用。借由知识、技术的商业转化和法律规制而形成的知识产权，作为重要甚至核心的元素参与财富的分配。

通过一系列规定，我国宪法为知识产权制度提供了完善的法律保障。

三、知识产权法与民法

我国知识产权法律的直接渊源是民法。历史上，知识产权诸单行法律的发生，以及诸法之间的体系化的完成，独立于民法典之外。近年来，俄罗斯等少数国家已将知识产权法纳入《民法典》。法国甚至将著作权法、专利法和商标法等汇集成一个文件，名之曰《法国知识产权法典》，但没有改变它们作为"民法分则"的实质属性，仍处于《法国民法典》的统驭之下，离开了《法国民法典》，《法国知识产权法典》无法自行实施。因此，虽然大部分国家的知识产权单行法律尚未在形式上编入民法典之中，但并不影响它们在民法体系中的地位。从民法的体系结构看，民法总则与知识产权法，有主有从，是"上下级"隶属关系。《民法总则》是民法的灵魂、中枢、指导思想和精神支柱，是一切民事法律规范的纲领与神髓。知识产权法则处于《民法总则》的理念约束之下。《民法总则》所确立的法律精神、指导思想、法律原则、调整对象、主体、意思自治、法律行为、代理、诉讼时效、侵权行为、法律责任等基本制度，无一例外，都要在所有知识产权诸单行法律中适用。知识产权法与民法还是部分与整体的关系，它与民法的其他部分共同构成民法。

我国知识产权法律的创立基础是相关职能部门的起草工作。受行政工作习惯的影响，缺乏民法的精神、宗旨和原则对它们的系统整合。知识产权制度难以与民法体系很好地融合，给法律实践带来先天的困难。1986 年的《民法通则》将知识产权规定于民事权利之中，为从宏观上廓清知识产权的私权性质，提供了思维框架和制度保障，也为后来的知识产权诸单行法律的规范、健全与完善规制了方向。2017 年的《民法总则》结合历史实践，参酌外国法律和国际条约的基本精神和准则，继承《民法通则》的传统，再次以基本法的形式确认了知识产权的私权本质属性，具有长远的意义。

全球化时代，随着技术、制度创新日益决定经济的发展，并成为财富增长的主要手段，知识产权逐渐成为一个国家的核心竞争力，进而成为现代社会的核心财富，成为国家力量的基石。我国民事立法有必要提升理论认识，转变财产观念，与时俱进，处理好知识产权与民法典的关系。

民法典是技术、经济和社会进步的产物。法律必须反映和服务于时代的变迁。民法典是一个开放的体系。民法典进一步科学处理知识产权法问题，是技术、经济与社会发展的客观要求，是事物自身的本质属性和客观规律所决定的。此外，作为新型财产制度，知识产权法不仅能丰富民法上的财产制度类型，而且其理论还可以反哺和完善民法理论和制度。

四、知识产权法的体系

根据不同知识、技术的社会功能，知识产权法律体系项下可以分为著作权法、专利法、商标法和反不正当竞争法。其中，著作权法主要保护具有审美功能，即非物质功能的知识。专利法主要保护具有物质功能的技术方案和应用于工业生产的外观设计。商标法服务于商品交换环节，主要通过区别商品、服务来源，保护商业标志财产权，以维护良好的市场秩序，保护消费者的利益。反不正当竞争法中的一部分规定也发挥着保护技术方案和商业标记利益的功能。

（一）著作权法

著作权，是指基于文学艺术和科学作品依法产生的权利。文学艺术和科学作品是著作权产生的前提和基础。著作权通常有狭义和广义之分。根据我国著作权法，狭义的著作权是指各类作品的作者依法享有的权利，其内容包括人身方面的和财产权方面的；广义的著作权除了狭义著作权以外，还包括艺术表演者、录音录像制作者和广播组织依法享有的权利。在法律上，通常叫作"著作邻接权"或者"与著作权有关的权利"。本书所称的著作权，也包括著作邻接权。

我国《民法总则》规定，著作权属于民事权利，是知识产权的重要组成部分。

著作权包括被认为与人身利益相联系的内容，如发表权、署名权、修改权和保持作品完整权，归类于著作人身权。著作权中也有诸多属于财产内容的权利，如复制权、发行权、表演权、播放权、展览权、改编权等一系列财产权。

著作权作为一种财产权，其内容和特征，既不同于作为其他财产权的物权和债权，又与作为知识产权另外两部分内容的专利权和商标权有所区别。著作权、专利权和商标权的共同之处是，三者的客体，即各类作品、发明创造以及商业标志都是通过物质介质或载体表现的形式。三者的区别主要是：

1. 著作权、专利权和商标权客体所属的领域和作用不同，其表现形式也有所差别。专利权的客体是特定的产品和工艺方法，商标权的客体是标志，二者的作用主要在实现物质生产和生活的实用性以及商品流通领域，以满足人类的物质需求。著作权的客体，即作品则主要反映在文学、艺术和科学范围之内，用以满足人类的精神生活。

2. 与专利权、商标权相比，著作权所显示的独占性和排他性程度相对弱些。著作权的效力只及于排斥那些对自己有独创性的表现形式未经许可的商业性利用，但不能排斥他人独立完成的与之相近似甚至相同的作品也取得同样的权利。专利权和商标权的独占性和排他性远较著作权强。专利权只赋予最先完成发明创造或就其发明创造最先提出专利申请的人，商标权赋予最先使用该商标或最先申请该商标注册的人。商标权的这一特点更为突出。比如，商标权的排他性权利所涉及的范围，通常要稍大于商标权的独占性权利的范围。注册商标的专用权以核准注册的商标和核定使用的商品为限。商标专用权的保护范围，除核准注册的商标和核定使用的商品之外，还包括与注册商标相近似的商标和与该注册商标核定使用的商品相类似的商品。

3. 著作权制度赋予独立完成同样或相似作品的作者享有著作权。著作权自动产生。只要发生作品完成这一法律事实，就可以产生著作权。专利权和商标权的独占、排他性要求必须由法定的机构，完成一定的法定程序，予以登记注册，才能产生确定的权利。

著作权法是调整因著作权的产生、控制、利用和支配而产生的社会关系的法律规范的总称。广义的著作权法包括著作权法、邻接权法、各种相关的法律规范，以及调整国家与国家之间就相互提供著作权保护而缔结的国际条约。目前，我国著作权法体系由《著作权法》《著作权法实施条例》等法律法规、部门规章和包括司法解释在内的大量规范性文件构成。

（二）专利法

专利法的目的在于保护技术发明的专利权，以促进科学技术的发展和进步。专利法最为重要并能反映其本质特征的属性有两点：一是以法律手段实现对技术实施行为获得利益的独占；二是以书面方式实现对技术信息和权利内容的公开。

依照专利法所授予的专利权与垄断行为有本质区别。垄断是指主体对经营行为所实施的独占市场、排除竞争的行为。专利法所授予的具有独占性质的权利，其直接目的是赋予私权，终极目的是提高生产力，为社会创造更多财富。

从专利法所赋予的独占性权利内容看，专利法所规定的独占仅限于私权范围，而非对技术市场的垄断。首先，专利法不限制技术信息的传播，相反还鼓励或有助于技术信息的传播。各国专利法中都有相应的公告程序。通过公告程序公众可以自由了解专利技术的全部内容。因此，技术开发人员在从事开发之前通常要先进行专利文献检索以了解该领域的发展前沿。可见专利制度对技术的传播有益无碍。其次，专利法不禁止新技术的研究开发，即使研究开发中需要实施专利技术。专利权人的权利仅限于禁止他人为营利目的而实施专利技术。他人在专利技术的基础上从事改进发明或者为科学研究而实施专利技术的，专利法并不禁止。

技术的公开是专利法的第二个主要特征。各国专利法都要求申请专利的发明创造必须清楚、完整地公开其申请专利的全部细节，否则该申请将因公开不充分而被驳回。公开申请专利的技术资讯是各国专利申请人的义务。将有关技术细节公开，有益于避免社会财富的浪费。从事技术开发的人员在开发某个技术项目之前，可以通过专利文献了解世界范围内该技术领域的最新动向，避免重复开发。

不仅专利技术资讯要公开，专利权利内容也要公开。各国专利法在要求申请人公开其申请专利的技术细节的同时，还要明确划定其请求保护的范围。在法律程序上，公开技术细节通过专利说明书实现，明确权利范围通过权利要求书实现。在法律上经审查得到批准的权利要求书即确定专利权范围的法定文件，而专利说明书在确定权利范围时的主要作用则是解释权利要求中描述不清楚的地方。专利权利要求书作为公开权利范围的文件，明确了专利权人和公众的权利义务。

授予技术成果权利人以专有权和促进技术信息尽早公之于众，是专利法的两个直接功能。一方面，可以保障发明人的利益和正当诉求获得法律上的支持；另一方面，可以促进新技术迅速转化为生产力。

（三）商标法

商标法是调整商标的注册、使用、管理和保护商标专用权而发生的各种社会关系的法律规范的总和。这些社会关系包括：

1. 因商标注册而发生的社会关系。因商标注册所产生的关系，既包括注册申请人与商标管理机关之间因注册申请而发生的申请与审核关系，同时也包括注册申请人与其他平等民事主体之间因申请注册而发生商标异议、商标权争议等社会关系。

2. 因商标使用而发生的社会关系。这种社会关系主要是因商标权的转让或使用许可发生在转让人与受让人之间或许可人与被许可人之间的社会关系。此外，还包括未注册商标因实际使用而发生的各种关系。

3. 因商标管理而发生的社会关系。这种关系是指商标管理机关因实施其管理职能与商标使用者及其他相关人之间发生的社会关系，主要包括因商标权的续展、转让、使用许可而产生的管理关系；对商标的使用、印制等管理关系。

4. 因保护商标权而发生的社会关系。这种关系是指因侵害商标权行为而发生在商标权人与侵权人之间的社会关系。

（四）与知识产权有关的反不正当竞争法

反不正当竞争法与知识产权法有着密切的关系。有关知识产权的三项传统的法律——专利法、商标法和著作权法好比浮在海面上的三座冰山，反不正当竞争法则是托着这三座冰山的海洋。反不正当竞争法与传统的三项知识产权法律的关系主要表现在：第一，从制止不正当竞争的目标来看，知识产权法属于广义的反不正当竞争法的范畴。无论是商标法、专利法还是著作权法，都是通过禁止不正当竞争行为来实现对合法权利的保护。第二，从调整范围来看，反不正当竞争法与知识产权法对某些行为共同予以规范，存在法条竞合。例如，知名商品的包装、装潢可同时成为专利法、著作权法及反不正当竞争法的保护客体。在这种情况下，知识产权法的规定优先适用。第三，从保护知识产权的作用来看，反不正当竞争法又是知识产权法的重要组成部分，对知识产权制度起着重要的补充作用。凡是现有知识产权单行法律未予以规范或者超出其保护范围的内容，均可由反不正当竞争法来调整。

但是，由于反不正当竞争法与知识产权法在立法目的、保护方式和保护重点方面有所不同。知识产权法以确立主体所享有的权利的方式，保护权利人的有关知识产权在保护期内不受侵害；反不正当竞争法则通过确认竞争行为的公平性、正当性以及对市场竞争秩序的影响，制止不正当竞争行为，维护经营者与消费者利益，确保公平竞争的目的。

1. 反不正当竞争法与商标法。商标法与反不正当竞争法一样，可归入公平交易法范畴。二者通过不同的方式以维持公平的竞争秩序。商标法根据一定的注册程序赋予注册者以排他地将特定符号转化为商业标记的权利，并对这种权利提供公平的保护；反不正当竞争法则通过禁止各种具体的涉及商标、商号、名称等的不正当竞争行为来保护经营者的合法权益，维持公平竞争秩序。因此，如果说商标法是通过确认权利，从静态上制止不正当竞争的话，那么，反不正当竞争法则是从动态上来制止不正当竞争。

在对具体行为的规范上，反不正当竞争法与商标法的关系体现为以下两方面：一方面，二者共同规范某些行为，如既构成为商标法所禁止的侵害商标权的行为，又构成反不正当竞争法所禁止的不正当竞争的行为，如假冒他人注册商标。另一方面，反不正当竞争法对于商标法不能规范的某些侵害经营者和消费者利益、妨害公平竞争秩序的行为，如冒用他人注册商标以外的商品或服务表征的行为，均予以补充规范，以弥补商标法规之欠缺。这在各国及地区的反不正当竞争法中得以体现。

2. 反不正当竞争法与专利法。反不正当竞争法与专利法有着交叉关系。这种关系体现在对"非专利技术的盗用行为"以及"专利权的滥用行为"的规范上。非专利技术又称技术秘密或技术诀窍（know-how），即不受专利法保护之技术，属于商业秘密范畴。非专利技术包括了具备专利条件，但持有人未申请专利保护或不具备专利条件，不能要求专利保护这两种情形。这部分成果同样凝聚了创造人的心智和财力，也是一种财产，应受到法律的保护。有关国际条约及各国或地区的反不正当竞争法均规定了商业秘密法律保护，盗用他人商业秘密是一种不正当竞争行为，应予禁止。

滥用专利权有两种情形：一种是专利权人对竞争对手提起的不正当的侵害专利权诉讼或其他不当警告，可构成侵害他人商业信誉的不正当竞争行为；另一种是专利权人滥用专利权，利用其优势地位在专利授权合同中提出不合理的限制条件。这些行为受到反不正当竞争法的规制和调整。

3. 反不正当竞争法与著作权法。从防止来源混同（冒用他人成果）看，反不正当竞争法与著作权法具有共同的功能。例如，著作权法通过规范各种盗版侵权行为，以使受著作权法保护的作品不受侵害；反不正当竞争法则通过制止各种仿冒他人不受著作权法保护的创造成果的不正当竞争行为，以保障这类成果的权利不受侵害。

第四节　知识产权制度的历史沿革与发展趋势

知识产权是一个抽象的概念。它是对著作权、专利权和商标权等基于创造成果和商业标记依法产生的一类财产权利的统称。在民法精神、理念和制度体系的影响下，著作权制度、专利制度和商标制度分别各自产生和发展。随着技术进步和经济市场化程度的提高，上述财产制度之间的关联性越来越强，出现了相互协调发展的现象和趋势，如世界贸易组织《与贸易有关的知识产权协定》。但是，这些单行法律仍然沿着各自的轨迹自行发展。因此，知识产权制度的历史，实际上是著作权法、专利法、商标法等法律制度的发展历史。

一、著作权制度的历史沿革与发展趋势

著作权制度从孕育、产生发展到今天，大体经历了以下几个阶段。

（一）特许出版权时期

著作权制度萌发于图书出版产业。造纸术和印刷术是出版产业的主要技术，这两项技术由中国传入欧洲后，经由工业革命，在欧洲发达的科学技术和繁荣的文化环境中极大地促进了科学、文化和教育的发展。这种情况为图书出版业作为新产业的兴起和发展提供了技术和社会前提。出版业的产生，一方面给出版商带来丰厚的利润，激励资金和技术竞相投入；另一方面，盗版等不正当行为又给诚实商人造成极大威胁。出于维持竞争优势以维护自身利益的正当要求，出版商力图谋求对书籍的独占复制和发行权。这种情况较早发生在出版业相对成熟的英国。著作权的起因——特许出版权，则是由英王以缴纳特权费为条件授予商人的一种独占、排他的印制发行权。1556 年，英王玛丽一世颁布法令，给予印刷公会的成员出版书籍的特权，规定出版者须将准备出版的书籍送交官方审查，并须在印刷公会登记注册。非经特许不得从事出版业。这种制度，一方面满足了出版商的要求，另一方面，又控制各类作品的散布，防止进步思想的传播，维护封建国家政教合一的统治。特许出版权的性质是国家授予的特权，与普通私权不同，出版商对该权利的处分要受到公权力的限制。出版商是利益的收取人，所保护的行为是复制发行。在这种制度下并无作者的地位。因此，特许出版权不过是保护出版商利益的政府专利权，只是著作权制度的前奏，著作权制度是从中脱胎而来的。

（二）著作财产权时期

随着资本主义生产方式逐渐占统治地位，资产阶级取代封建统治者登上政治舞台。资产阶级的利益与启蒙思想家的主张转变为政治要求。王权式微，私权兴起。出版商要求一种法律上的、有保障的、无需行政授予的一般意义上的权利。同时，人们认识到，文学艺术和科学作品的作者才是创造的源泉，在出版产业链中，作者的利益得不到确立，即使出版商的利益保护得再充分也会成为无源之水。

在各种势力角逐下，英国议会于 1709 年通过一部以保护作者的权利为目的的法案，史称《安妮女王法》。这部法令所确立的原则中有两项是革命性的：（1）承认作者是著作权保护的本源。（2）对已出版著作的著作权采取有期限的保护。该法令揭示了著作权法的立法目的是鼓励知识分子创作作品，明确了作者对其作品的支配权内容，它完全不同于特许出版权制度中以出版商的利益为本位的行政特权，它是以作者为源泉，以出版发行为本位的权利，从而确立了作者在这项权利中的源头地位。同时，由于权利是依法产生，而不是根据皇家特别授权获得的，因而其性质转变为由民法调整的可转让的财产权，变为私权利。权利性质由公权力蜕变为私权利，权利主体由政府转变为创造者，标志着法律上以保护作者的利益为名义的著作权制度的诞生。法令规定：对已出版作品的著作权设定的保护期为 14 年，最长保护期为 28 年。《安妮女王法》是一个里程碑，标志着著作权法的诞生，为现代著作权制度奠定了基石，故著作权法理论把《安妮女王法》作为人类历史上第一部著作权法。

（三）作者权时期

18 世纪末，欧洲大陆各国相继建立著作权制度。与英国不同，这些国家的法律体现了资产阶级启蒙思想家的一些主张。他们把言论、出版自由等宪法上的人权观念引入著作权法范畴。他们认为，作品不同于其他商品，首先是作者人格的反映。因此，著作权中人格权是首要的，财产权次之。这些思想成为欧洲大陆国家著作权法中人格权的起源，导致大陆法系国家把著作权法称为作者权法（Author's Rights Law）。大陆法系作者权法的出现，使著作权概念在形式上更为丰富，内涵上更富于理想主义色彩，使著作权发展成以作者为权利主体的，由相互联系、相互依存的多项人身权和财产权共同构成的民事权利。至此，著作权法形成两个具有代表性的法律体系：一个是以美国、英国为代表的普通法体系（也可称之为"版权体系"），把著作权统一归结为财产权，不强调其人格权内容。另一个是以法国和德国、西班牙、意大利等国为代表的大陆法体系（也可称之为作者权体系），除了规定著作财产权外，还注重强调其人格权内容。但是，随着国际经济、政治、文化等领域的发展，到第二次世界大战后，尤其是互联网等技术迅速推动的全球化，促成了两大法系之间相互学习、借鉴和交融的趋势，进而使两个主要著作权法体系的界限日渐不明。

（四）国际条约作用下的著作权制度走向

作品复制和传播技术的进步，以及作品作为"形式"的本性，使作品传播突破国与国的界限，被广泛利用成为一件轻而易举的事。而各国作者基于内国法而获得的权利保护又不可能在他国发生效力。如果这个问题得不到解决，会给作者和出版商的利益造成严重损害。于是出现了国与国之间相互为对方著作权提供法律保护的做法。1858 年在布鲁塞尔举行的文学与艺术作品作家代表会议上，各国开始就建立著作权国际保护机构问题进行磋商。经过长期不懈努力，于 1886 年签订了《保护文学和艺术作品伯尔尼公约》（简称《伯尔尼公约》）。当时有 10 个国家签署了这个公约，该公约于 1887 年 12 月 5 日生效。经过一个多世纪的发展，该公约经过 7 次增补和修订，形成目前多数成员国批准的 1971 年巴黎文本。该公约已经成为当今世界多数国家相互间保护著作权的基础性公约，截至 2018 年共有 176 个国家和地区。第二次世界大战以后，以美国为代表的一些国家，由于其内国法达不到《伯尔尼公约》对其成员国所要求的保护标准，在联合国教科文组织的主持下，经过 3 年多的努力，于 1952 年 9 月在日内瓦通过了另一个著作权公约——《世界版权公约》。该公约于 1955 年 9 月开始生效。按照该公约序言，《世界版权公约》的建立是对现行著作权条约的补充。20 世纪 80 年代后期，通过对原《关税及贸易总协定》的大幅改革，于 1994 年正式成立了"世界贸易组织"，在该组织框架内通过了《与贸易有关的知识产权协定》，对世界贸易组织成员的包括著作权法在内的知识产权制度产生了重大影响，引发了各国知识产权制度新一轮的改造。1996 年 12 月，世界知识产权组织为解决数字技术和互联网给著作权制度带来的冲击，通过了《世界知识产权组织版权条约》和《世界知识产权组织表演和录音制品条约》。这些条约在很大程度上推动了各国著作权制度的趋同，构成了著作权国际保护的重要依据。

（五）我国著作权制度的历史与发展

我国著作权立法始于清朝末年，1910 年颁布了我国历史上第一部著作权法《大清著作权律》。该法分为通例、权利期限、呈报义务、权利限制和附则 5 章共 55 条，条文简约，内容完备，逻辑严谨，言简意赅。立法取向反映了对英美法系和大陆法系著作权法一些基本原则的兼收并蓄，反映了立法者对著作权制度的认识和远见卓识。虽然次年清朝政府被推翻，但《大清著作权律》对当代作用重大，对后世影响深远。该法律被中华民国临时政府所沿用，并在我国的著作权立法历史和社会生活中产生了深刻的影响。

中华人民共和国建立以后，政府注意并重视对作者利益的保护问题。1950 年全国第一次出版工作会议《关于改进和发展出版工作的决议》（以下简称《决议》）中指出："出版业应尊重著作权及出版权，不得有翻版、抄袭、篡改等行为。"还规定："稿酬办法应在兼顾著作家、读者及出版家三方面利益原则下与著作家协商决定。尊重著作家的权益，原则上不应采取卖绝著作权的办法。"上述内容为当时解决著作者的地位和利益问题提供了重要依据。1953 年，出版总署《关于纠正任意翻印图书现象的规定》指出："一切机关团体不得擅自翻印出版社出版的书籍、图片，以尊重版权"。这些文件说明国家承认作者地位和利益的存在，但只是在有关出版工作的行政文件中考虑到了作者的局部利益，不同于法律意义上的著作权。

1986 年通过的《民法通则》，才第一次把知识产权列为民事权利的重要组成部分，明确规定，公民、法人的著作权受法律保护。1990 年我国通过了中华人民共和国第一部《著作权法》，于 1991 年 6 月 1 日起实施。1992 年我国同时加入《伯尔尼公约》和《世界版权公约》。2001 年，我国对《著作权法》进行了第一次修改。2010 年，我国对《著作权法》做了第二次修改。2011 年起，《著作权法》启动了第三次修改工作。2017 年 3 月 15 日《民法总则》再一次明确作品作为知识产权的客体，受到民法的保护。这为完善我国著作权制度奠定了良好的法律基础。

二、专利制度的历史沿革与发展趋势

（一）专利制度的起源

13 世纪，英国皇家开始以特许令的方式奖励在技术上有所创新的人们，英王颁发诏书对发明或引进英国的技术授予一定期限内的垄断权。这种诏书在封套上有蜡印并附着丝带，但无须启封即可阅读证书内容。这一设计的目的就是让人们都能知道证书的内容，故称公开证书（Letters Patent）。Letters Patent 便是英文 Patent（"专利"）的词源。这种钦赐特权制度便是专利制度的萌芽。

约在同一时代，地中海沿岸的贸易往来已日趋发达。贸易往来的频繁开阔了人们的眼界。有识之士非常敏锐地意识到，先进的技术可以生产上乘的商品，并借此使国力日趋强盛。为了吸引更多的掌握先进技术的人才，许多国家开始建立保护新技术的法律制度。据考证，在 14 世纪早期，亚平宁半岛上就有针对一些具体发明授予专利的个案，如石墨等。但真正形成制度，则是进入 15 世纪以后了。

1474 年，威尼斯邦国元老院颁布了世界上第一部专利法《发明人法规》。该法规定："任何人在本城制造本城邦内先前未曾有人制造的、新颖且精巧的、经改进完善即可使用和操作的机械装置，应向本城行政部门登记，以使该发明得以应用。未经发明人同意，本城其他人在 10 年内不得制造与该装置相同或相似的产品；若有仿造者，发明人可向本城执行官告发，执行官可令侵权者赔偿 100 枚金币，并处销毁侵权装置。"这部法律已经具备现代专利法的基本特征。比如，"本城邦内先

前未曾有人制造""新颖且精巧""经改进完善即可使用和操作"等对发明的限定，以及申请注册原则、制止侵权和补偿的机制等均可在现代专利中找到影子。该法还规定登记的目的是"使该发明得以应用"，这直接反映了现代专利法的终极目的。因而有人称该法为专利法的鼻祖。

到了十六七世纪，工业革命席卷欧洲。但这一时期，尤其在伊丽莎白女王时代，英国的钦赐特权制度已被英王滥用为增加王室收入的一种手段。许多毫无新意的产品被授予专利特权。英王利用这一制度来封赏宠臣。这种状况令民众怨声载道。工业革命造就了资产阶级，他们多没有贵族身份，却掌握着先进技术，掌握着国家经济命脉，他们追求平等，要求限制王权。这使得伊丽莎白女王不得不废除以前的特权制度。到了詹姆斯一世时期，正式建立起一套新型的保护技术、鼓励技术进步的法律制度，即 1624 年的《垄断法案》，以取代原有的英王依其个人喜好而授予特权的制度。《垄断法案》被认为是世界上第一部具有现代意义的专利法。

（二）专利制度的发展

专利制度从萌芽到为各国普遍接受经历了 400 年。到 19 世纪，专利法发展一度出现倒退现象。瑞士曾一度拒绝建立专利制度，更有甚者，荷兰在 1869 年废止了已经实施半个多世纪的专利法。这种现象的出现，与当时欧洲还完全处于自由资本主义时期密切相关。在这一时期，自由、平等观念深入人心，一些人狭隘地理解"贸易自由""契约自由"原则，认为"凡是垄断的法律必是恶法"，而依专利法授予的权利恰恰是外在形式上很容易被误解为垄断性质的权利，为此，专利法在这一时期被人们斥为恶法。

经过一段时间，专利法对技术、经济发展的促进作用在那些坚持实施专利制度的国家得到了验证。那些没有实施专利制度的国家在国际贸易和人才竞争中渐渐趋于劣势。所以，在 19 世纪末、20 世纪初，实施专利制度的国家数量持续增加，那些废止或一直未建立专利制度的国家也逐渐重建专利制度或者建立专利法。

进入 20 世纪后，专利制度本身的存废已不再是争议的焦点，但对专利权的效力及保护力度的强弱，实践中却存在不同做法。以美国为例，在 20 世纪 20 年代初，由于大公司对市场的垄断导致经济发展受到限制，专利权作为一种独占权从情感上得不到支持。美国在这一时期曾以反垄断法对专利权的效力加以限制，防止权利人滥用专利权。这种状态一直持续到第二次世界大战结束后近 30 年。任何一个国家为了尽快振兴经济，都希望每项发明的价值能充分发挥，因此法律的支点偏向对技术的利用和传播，保护专利权的力度则相对弱化。

至 20 世纪七八十年代，西方国家已经在经济和技术上取得领先地位。为了维护其靠技术优势所建立起的领先地位，以美国为代表的西方国家开始采取各种措施强化对专利权的保护。利用反垄断法制约专利权人，防止专利权滥用则逐渐弱化。此外专利法也引入许多新规则以强化对专利权的保护，使专利权的保护范围更加宽泛，比如药品专利的保护期可以延长，增加有关对基因及生物技术的保护，甚至在专利制度中引入商业方法专利的概念。

总之，在最近 30 年里，西方国家在国内法方面对专利权的保护水平不断提高，在一定程度上反映了西方国家的利益和需求。

（三）专利制度的国际协调

在专利法的国际协调方面，一百多年来各国作出了不懈努力。早在 1883 年，以法国为首的十多个欧洲国家为了解决工业产权的国际保护问题，经长期协商达成《保护工业产权巴黎公约》（以下简称《巴黎公约》）这一具有重要意义的国际条约。《巴黎公约》对专利、商标等工业产权保护对象从实体法和程序法等多方面规定了法律保护的基本原则和最低标准。从专利法的发展史看，《巴黎公约》开创了专利法国际协调的先河。到 2017 年止，《巴黎公约》已有 177 个成员国，已经成为国际上最重要的知识产权公约。

如今，全球化对知识产权法律制度提出新要求。世界知识产权组织正着手制定有关专利法协调的条约，各国对此都给予了充分关注，并积极参与条约的制定。然而，要真正制定一套全球通行的专利制度尚需时日，但专利法的国际协调毕竟已成为这一制度的发展趋势，《与贸易有关的知识产权协定》便是这种国际协调的结果之一。目前，在世界知识产权组织主持下，有关国家还在就《实体专利法条约》进行谈判和协商。

专利制度并非保护技术的唯一法律手段。其他法律制度也可用于保护技术方案，比如，合同法、商业秘密法等。同时，也并非所有技术方案都适合于专利保护。现实中有许多技术领域明确被专利法排斥在保护范围之外，有的技术方案更适合用保密的方法加以保护，对于这类技术完全不必申请专利，如可口可乐的配方就是一个实例。所以，一项技术是否选择专利申请，要结合具体技术内容斟酌权衡，才能最后确定。

（四）我国专利制度的历史与发展

清朝末年，西方列强的坚船利炮轰开了封闭、保守的中国国门，一些吸收了西方先进思想的学者开始思考中国在科学技术上落后的原因。太平天国的洪仁玕在其《资政新篇》中第一次以文字形式将专利制度的轮廓表述出来以告民众。改良思想家郑观应在其著作中系统介绍了西方的专利制度。在中国民族资本主义迅速发展的推动下，变法图强的思想潮流一时风靡朝野，近代史上著名的百日维新"戊戌变法"期间，1898 年光绪皇帝颁布了《振兴工艺给奖章程》。该法律文件被学术界称为中国历史上的第一部专利法，但随着变法的失败该章程并未得到很好的执行。

1944 年，国民政府公布了专利法。该法分为发明、新型、新式样及附则四章共 133 条。从立法技术上说，该法在当时世界上算是非常先进的。虽然该法未曾在我国大陆地区实施，但这部法律在我国台湾地区一直实施到 20 世纪 90 年代中期，后作了大规模的修订。

中华人民共和国建立后，政务院于 1950 年颁布了《保障发明权与专利权暂行条例》。根据这一条例，申请人可以就一项发明创造自由地在发明权和专利权之间选择其一。但是涉及出于国防或公众福祉需要应普遍推广的发明创造、在国家单位完成的职务发明或者接受报酬所完成的委托发明，国家只授予发明证书，不授予专利。在条例实施的初期，国家曾经授予 4 项专利权和 6 项发明权，但随后而来的经济制度变革和一系列政治运动使这一条例丧失了实施的社会条件，到 1963 年国务院命令将其废止。此后，国家颁布了《发明奖励条例》，对那些具备新颖性、在生产实践中取得重大效益、技术水平在国内或国际上处于领先水平的发明创造发给发明证书。这使中国从专利与发明奖励制度并存的双轨制转变为单一的发明奖励制度。

改革开放后，商品经济的发展和对外交往的需求都在呼唤保护发明创造的法律制度。1978 年国家开始研究在中国建立专利制度的必要性，在筹备过程中，形成的主流意见认为，专利制度是一项技术性的法律制度，社会主义国家也可以对此加以利用，在中国建立专利制度利大于弊。经过多番周折，中华人民共和国第一部《专利法》终于在 1984 年通过，其在立法上吸收了国际上专利立法的最新经验，结合我国的技术发展水平，对有关技术发明创造给予较为充分的保护。《专利法》的颁布和实施不仅得到世界各国的欢迎，更得到了国内广大发明人的支持。《专利法》实施第一天，申请量就达 3 455 件。此后，为不断适应新形势的需要，我国先后于 1992 年、2000 年和 2008 年对《专利法》进行较大规模的修订。从1984 年专利法颁布到 1992 年专利法第一次修订经过了 8 年；从 1992 年专利法第一次修订到 2000 年第二次修订又经历了 8 年；2008 年完成第三次专利法的修订，从2000 年算起又经历了 8 载。这三个 8 年分别见证了中国经济从起步、发展，到腾飞的整个过程。如今，党中央提出了创新驱动发展战略，这意味着未来中国的经济增长模式的转变，专利法作为与技术创新关系最为密切的法律已经被纳入修订计划。专利法第四次修订将为中国经济的持续发展、建设创新型国家和转变经济发展模式提供相应的法律保障。

三、商标制度的历史沿革与发展趋势

（一）商标的起源

商标的起源最早可追溯到原始人类出于识别目的而在某些物品上刻印标志的实践，特别是在牲畜或其他动物身上打烙印的行为，远远早于阅读和书写的出现。中国、埃及、希腊、罗马等文明古国乃最早使用商标之地区应毋庸置疑。这其中，既有识别财物所有者或制造者的私人标志，也有区分部落族类的群体标志，如中国古代曾用"云""火""水""龙"分别代表黄帝族、炎帝族、共工氏、大皞氏部族；还有便于官方控制的强制标志，如历史上拜占庭帝国在贵重金属制品上实行的品质标志制度。此外还有标示产地的原产地名称等。

现代意义上的商标起源于中世纪的欧洲，尤其是当时为维护行会整体声誉和全体会员利益而实行的强制性生产标志制度，即成员必须在其制作和销售的产品上加注特定标志，从而为追踪缺陷或不合格产品提供便利。此类标志不仅具有责任标志或"警察标志"的内涵，而且承担了识别商品来源的功能。虽然其目的在于维护行会垄断和进行贸易规制，却孕育了现代意义上的商标。由于一些行会的产品品质卓越，在市场中建立了良好声誉，消费者自然地就将产品上的标志作为一种辨识工具，并为重复购买提供了可能。因而，此类标志对于消费者而言具有一种预售的功能。于是，法院逐渐认同，诸如此类的标志是值得保护的，因为它既可以辨别出产品的优良品质，亦可侦测到产品的缺陷瑕疵。此后，法院进一步认为，标志不仅仅是一种"责任"，也可成为一类同有体财产相似的"财产"，从而促进了商标性质从"责任"到"财产"的转变。

普通法上最早保护商标的判例可追溯到 1618 年英国法官多德里奇在审理案件时引用的一起发生于 1584 年的未记载判例。而真正有关商标权保护最早的成文法，则以法国 1857 年《关于以使用原则和不审查原则为内容的制造标记和商标的法律》为代表。

（二）商标制度的发展

20 世纪以来，商标因其功能而彰显其财产的本性。作为区别商品和服务来源的商标，它本身也成为一项有价值的财产。

商标功能的凸显，使商标权人对法律保护诉求发生变化。在此之前，虽然商标权逐渐成为一项独立的财产权，但商标的法律保护主要以防止消费者混淆为目标。保护商标权人利益和保护消费者利益是商标法的双重目的，因此混淆可能性

是认定侵权必须考虑的因素。随着市场规模的日益扩大和市场化程度的提高，商标本身的商业价值越来越高，商标权人越来越希望商标能够成为一项纯粹的财产受到保护。美国学者谢克特声称，在新的商业环境下，维护商标的显著性是商标法唯一的原则。① 因此，即便他人使用的商标并不与商标权人的商标造成明显混淆，只要这一使用可能降低商标的显著性或者损害商标的形象，都应当受到法律禁止。随着互联网推动的新的商业模式的出现，在世界范围内，商标权的保护范围呈现出扩张的趋势。这种趋势对维护公平、诚信的市场秩序，对完善知识产权法治，具有积极的意义。

（三）商标制度的国际协调

当市场运作超越国界时，商标权人便希望在跨国的层面保护其商标。为回应这一需求，各种辅助机制被不断提出，以 1883 年的《巴黎公约》为最早，该公约要求缔约国施以其他成员国国民待遇，从而对外域商标提供保护。但是，《巴黎公约》只是为跨国商人提供一些辅助措施，它并未建立一套标志的国际申请机制，这就为此后马德里体系的建立埋下了伏笔。

马德里体系，是一套商标国际注册体系，由《商标国际注册马德里协定》和《商标国际注册马德里协定有关议定书》共同构成，由设在瑞士日内瓦的世界知识产权组织国际局负责管理。凭借其程序机制的优势，马德里体系可使商标权利人直接向其本国或地区商标局递交一份国际注册申请书，便能够使其商标在马德里联盟多个国家获得保护。由此注册的国际商标相当于该申请人在每个指定国或组织直接进行的商标注册申请或注册。如果在规定期限内（1 年或 18 个月），某指定国或组织的商标局没有驳回对该商标的保护，国际商标便如同在该局直接注册的商标。鉴于注册后的各种变更或续展也可以通过同样便捷的程序进行，马德里体系还大大简化了对商标注册后的管理。另外商标所有人还可用同样的方式把国际注册的效力延伸到更多的马德里联盟缔约国或组织。此后，国际社会又相继通过了《商标法条约》和《商标法新加坡条约》，从而为商标注册程序管理的协调建立了一套更为现代、更有活力、更加简化、更为确定的国际框架。

世界贸易组织《与贸易有关的知识产权协定》也有大量关于商标国际保护的规定。诸如明确了可以作为商标或服务商标受到保护的商标类型以及商标所有人可以享有的最低权利。在特定国家驰名的商标应当享有额外的保护等。此外，该协定还规定了与商标以及服务商标使用相关的各项义务、保护期限、许可及转让。

---

① Frank I. Schechter：*The Rationale Basis of Trademark Protection*，Harvard Law Review XL，1927.

例如，要求外国商标必须与当地商标存在联系的规定一般来说是受到禁止的。总之，《与贸易有关的知识产权协定》自 1995 年 1 月 1 日生效以来，对知识产权的发展产生了重要的影响，促进了商标标准的全球化和商标的国际保护，尤其对于商标法的发展意义重大。

（四）我国商标制度的历史与发展

尽管我国使用商标的历史源远流长，但用法律手段调整商标法律行为、建立商标法律制度却是在西方资本主义进入中国，在中国民族资本主义和外国资本的双重需求下完成的。鸦片战争后，清政府在与列强签订的不平等条约中出现了保护外国人商标的条款。为了履行与各国签订的条约，清政府在商务部设立商标登录局，并由当时掌管中国海关的总税务司英国人赫德代拟商标章程草案——《商标注册试办章程》，于 1904 年颁布实施。这是中国历史上第一部商标成文法。

1923 年，北洋政府颁布了《商标法》和《商标法实施细则》。1927 年，南京国民政府先是沿用北洋政府的《商标法》，后于 1930 年新颁布《商标法》，再于 1935 年修正公布。我国台湾地区适用的"商标法"即以其为基础，多次修正而来。

中华人民共和国成立后，我国颁布了《商标注册暂行条例》及其细则，实行全国商标统一注册制度。在全国范围内保护注册商标的专用权。鉴于当时多种经济成分并存，国民经济处于恢复时期，在商标注册上采用"自愿注册"原则。不论何种经济成分，凡是经过注册的商标，其商标权均受到保护，而凡是未经注册的商标则不受保护。

1956 年，生产资料所有制的社会主义改造基本完成，经济管理体制在工业品上实行计划安排、物质分配实行计划调拨、商品流通实行统购统销、对外贸易采取统进统出的政策。1950 年颁发的《商标注册暂行条例》不再适用。1957 年国务院发布通知，要求凡能够使用商标的商品都要使用商标，凡商标都必须注册，未经注册的商标不得使用。1963 年的《商标管理条例》仍实行全面注册原则。"文化大革命"时期，商标注册工作全面废止。

1982 年，我国通过《商标法》，它是中华人民共和国制定的第一部保护知识产权的法律。《商标法》的颁布并施行标志着我国保护知识产权的法律制度开始构建。此后，我国分别于 1993 年、2001 年、2013 年和 2019 年对《商标法》进行了适时的修订。

四、与知识产权有关的反不正当竞争制度的历史沿革与发展趋势

（一）反不正当竞争制度的起源

反不正当竞争制度的历史可追溯至中世纪。不过，在市场经济不发达的时代，

竞争规则也是不发达的。反不正当竞争制度的广泛建立，始于 19 世纪。但各国规制手段不尽相同。

据世界知识产权组织国际局的研究报告，反不正当竞争法的概念大约在 1850 年首次出现在法国。虽然当时没有专门禁止不正当竞争的成文法，但是法国法院依据《法国民法典》第 1382 条的侵权行为条款，发展出一套制止不正当竞争的规则。至今法国仍然保留了这种灵活的调整机制，以民法的侵权行为理论为基础，通过判例发展出丰富的规则。

德国在 1896 年颁布了世界上第一部成文的《反不正当竞争法》，由于在功能上有局限性，仍然需要民法典作补充。1909 年，德国修订《反不正当竞争法》，增加了概括性规定："凡在商业交易中以竞争为目的而违反商业上善良风俗者，受害人得向其请求停止其行为及损害赔偿"。这才使反不正当竞争法得其本来地位。

英美的反不正当竞争法是从司法判例中发展而来的。从 19 世纪开始，英国主要通过反假冒制度制止恶意竞争。"假冒"（Passing off）是一个含义很广的词，指生产者将自己的产品冒充他人产品，可以包括一切虚假标示商品或服务来源的行为。英国学理认为，假冒之诉在性质上属于侵权之诉。美国对不正当竞争的制止在最初也主要依据普通法上的反假冒制度和侵权法原理。

（二）反不正当竞争制度的发展

在制止不正当竞争的观念建立之后，越来越多的国家制定了专门的反不正当竞争法，如 1986 年瑞士的《联邦反不正当竞争法》和 1991 年西班牙的《不公平竞争法》。在以司法判例为制止不正当竞争制度起源的英美，也针对一些专门领域制定了成文法。例如美国的 1946 年《兰哈姆法》制止假冒与虚假陈述，2016 年制定的《保护商业秘密法》。2016 年世界知识产权组织的调查显示：《巴黎公约》的大部分成员国，即使是最初试图用一般侵权行为法调整不公平竞争的国家，都规定将一般民法原则、判例法和专门法相结合。这一发展趋势表明各国在立法技术上日益注重将制度的弹性与确定性并重，采用一般条款与具体行为类型化相结合的调整方式。

（三）我国反不正当竞争制度的历史与发展

改革开放后，我国在经济生活中引入了竞争机制。1980 年 10 月 17 日，国务院发布了《关于开展和保护社会主义竞争的暂行规定》。1986 年《民法通则》规定了民事活动应当遵循自愿、公平、等价有偿、诚实信用等基本原则。

1993 年 9 月 2 日，《反不正当竞争法》通过，于同年 12 月 1 日起施行。

此后，国家工商行政管理总局又颁布了一系列制止不正当竞争的行政规章，在很大程度上弥补了《反不正当竞争法》的不足。这些行政规章主要包括：《关于禁止有奖销售活动中不正当竞争行为的若干规定》《关于禁止仿冒知名商品特有的名称、包装、装潢的不正当竞争行为的若干规定》《关于禁止侵犯商业秘密行为的若干规定》《关于禁止商业贿赂行为的规定》《关于禁止串通招标投标行为的暂行规定》等。2017 年 11 月全国人大常委会针对我国经济和技术的发展状况，对施行了 20 余年的《反不正当竞争法》进行了修订。修订后的法律对不正当竞争行为作了体系层面上的调整，并加重了不正当竞争行为的法律责任，同时还针对互联网上的不正当竞争行为进行了专门规定。2019 年 4 月 23 日，第十三届全国人民代表大会常务委员会第十次会议通过了《关于修改〈中华人民共和国建筑法〉等八部法律的规定》就包括《反不正当竞争法》，主要对涉及商业秘密的四个条款进行了集中修改。

需要特别指出的是，司法实践对于反不正当竞争制度的丰富、发展起着极为重要的作用。因此，研究中国反不正当竞争制度的发展，不可忽视案例研究。

纵观知识产权制度的历史可以看出，知识产权是市场经济条件下技术进步的产物，并随着技术进步不断发展。近年来，在数字技术的支持下，新技术、新业态层出不穷，如人工智能、大数据、云计算等，这些都对知识产权制度提出挑战，都需要在理论上作出回答，这也是摆在中国理论界面前的任务。

思考题：

1. 简述知识的本质、特征与样态。

2. 简述知识产权的概念。

3. 简述知识产权的民事权利属性。

4. 论述知识产权法与民法的关系。

5. 论述知识产权制度的作用。

6. 试论知识产权法学的学科属性和学科体系。

第一编 | 著作权与相关权利

第一章 著作权的客体

著作权的客体是作品。作品是文学、艺术和科学领域内具有独创性并能以某种有形形式复制的智力成果。基于不同的政策和理由，著作权法还规定了不予保护的客体。本章首先介绍作品的概念与特征，其次介绍作品的种类，最后介绍著作权法不予保护的客体。

第一节 作品的概念和分类

一、作品的概念

（一）作品是智力创造成果

我国《著作权法实施条例》第 2 条将作品界定为"文学、艺术和科学领域内具有独创性并能以某种有形形式复制的智力成果"。《美国版权法》第 102 条规定："为作者所创作并固定于有形介质——不论现有的或者以后发明的——从而可直接或者借助机械或装置被感知、复制或者以其他方式传播的作品，依本法予以保护。"《日本著作权法》第 2 条规定："作品系文艺、科学、美术、音乐领域内思想或情感的原创表达。"《伯尔尼公约》第 2 条第 1 款规定："文学艺术作品一语，包括文学、科学和艺术领域内的一切成果，而不问其表现形式或表现方式如何。"归根到底，作品是涉及文学、科学和艺术领域内的智力成果。

（二）作品是思想的表达

作品是思想的表达。著作权所保护的是对思想的表达，而非思想本身。这便是所谓思想/表达（Idea/Expression Dichotomy）的二分法，即著作权法保护的是表达，而不是思想。美国版权法第 102 条（b）款规定，在任何情形下，对作者独创作品的版权保护，不得扩大到任何思想、工艺、方法、系统、运算方式、原理、概念或者发现，无论作品以何种形式对其加以描述、解释、说明或体现。二分法原则也为国际公约所遵循。例如，TRIPs 协定第 9 条第 2 款规定："版权保护应延及表达方式，但不延及思想、工艺、操作方法或者数学概念本身"。《世界知识产权组织版权条约》（简称 WCT）第 2 条亦有类似表述。

（三）作品是文学艺术科学领域内的表达

作品是思想的表达，且属于文学、艺术和科学领域。这里的文学、艺术和科学领域有别于工商业等实用领域。一件新产品，主要用于满足人们的物质需求，则不是作品。但根据制造该产品的技术和流程而撰写的生产说明书，属于文字作品。

（四）作品必须具有独创性

即作品必须是作者独立创作，且具有最低限度的创造性。但著作权法对作品的独创性的要求并不高，远低于专利法对发明的创造性的要求。只要作品是作者独立创作的，而不是复制他人的作品，即反映了作者的个性，就可受法律保护，哪怕与他人的作品恰巧相同。然而，著作权法对作品的独创性的要求虽然"门槛"较低，但不具有独创性的对象也有被"绊倒"的情形。1991 年，美国最高法院在费斯特出版股份公司诉乡村电话服务公司一案中就曾判决乡村电话服务公司出版的电话簿白页因缺乏独创性而不受版权法保护。[①]

二、作品的种类

我国《著作权法》第 3 条规定了作品的种类，这是法律意义上的分类。在司法实践中，一些应受著作权法保护的对象，即使无法将其归为某种所列种类，亦可通过该条中"法律、行政法规规定的其他作品"这一兜底条款加以保护。《最高人民法院关于审理涉及计算机网络著作权纠纷案件适用法律若干问题的解释》第 2 条规定："受著作权法保护的作品，包括著作权法第三条规定的各类作品的数字化形式。在网络环境下无法归于著作权法第三条列举的作品范围，但在文学、艺术和科学领域内具有独创性并能以某种有形形式复制的其他智力创作成果，人民法院应当予以保护。"

（一）文字作品

文字作品是指小说、诗词、散文、论文等以文字形式构成的作品。这里所说的文字包括以字、词、数字等字符形式表现的文章、故事、科普读物、技术说明书、某个时期的工农业生产发展和国民收入比较表、盲文读物等。文字的书写方式并不影响文字作品的性质，例如，它可以采取计算机打印、手写或者印刷等形式。当然，书法作品可以按照美术作品来保护。

（二）口述作品

口述作品是指即兴的演说、授课、法庭辩论等以口头语言形式表现的作品。口述也是语言的表现形式。如果事先拟好讲稿，事后的宣读、朗诵等是对文字作

---

① Feist Publications, Inc. v. Rural Telephone Service Co., 499 U. S. 1991, p. 340, p. 350 .

品的表演，不属口述作品。口述作品是一种体现为听觉的、时间的、流动的艺术，它以语言为表现手段，以声音为物质载体，有感而发、随机创作、即兴完成，并以口述为原始表现形式。从世界范围来看，大陆法系国家倾向于保护口述作品，英美法系国家则要求作品必须以一定的物质形式固定下来，因而一般不保护口述作品。为了调和大陆法系国家和英美法系国家之间的分歧，《伯尔尼公约》第2条第（2）款规定："本联盟成员国法律有权规定仅保护表现于一定物质形式的文学艺术作品或其中之一种或数种"。

（三）音乐、戏剧、曲艺、舞蹈作品、杂技艺术作品

1. 音乐作品。音乐作品是指歌曲、交响乐等能够演唱或者演奏的带词或者不带词的作品，基本表现手段为旋律、和声和节奏；音乐作品可以以乐谱形式出现，也可以不以乐谱形式出现。音乐作品包括配词或者不配词的声音的各种具有独创性的组合，其独创性在于其构成要素音符的组合。这种独创性既可以存在于旋律中，也可以存在于和声或节奏中。音乐可以和其他艺术门类相结合而产生新的艺术形式。音乐和语言结合产生歌曲；和戏剧表演结合可以产生歌剧、戏曲；和舞蹈相结合产生舞剧；和电影艺术相结合可以形成电影音乐等。

2. 戏剧作品。戏剧作品是指话剧、歌剧、地方戏等在舞台演出的作品。尽管如此，对于什么是著作权法意义上的戏剧作品，学界仍存在不同看法。一种观点认为，戏剧作品指的是由对话、旁白、音乐、配词等构成的剧本，而不是以舞台表现形式出现的戏剧。相反的观点认为，戏剧是时间和空间的综合艺术，它融合了文学、音乐、绘画、雕塑、建筑以及舞蹈、灯光等多种艺术表现手段。戏剧是以舞台演出形式存在的综合艺术，它以演员的表演为本体，对多种艺术成分进行吸收与融化，构成了戏剧艺术的统一外在形式。戏剧作为一类作品，是一种表演的艺术形式。

3. 曲艺作品。曲艺也称说唱艺术，是以带有表演动作的说唱来叙述故事、塑造人物、反映社会生活、表达思想情感的艺术形式。按照我国《著作权法实施条例》第4条的解释，曲艺作品是指相声、快书、大鼓、评书等以说唱为主要表演形式的作品。就曲艺作品而言，有的已有了文字脚本，实际上形成了文字作品；有的无文字脚本，是由表演者代代相传下来的，是曲艺作品与口述作品的重合。

4. 舞蹈作品。舞蹈作品是指通过连续的动作、姿势、表情等表现思想的作品，如秧歌舞、芭蕾舞、迪斯科等。舞蹈包括舞蹈表情、舞蹈节奏和舞蹈构图三个要素，它们统一于独特的艺术形态中。关于舞蹈作品是什么，理论界存在不同的看

法。一种认为，舞蹈作品与戏剧作品一样，属于表演的艺术；另外一种认为，舞蹈作品是创造作者对舞蹈动作的设计。对于是否以舞谱或录像形式固定作为舞蹈作品受保护的条件，各国的著作权法规定不尽相同。意大利、法国、美国等国家强调未以一定形式固定下来的舞蹈作品不受保护；日本等国家规定，没有固定下来的舞蹈作品同样受到保护。我国著作权法没有要求以有形载体固定作为受保护的条件，从保护作者权益的立法宗旨来看，应解释为无论是否固定，均受著作权法的保护。

5. 杂技艺术作品。杂技艺术作品是指杂技、魔术、马戏等通过形体动作和技巧表现的作品。具体而言，杂技包括蹬技、手技、踩技、车技、武术、爬竿、走索以及各种民间杂耍等，是表演艺术的一种。中国杂技历史悠久，在世界上有很高的声誉。因此，我国《著作权法》于 2001 年修订时将其增列为保护对象。

（四）美术、建筑作品

1. 美术作品。我国《著作权法实施条例》第 4 条将美术作品定义为绘画、书法、雕塑等以线条、色彩或者其他方式构成的有审美意义的平面或者立体的造型艺术作品。通常包括绘画、书法、雕塑、工艺美术、建筑艺术等。绘画指用笔、刀等工具，墨、颜料等物质材料，在纸、木板、纺织物或墙壁等平面上，通过构图、造型和色彩等表现手段，创造可视的形象。雕塑是指用雕、刻、塑三种方法，以各种可塑的或可雕可刻的材料，制作各种具有一定体积的形象，通常分为雕刻和塑造。书法一般指用毛笔等书写汉字的艺术。

美术作品除了纯欣赏性作品，还包括具有实用性的工艺美术（Art and Crafts），两者同属于视觉艺术作品。工艺美术又称实用艺术品，指人们日常生活中使用的道具及其他物品，它们通过材料、精心构思技巧或者制作过程的关联而表现出美的效果。也就是说，实用艺术品既是产品，同时又具有实用功能和审美功能。实用艺术品包括家具、瓷器、洁具、茶具、灯饰、地毯等。《伯尔尼公约》第 2 条对纯美术作品和实用艺术品分别进行规定，从而避免了关于实用艺术品是否应当给予著作权保护的争论。不过，在我国，关于实用艺术品是否应当受著作权法的保护，存在较大争议。一种观点认为，应当对美术作品作广义解释，包括实用艺术品；另一种观点则认为，《伯尔尼公约》对这两种对象是分别加以规定的，因此不应将实用艺术品包含在美术作品当中，但仍可通过外观设计形式提供专利保护。事实上，我国《实施国际著作权条约的规定》及司法实践已经对实用艺术作品进行保护。

2. 建筑作品。建筑作品是指以建筑物或者构筑物的形式表现的有审美意义的作品。建筑作品不同于建筑物，建筑物只有在某种程度上具有标志、传意、象征功能时，才是一项艺术作品。世界知识产权组织和联合国教科文组织认为建筑作品应当包括两项内容：（1）建筑物本身（仅仅指外观、装饰或设计上含有独创性成分的建筑物）；（2）建筑设计图与模型。《伯尔尼公约》第 2 条规定，与建筑有关的设计图和立体作品应当给以著作权保护。立体作品应当包括建筑物和建筑模型。

我国著作权法对建筑作品的范围的界定与世界知识产权组织和联合国教科文组织的并不完全一致。在我国，建筑作品仅指建筑物本身，而对其工程设计图与建筑模型作为另类对象加以保护。应当指出，如果建筑物的形式没有独创的设计成分，则不能成为著作权法所保护的对象。受著作权法保护的是建筑物本身的独创部分，其构成材料、建筑方法不受著作权法保护。世界上有很多宫殿、博物馆、剧院、教堂、体育馆等都具有独创性，可以受到著作权法的保护。例如，2008 年北京奥运会赛场建筑中的"鸟巢""水立方"等都是典型的建筑作品。

（五）摄影作品

摄影作品是指借助器械在感光材料上或者其他介质上记录客观物体形态的艺术作品。比如照片、电影影片、电视片中可以单独使用的镜头等。著作权法所保护的摄影作品指的是有独创性的照片，纯复制性的摄影照片，如翻拍文件、书刊、地图等，因不具备独创性而不受著作权法的保护。世界知识产权组织区分摄影作品和以摄影方式表现的作品，认为摄影作品包括"一切摄影作品和以摄影方式表现的其他作品"，如人物肖像照片、风景照等，即传统意义上的照片；"以摄影方式表现的作品"则指电影影片中的单独镜头、储存在计算机中可通过终端屏幕显示出来的摄影作品，以红外线摄影、激光摄影、数码摄影等先进技术拍摄出来的作品等。可见，摄影作品的范围非常广泛。

（六）电影和以类似摄制电影的方法创作的作品

电影和以类似摄制电影的方法创作的作品指摄制在一定介质上，由一系列有伴音或无伴音的画面组成，并且借助适当装置放映或者以其他方式传播的作品，包括故事片、科教片、美术片等。电影是一种特殊作品，它是由众多作者创作的综合性艺术作品，如由小说作者、将小说改编成剧本的剧本作者、将剧本改编成"分镜头剧本"的作者（导演）、拍摄影片的摄影作者、配乐的词曲作者、美工设计的作者等共同创作完成的。著作权法所说的电影作品是摄制完成的影片，或具有独立意义的片段，而不是其中的阶段性成果，也不是电影艺术中的构成要素。2001 年修改著作权法时，将原来规定的"电视、录像作品"修改为"以类似摄制电影的方法创作的作品"。这是因为以拍摄电影方式制作的那部分电视片、录像片，其拍摄过程与电影作品相同，应当作为著作权法保护的对象。

（七）工程设计图、产品设计图、地图、示意图等图形作品和模型作品

图形作品，是指为施工、生产、反映地理现象、说明事物原理或者结构绘制的工程设计图、产品设计图、地图、示意图等作品。工程设计图是指利用各种线条绘制的、作为建设或施工依据的工程实物基本结构和造型的平面图案，如工厂、矿山、铁路、公路、桥梁等设计图；产品设计图纸是指以各种线条绘制的，用以说明生产的产品造型及结构的平面图案，如服装设计图、家具设计图等；地图是一种客观反映地理实况、人口分布实况、矿藏实况，并为人们方便识别而具指示性和艺术性的作品。著作权法将地图作为保护对象正是因为它具有一定的指示性和艺术性。地图可以分为普通地图和专用地图。示意图是指以点、线、几何图形、标记等为表现形式来说明较复杂的事物及其原理，或显示事物的具体形状、轮廓而创作的作品，如人造卫星运行图、分子结构模拟图、动物解剖图等。

模型作品是指为展示、试验或者观测等用途，根据物体的形状和结构，按照一定比例制作的立体作品。

著作权法如何保护工程设计图、产品设计图？一种观点认为，著作权法保护工程设计、产品设计图及其说明，仅指以印刷、复印、翻拍等复制形式使用图纸及其说明，不包括按照工程设计、产品设计图及其说明进行施工、生产工业品，后者由其他有关法律调整。[①] 相反的观点则认为，工业设计的使用价值既不在于复制工业设计图形，也不在于制作工程或者产品的模型，而在于完成工程建设和批量生产工业产品，这种行为恰恰是对具有独创性的工业设计的利用。对于这种行为如果不加控制，那么，著作权法所规定的对工程设计、产品设计的保护，便失去意义，成为一句空话。

（八）计算机软件

计算机软件包括计算机程序及文档。计算机程序是指为了得到某种结果而可以由电子计算机等具有信息处理能力的装置执行的代码化指令序列，或可以被自动转换成代码化指令序列的符号化指令序列或符号化语句序列，以及有关的数据。

[①] 姚红：《中华人民共和国著作权法解释》，群众出版社 2001 年版，第 60 页。

文档是指在程序创作过程中用自然语言或形式化语言所编写的用来描述程序的内容、组成设计、功能规格、测试结果及使用方式的文字资料和图表，如程序设计说明书、流程图、用户手册等。

TRIPs 协定第 10 条第（1）款要求 WTO 成员将计算机程序（无论是源代码还是目标代码）作为《伯尔尼公约》（1971 年文本）项下的"文学"作品来保护。我国《著作权法》将计算机软件作为著作权法的保护对象，同时又颁布了《计算机软件保护条例》加以具体调整。根据该条例的规定，受保护的软件必须由开发者独立开发，并已固定在某种有形物体上，亦即该计算机程序已经相当稳定，相当持久地固定在某种载体上，而不是瞬间的感知、复制、传播程序。依据 TRIPs 协定，计算机软件也是"文学"作品，但又不同于一般的文学作品，因为它要执行一定的命令，履行一定的功能，因而具有明显的工具性特征。一般的文学作品主要是供人们阅读、欣赏的。

拓展阅读

上诉人北京北大方正电子有限公司与上诉人暴雪娱乐股份有限公司等侵犯著作权纠纷案

（九）民间文学艺术作品

民间文学艺术是指某一民族或者地区人民的传统艺术表达，如民间传说、民间诗歌、民间音乐、民间服饰、民间建筑等。《伯尔尼公约》第 15 第（4）款规定，各成员国在书面通知伯尔尼联盟总干事的前提下，可以给不知作者的、未出版而又确信其属于本公约成员国之作品的那一部分作品提供法律保护。1976 年联合国教科文组织和世界知识产权组织为发展中国家制定了《突尼斯示范版权法》，其中专门规定了对"本国民间创作的作品"的保护条款。1982 年又正式通过了《保护民间文学表达形式、防止不正当利用及其他侵害行为的国内法示范条款》。到目前为止，世界上已有 50 多个国家将民间文学艺术作品纳入了著作权法的保护范围。

与普通作品相比，民间文学艺术作品具有如下特点：第一，创作主体不确定；第二，内容反映特定民族地区的社会群体所特有的传统文化艺术遗产，并且世代传颂、不断变化、没有固定形式；第三，创作完成时间无法确定。基于上述特点，一些发达国家不主张以著作权法来保护民间文学艺术作品。

我国历史悠久，民族众多，民间文学艺术源远流长，如《阿凡提的故事》《在那遥远的地方》《康定情歌》等都是典型的优秀民间文学艺术作品。我国《著作权法》第 6 条规定民间文学艺术作品是著作权法的保护对象，但同时又规定具体保护方法由国务院另行规定。迄今为止，还未正式出台有关民间文学艺术保护的规定。因此，对民间文学艺术作品如何保护，保护到何种程度，是一个经常引起争论的问题。

需要强调的是，民间文学艺术作品与经过提炼、加工的民间文学艺术作品的整理本有所不同，前者的著作权主体是创作民间文学艺术作品的某个民族或某个地区的社会群体，不是特定的个人；后者的著作权主体是民间文学艺术作品的整理者，即著作权归整理者所有，其整理产生的作品归入《著作权法》所规定的文字、口述、音乐、戏剧、舞蹈等作品之中。至于整理者是否须经过民间文学艺术作品著作权人的许可，仍是一个存有争议的问题。但无论如何，民间文学艺术作品的整理者在将其整理本发表时，应当注明主要素材提供者，并依素材提供者的贡献大小向其支付适当报酬。同时，对同一民间文学艺术作品，某人进行整理后，他人仍可进行整理，只要后者的整理本不是剽窃、抄袭前者的整理本，则同样受著作权法保护。

（十）法律、行政法规规定的其他作品

这是一个典型的兜底条款，以便涵盖将来可能出现的新的作品类型。现代法学理论认为，立法者的认识能力有限，立法时他们难以预料因科学技术的发展、社会的变化或者因其他原因将来可能产生的新情况。因此，著作权法中规定有兜底条款便可防止挂一漏万。即使随着时间的推移、技术的发展、人们观念的变化，致使某些新的思想情感的表现形式可能无法归入目前所列作品种类，依照该款亦可给予相应保护。

由上可见，我国《著作权法》并非按照一个标准进行作品分类。这主要是为增强法律的可操作性或更贴近现实需求的目的。

第二节　著作权法不予保护的客体

著作权法保护的客体虽然广泛，但仍有些对象被排除在外。我国《著作权法》第4条、第5条即规定了三种不受著作权法保护的客体。

一、官方文件及其官方译本

我国《著作权法》第5条第1项规定，法律、法规，国家机关的决议、决定、命令和其他具有立法、行政、司法性质的文件，及其官方译文不受著作权法保护。法律不保护这些作品是《伯尔尼公约》第2条之1第4款确认的原则，也是国际通例。官方文件和译本虽然也是作品，但官方希望这些作品传播得越广越好，最好能人人皆知。如果给予著作权保护，禁止他人复制，则有违官方的本意。

二、时事新闻

时事新闻是指通过报纸、期刊、广播电台、电视台等媒体报道的单纯事实的消息。按照新闻专业的说法，时事新闻又称纪实新闻，是指全部由对事实的报道（或称"硬件"，包括时间、地点、人物、事件等客观现象或事实）组成的新闻。这种新闻只是对事实的客观报道，构成要素简单，没有表达写作人的主观思想或情

感，任何人要报道某一事实，如果不失真实性，只能按照事件发生的时间、地点、顺序进行说明，不存在发挥的余地，也就是说，表达形式非常有限。当然，如果在时事新闻中报道者夹叙夹议地对时事新闻进行了整理加工，以综述、评论等表达形式进行报道，这样报道者便付出了自己的创造性劳动，应当受著作权法的保护。

三、历法、通用数表、通用表格和公式

历法指用年、月、日计算时间或节气的方法，主要分阳历、阴历。历法是已被人们公认的以科学为依据计算时间或节气的一种方法，人们运用这种方法都能计算出时间和节气，推算日期，其结果具有唯一性。因此，不适合以著作权法加以保护。需要注意的是，我们经常见到的配有人物摄影、山水画的挂历和配有生活小百科知识的台历等并非这里所称的历法。通用数表指人们普遍使用的含有一定数字并能反映一定关系的表格，如元素周期表、三角函数表等。通用表格指人们普遍使用的为填写数字或者文字而按照一定项目绘制的表格。公式是指用数字、字母或其他符号表示的几个量之间关系的因式。这四类对象因其表达形式单一，不具有独创性，已经属于公知公用的事物，因此，不是著作权法上的作品，不适用于著作权法保护。

思考题：

1. 如何理解作品的概念？

2. 如何理解思想和思想的表达形式？思想和表达二分法在著作权制度中有何意义？

3. 如何理解禁止出版、传播的作品？

4. 戏剧、舞蹈、杂技艺术作品与其他作品的区别是什么？

第二章 著作权的取得与归属

历史上，著作权的取得有多种方式。在《伯尔尼公约》的影响下，世界各地的著作权法基本上不再要求任何手续，著作权自创作完成自动产生。就著作权的归属而言，我国著作权法规定，著作权原则上归属于作者。本章第一节介绍著作权取得的基本原则，第二节介绍著作权归属的基本原则和法律的特别规定。

第一节 著作权的取得

作品创作完成之后，是否需要附加其他条件或者履行法律规定的程序才能取得著作权，对此，各国的做法不完全相同。

一、注册取得原则

这种做法要求作品创作完成以后，还必须到著作权管理部门进行登记注册才能取得著作权。我国历史上《大清著作权律》以及后来的《中华民国著作权法》和我国台湾地区"著作权法"都曾实行过登记制。注册的好处在于它是确权诉讼的手段。其不足之处在于手续繁杂并与《伯尔尼公约》相违背，而且容易导致思想审查的后果。因此，大多数原来实行注册取得著作权制度的国家都简化了手续或者放弃了注册制。现在，很多国家尽管保留着注册制度，但注册并非取得著作权的条件，而是享有著作权的证明手段。

二、加注标记取得原则

加注标记取得著作权原则要求作品出版时须在每一复制件上加注著作权标记。美国著作权法就要求本国作者在作品的复制件上加注著作权标记。《世界版权公约》采纳了这种原则。按照《世界版权公约》的规定，著作权标记包括三项内容：（1）"不许翻版""著作权保留""著作权所有"之类的声明，或须将其缩略为字母 C（C 是英文 Copyright 的首字母）的外面加上一个圆圈，如果是音像制品，则在字母 P（P 是英文 Phonogram 的首字母）的外面加上一个圆圈；（2）著作权人的姓名或名称；（3）作品的出版年份。如果未加注上述标记或未将上述标记载于适当位置就不能享有著作权。加注著作权标记简单易行，又是取得著作权的初步证据。因此，即使是那些采取自动保护原则的国家，也普遍在作品复制件上加注著作权标记。

三、自动取得原则

按照这种原则，作品创作完成以后，著作权自动产生，无须履行任何手续。对于自动取得原则而言，作品创作的完成是一个关键的时间点。完成包括全部完成和部分完成，只要一件作品能够表达作者一定的思想和感情，或者作品能够为人们所欣赏，就可以认定为完成。

自动取得原则保护水平高，作品一旦完成，不会因为任何人为因素而丧失著作权，能够更好地保护著作权人的利益。这一原则在 1908 年被《伯尔尼公约》确定下来，目前为世界上大多数国家所采用。自动取得原则的缺点在于发生著作权纠纷时，确认著作权归属存在一定技术上的困难。

无须履行任何手续，并不等于无须满足任何条件。在一些英联邦国家的著作权法上，只有本国国民、在本国有长期住所的外国国民或者无国籍人、在本国首次出版其作品的非本国国民、本国所加入的公约之成员国的国民、在本国所加入公约的成员国中首次出版其作品的非成员国国民才可能享有著作权。

我国著作权法实行的是自动取得原则，作品创作完成之后，无须履行任何手续，即可取得著作权。实践中，有些出版物在复制件上加注了著作权标记，这并不影响著作权的状态。此外，国家版权局还颁布了《作品自愿登记试行办法》，对作品实行自愿登记制度。这种登记仅具有初步证据的作用，并不是取得著作权的法定条件。

除了上述三种原则之外，在有的国家，如英国，作品创作完成之后，必须以书面或者其他形式固定下来才能享有著作权。这一做法最大的好处是以后发生纠纷时，取证容易。当然，在很多情况下，作品的创作过程和固定过程是分不开的。不过，有些作品的创作并不必然是固定下来的，如口述作品等。由于没有满足固定要求，就不能获得著作权。

第二节　著作权的归属

一、著作权归属的原则

我国著作权法实行自动保护原则，作品一经创作完成，著作权即自动产生。

著作权原则上属于作者，但是著作权法另有规定的除外。

（一）作者的概念和条件

我国《著作权法》第 11 条第 2 款规定，作者是直接创作作品的自然人。通常认为，作者具备两个条件：第一，作者是具有直接的思维能力的自然人。第二，作者必须实际创作了作品。创作是设计并完成文学艺术形式的行为，是从构思到表达完成的过程。构思主要是一种内心活动，通常是作者从感受到思索，直接完成关于未来作品的全面设计的过程。作者在构思成熟的基础上，再运用文学艺术语言，将头脑中的构思对象形式化地表达出来。创作必须是直接产生文学艺术和科学作品的智力活动，而不包括为他人创作进行组织工作，提供咨询意见、物质条件，或者进行其他辅助活动的行为。

（二）拟制作者

法人或者其他组织能否成为作者，对此有不同的看法。有一种观点认为，作者只能是具有思维能力的自然人，而法人或者其他组织没有思维，没有意志，不可能直接成为作者，法人或者其他组织的思维或者意志最终还要通过自然人来实现。相反的观点认为，自然人是事实作者。在某些特殊情况下，为了满足某种利益需求，在法律上也可以把自然人以外的其他民事主体视为作者，给他们以作者的法律资格。而且，从比较法的角度看，有关的国际公约和多数国家著作权法并不禁止把法人或者其他组织视为作者。

我国《著作权法》第 11 条规定，原则上，只有自然人才可以作为作者。但是，在某些情况下，法人和其他组织可以被视为作者，称之为拟制作者。这是一种立法技术的选择。这类作品被称为法人作品。然而，并不是在一切情况下，法人和其他组织都可以被视为作者。只有它们符合法定的条件，才可以被视为作者：第一，由法人或者其他组织主持创作，即代表法人或者其他组织的人员负责组织该项创作，而不是由该法人或者其他组织的工作人员自发进行。第二，创作思想和表达方式代表、体现法人或者其他组织的意志，一般是依法或者按照章程而体现出来。第三，由法人或者其他组织承担责任，而不是由执笔人负责。常见的法人作品如政府工作报告、单位工作总结等。

（三）作者的推定

我国《著作权法》第 11 条第 4 款规定，作者的认定实行推定原则，如无相反证明，在作品上署名的自然人、法人或者其他组织为作者。作者的署名包括自然人的姓名和法人等团体的实际名称，还包括假名、艺名、简略名称等。署名的通常方式以作品的种类、作品的利用形态等确立的习惯而定。在没有确立通常习惯时，也应当考虑经济技术因素对署名的影响。进入数字时代以后，作者在作品上的信号、记号等可以以机读的方式识别，也应当包括在作者署名的范围内。《世界知识产权组织版权条约》第12条规定，缔约各方应对未经许可去除或者改变权利管理电子信息的行为加以规制，而权利管理信息是指识别作品、作者、作品的任何权利的所有人，或者有关使用该作品的期限和条件的信息，以及代表此类信息的任何数字或者代码。我国《著作权法》第48条也作了类似规定。

我国著作权法规定，在作品上署名的人是作者时有一个前提，即"如无相反证明"。因之，如有相反证据证明署名的人非为作者或者真正作者未署名的，应当根据证据进行认定。

二、法律的特别规定

我国《著作权法》第11条对著作权的原始归属既作了原则性规定，又具体明确了某些特殊作品的著作权归属。

（一）演绎作品的著作权

演绎作品是改编、翻译、注释、整理已有作品而产生的新作品，又叫派生作品。构成演绎作品，并不要求被演绎的对象是著作权保护的作品。演绎作品的著作权，归属演绎人。如果被演绎的对象享有著作权，那么，第一，演绎人在利用原作品时，必须经过被演绎作品的著作权人的许可；第二，演绎作品的著作权虽然是完整的，但不是独立的，它在行使自己的著作权时不能侵害原作品的著作权；第三，他人如果使用演绎作品，那么就必须经过原作品作者和演绎作品之演绎人的双重授权。

（二）合作作品的著作权

合作作品，又叫共同作品或者合著作品，是两人或两人以上合作创作的作品。这里的两人可以是自然人、法人、其他组织的两两组合。但是，没有参加创作的人，不能成为合作作品的作者。认定合作作品，应当考虑下面几个因素：第一，合作作者之间应有共同创作某一作品的意思表示；第二，在创作过程中，合作作者之间始终贯彻合作作者的意图，有意识地调整各自的创作风格和习惯，以便使他们的合作成果相互照应、衔接、协调和统一，达到整体的和谐；第三，每个合作作品所完成的文学艺术形式，应当达到著作权法所要求的作品的标准。

合作作品的整体著作权由合作作者共同享有。可以分割使用的合作作品，作者对各自创作的部分可以单独享有著作权，但行使著作权时，不得侵害合作作品整体的著作权，准用民法上的"按份共有"。不能分割的合作作品的著作权利，其行使由当事人协商一致，不能协商一致又没有正当理由的，任何一方不能阻止他方行使除转让之外的其他权利，但是所得的利益应当合理分配给其他所有合作作者，准用民法上的"共同共有"。无论是可以分割使用还是不能分割使用的合作作品，合作作者之一死亡后，其对合作作品享有的财产权利，无人继承又无人受遗赠的，都由其他合作作者享有。

（三）汇编作品的著作权

汇编作品是对若干作品、作品的片段、不构成作品的数据或者其他材料，在内容方面进行独创性的选择或者编排而产生的新作品。汇编作品分为集合作品和事实作品。集合作品是汇编若干作品、作品的片段而形成的作品，至于其中的作品或者作品的片段是否享有著作权在所不问，如报纸、期刊、百科全书、论文集等；事实作品又称数据汇编，是将不受著作权法保护的数据或者事实汇集在一起而形成的作品，如数据库作品。汇编作品的独创性不在于被汇编的对象是作品还是非作品，而在于材料的选择和编排的独创性上。因此，被汇编的对象是否享有著作权并非汇编作品形成的条件。

汇编作品的整体著作权归属汇编人。汇编人多为自然人，如果自然人的汇编行为构成了职务行为以致形成了职务作品，那么其著作权归属就按照职务作品著作权归属的规定处理。如果被汇编的是享有著作权的作品，那么，第一，汇编人在利用原作品时，必须经过被汇编作品的作者的许可；第二，存在被汇编作品的著作权和汇编作品的著作权两个著作权，他人如果利用其中的某个作品，就必须取得该作品之作者的许可，如果他要利用整个汇编作品，那么只需取得汇编作品著作权人的许可。如果被汇编的是不享有著作权的作品或者其他材料，汇编人仅就其设计和编排的结构或者形式享有著作权。

（四）视听作品的著作权

电影作品和以类似摄制电影的方法创作的作品等，统称视听作品。这类作品是利用技术手段将众多作者和表演者及其创作活动凝结在一起的复合体，多数作者的创作成果被融为同一个形式，除音乐、剧本、美术作品之外，其他人的创作成果都无法从视听作品的整体中分离出来。我国著作权法规定，视听作品的作者包括导演、编剧、作词、作曲、摄影等人。

就视听作品的著作权归属而言，国外存在下列几种立法例。（1）这类作品的所有著作权一律归属制片人，目的在于保护投资人的利益，如美国。（2）与此相反的做法是，认为这类作品的作者只能是参加创作的每一个自然人，如导演、编剧、作词人、作曲人、摄影师等，他们享有作品的原始著作权。但是，可以通过合同向制片人转让该作品的专有使用权，如法国、英国、匈牙利等国。（3）将视听品当作汇编作品来处理，如俄罗斯和罗马尼亚等国。（4）理论上这类作品的著作权归其创作者如导演、编剧等作者所有，制片者为邻接权人，而且，作者们的权利被视为自始已交给制片者行使，这种做法被称为"法定转让"制度，如德国。

按照我国现行著作权法，视听作品的著作权由制片者享有，但编剧、导演、摄影、作词、作曲等作者享有署名权，并有权按照与制片者签订的合同获得报酬；视听作品中的剧本、音乐等可以单独使用的作品的作者有权单独行使其著作权。由此可见，视听作品的整体著作权，除作者的署名权外，其他权利，包括人身权利中的修改权、发表权、保护作品的完整权和所有财产权利均归制片人所有。同时，这类作品中的剧本、音乐等相对完整的、可以单独使用的作品，其作者可分别享有著作权。例如剧本可以出版，制片人无权干预；音乐的作者可以自行或授权他人对其进行表演等。

（五）职务作品的著作权

职务作品，是指自然人为完成法人或者其他组织工作任务所创作的作品。构成职务作品需要具备以下条件：第一，作者和所在单位之间具有劳动法律关系。这里的劳动关系是广义的，既包括劳动法上订有劳动合同的关系，也包括整个企事业单位经过聘任合同或者其他手续形成的劳务关系。第二，创作的目的是完成本单位的工作任务，是指自然人在该法人或者该组织中应当履行的职责属于作者的职责。第三，对作品的使用应当属于作者所在单位工作任务或者业务范围之内。

我国著作权法规定，职务作品的著作权归属分两种情况：

1. 通常，职务作品的著作权属于事实作者，即自然人享有，单位在其业务范围内享有优先使用权。这类职务作品自完成起两年内（该两年自作者向单位交付作品之日起算），未经单位同意，作者不得许可第三人以与单位相同的方式使用该作品。另外，我们认为，在这两年内作者自己也不得与单位使用该作品相同的方式对其进行使用。也就是说，在这两年内作者本人或许可第三人以与单位不同的方式使用该作品是可以的，单位不能禁止。此种情况下，作者享有职务作品的著作权，但是其权利要受到单位的限制。为了保证职务作品的正常使用，职务作品完成两年内（该两年自作者向单位交付作品之日起算），经单位同意，作者许可第三人以与单位使用的相同方式使用作品所获报酬，由作者与单位按约定的比例分配。

2. 职务作品的作者仅享有署名权，其他权利由单位享有，单位可以给予作者奖励。这类职务作品有两种：第一种是主要利用法人或者其他组织的物质技术条件创作，并由法人或者其他组织承担责任的工程设计图、产品设计图、地图、计算机软件等职务作品。这里所说的物质技术条件，是指该法人或者该组织为作者完成创作专门提供的资金、设备或者资料。这些作品往往需要单位在资金、人员和物质上的大量投入，并且承担着投资的风险，法律规定著作权归其所有，有利于单位收回投资。第二种是法律、行政法规规定或者合同约定著作权由法人或者其他组织享有的职务作品。

现行著作权法并不排斥当事人约定职务作品著作权的归属。

（六）委托作品的著作权

委托作品是指受托人根据委托人的委托而创作的作品。这类作品的特点是，受托人无论利用自己的物质技术条件或者设备，还是利用委托人提供的条件或者设备创作，受托人依约向委托人提供的不是劳务，也不是处理或者管理事务，而是特定的文学艺术作品。它反映的是承揽合同的性质，双方是一种承揽合同关系。因此，有学者认为，这类作品称为定作作品更合适。委托作品与合作作品的区别在于，合作作品是由合作作者共同创作，而委托作品只由受托人创作，委托人并不参与。委托作品与职务作品的区别在于，职务作品产生于单位和作者之间的劳动法律关系，而委托作品的立约人双方并没有劳动法律关系。委托人与受托人之间订立的合同，可以采用书面形式，也可以采用口头形式。

我国著作权法规定，受委托创作的作品，著作权的归属由委托人和受托人通过合同约定。合同没有明确约定或者没有订立合同的，著作权属于受托人。确定委托作品著作权归属的关键在于双方签订的合同，只有在合同中明确约定该作品的著作权由委托人享有的，委托人方享有著作权；如果双方没有订立合同，或虽订立了合同，但合同中没有明确约定著作权归委托人所有的，则著作权归受托人即作者所有。根据著作权法之规定，似乎可以得出著作权项下的所有权利，包括署名权这样的人身权利均可以由双方约定为作为非作者的委托人享有，我们认为这值得商榷。以署名权为例，署名为联系作品与作者之间的纽带，署名之人当为作品的作者，如果允许这种情况，无疑割断了此纽带，也给为他人捉刀代笔的行为提供了法律上的许可，故此我们认为立法上应作若干限制。

（七）美术作品原件的展览权

就美术等作品而言，它主要涉及两种权利：一是美术等作品的原件的所有人对作品原件享有的所有权；二是美术等作品的著作权。二者是两种性质的权利，实际生活中也常常出现美术等作品原件与作品著作权人分离的情况。根据著作权法原理，作品的原件仅仅是该作品的物质载体，一般而言，著作权的归属与作品载体所有权的转移无任何联系，因此美术等作品原件所有权的转移，并非作品著作权的转移。此原理适用于任何原件所有权可能转移的作品。这样处理，作品原件的展览十分困难，因为著作权人由于不享有作品原件所有权而无法行使展览权，作品原件的所有人享有原件的所有权却不能展览它。美术作品的价值在很多情况下就无法实现。为此，我国《著作权法》第18条规定，美术作品原件的展览权由原件所有人享有。我国著作权法规定，展览权的对象既包括美术作品的原件，也包括复制件。因此，美术作品复制件的展览权仍然保留在原著作权人手中。

（八）由他人执笔，本人审阅定稿并以本人名义发表的报告、讲话等作品的著作权

《最高人民法院关于审理著作权民事纠纷案件适用法律若干问题的解释》第13条规定，由他人执笔，本人审阅定稿并以本人名义发表的报告、讲话等作品，在属于法人或者其他组织被视为作者的作品的情况下，著作权由该法人或者其他组织享有，执笔人和本人均不能享有任何著作权；在这类作品不属于法人或者其他组织被视为作者的作品的情况下，著作权归报告人或者讲话人（本人）享有，执笔人不享有任何著作权，但根据具体情况，著作权人可以支付执笔人适当的报酬。

（九）当事人合意以特定人物经历为题材完成的自传体作品的著作权

《最高人民法院关于审理著作权民事纠纷案件适用法律若干问题的解释》第14条规定，"当事人合意以特定人物经历为题材完成的自传体作品，如果当事人对著作权的归属有约定的，按照约定确定该作品的著作权归属；没有约定或者约定不明的，该作品的著作权归该特定人物享有，执笔人或者整理人对作品完成付出劳动的，著作权人可以向其支付适当的报酬"。

这类作品，如果当事人对著作权的归属有约定，按照合同自由原则，是没有问题的。如果没有约定，法律硬性地将其著作权归属该特定历史人物，则有失偏颇。一般情况下，这类作品由特定历史人物口述，执笔人或者整理人记录。如果产生的作品主要或者基本上是按照口述形成的，执笔人或者整理人只进行了文字编辑工作，这时，著作权应当由该特定历史人物享有。但有时口述人只提供了题材，执笔人或者整理人对这些题材的选择和编排做出了独创性贡献，口述的题材与整理后的作品相去甚远。尽管这种作品也称自传体作品，但将其著作权归属该特定历史人物是不合理的。因此，本书认为，自传体作品，一般署名为"我的××"，或带有典型的个人属性，该类作品的署名权归特定的历史人物，但除此以外

的其他类作品的著作权至少应当由该特定历史人物和执笔人、整理人共有。

思考题：

1. 简述著作权的取得原则。
2. 简述著作权的归属原则。
3. 美术作品的著作权归属有何特殊之处？

第三章　著作权的内容

著作权的内容体现为著作权人可以控制的作品的各种利用行为，是著作权人的利益的直接体现。著作权的内容不仅包括著作财产权，而且包括著作人身权。本章第一节将介绍著作人身权的内容，第二节将介绍著作财产权的内容，第三节将介绍著作权的期限。

第一节　著作人身权

著作人身权指的是作者依法享有的以人身利益为内容的权利，与著作财产权相对。其对应的英文为 "Moral Rights" 或者 "Personal Rights"。在日本和我国台湾地区，称为作者人格权。它们直接反映了作者与作品之间的不可割裂的"血缘"关系。通常情况下，著作人身权由作者享有。我国《著作权法》第 10 条规定了发表权、署名权、修改权、保护作品完整权四项内容。

一、发表权

发表权是决定作品是否公之于众的权利，即作者决定作品是否公之于众、何时何地以何种方式公之于众的权利。公之于众指的是作品置于公众所知的状态，至于公众是否实际上已经知悉或者关注被发表的作品，在所不问。同时，公之于众指的是向不特定的多数人公开，而不是作者把自己的作品提供给家属、亲友或者向某些专家请教。是否公之于众不取决于听众或者观众的数量，很多情况下取决于作者的主观意图。发表权有以下几个特点。

1. 发表权是只行使一次的权利。一件作品创作完成之后，只要以符合法律规定的方式公开，处于为公众所知的状态，即行使了发表权。同一作品不存在再次甚至反复行使发表权。从这个角度看，作者一旦发表其作品，该作品的发表权就穷尽了。

2. 发表权与著作财产权密切相关，但它本身没有财产内容。发表权通常不能单独行使，需和其他著作财产权一并行使。通常情况下，作者不可能在将其他财产权转让出去的情况下，自己还保留发表权。比如，以复制、发行等方式使用作品，必然要发表作品。因此，有人认为，发表权属于财产权，或者兼具人身权与财产权两种性质。的确，发表权与作品的使用密切相关，不发表作品而以复制、发行等方式使用作品是不可能的。但是，与财产权同时行使并不表明其本身就是财产权。发表权的重点是是否公之于众。如果作者单独行使发表权而不行使具体的财产权，很难说此发表行为是行使财产权利，如在公众集会上发表演讲，留下遗言其作品在其死亡后可以公之于世等。

3. 发表权可以由他人代为行使。发表权专属于作者，不能转让，通常只能由作者行使。但按照我国《著作权法实施条例》的规定，下列情况下，发表权可以由作者以外的人代为行使：第一，作者身份不明时，发表权由作品原件的所有人行使。第二，作者生前未发表的作品，如果作者未明确表示不发表，作者死亡后50年内，其发表权可由继承人或者受遗赠人行使；没有继承人又无人受遗赠的，由作品原件的合法持有人行使。第三，电影作品和以类似摄制电影的方法创作的作品的发表权由其制片者行使。第四，著作权（署名权除外）由法人或者非法人团体享有的职务作品的发表权由该单位行使。

4. 发表权的行使有可能与他人的肖像权、隐私权相冲突。比如以肖像和人体为主要内容的美术作品或者摄影作品，未经有关第三人同意而发表的，就会与该第三人的肖像权或者隐私权相冲突。有人指出，要发表这类作品，通常应当取得肖像权、隐私权主体的许可。

二、署名权

署名权是表明作者身份，在作品上署名的权利，它最早被确定在《伯尔尼公约》第6条之2第1款中。其内容一般认为包括下列几项：（1）作者有权要求确认其作者身份。（2）作者有权决定在作品上署名的方式，如署真名、假名或者不署名等。署假名或者不署名是署名权的行使方式之一，不等于作者没有或者放弃署名权，也不等于没有或者放弃作者身份。在作者为多人的情况下，署名的方式还包含对署名顺序的安排。在实践中因署名顺序发生的纠纷，有约定的按约定确定署名顺序，没有约定的，可以按照创作作品付出的劳动、作品排列、作者姓氏笔画等确定署名顺序。（3）作者有权禁止他人在自己的作品上署名。（4）署名权的内容还要求他人在使用作者的作品时，应当署上作者的姓名。我国著作权法规定，在一般情况下，使用他人的作品，应当指明作者姓名、作品名称；但是，当事人另有约定或者由于作品使用方式的特殊性无法指明的除外。

署名权的内容是否包括对他人冒名行为的禁止？对此，学理界存在三种不同的观点。第一种观点认为，这种冒名行为侵犯了姓名权，没有侵害署名权，因为权利的产生以对象为依据，著作权因为作品的创造而产生，被冒名人没有作品，便没有著作权。第二种观点认为，这种行为侵害了署名权。第三种观点认为，将自己或者他人的美术作品署上名家的姓名，是一种假借他人名声捞取利益的搭便车的行为，是文化产业中的不正当竞争行为。

一般情况下，公众靠作品上的署名来推断作者的身份，但如果出现了有力的证据，能够证明没有署名的人是真正的作者。这时，对作者的认定就应当按照创作的实际情况，而不是按照署名决定作者的身份。

三、修改权

修改权是自己修改或者授权他人修改作品的权利。随着时间的推移，作者的观点、思想也可能发生相应的改变，社会观念的更新和科学技术的发展也可能要求对以前的作品进行相应的修正，特别是有些科学作品更是如此。为了使作品能够最完整、最真实地反映作者最新的思想和观念，满足社会的需要，因此法律允许作者对其作品进行修改。

修改权是作者的专属权利。修改与否，怎么修改以及是否授权他人修改，都应根据作者的意愿。作者是自然人的，死亡后，其继承人不能继承行使。视为作者的法人或者其他组织变更、终止后，其权利义务的承受人也不能行使修改权。但是，有些情况下，如通过合同约定，原作本人无法对作品进行修改，出于社会利益的需要，修改权可以由他人代为行使。

四、保护作品完整权

保护作品完整权是保护作品不受歪曲、篡改的权利。保护作品完整权包括两个方面的内容：其一，作品本身遭受了改动，如对美术作品进行了切割，改变了作品的主题；其二，作品本身并未改变，但对作品进行了其他使用，如将用于公益广告的美术作品改作商业用途等，从而损害了作者的名誉与声望。需要注意的是，如果作品本身没有遭受改动，在认定某行为是否侵犯了保护作品完整权时，应当以该行为损害了作者的名誉或者声望为要件。

修改权和保护作品完整权并不是绝对的，在某些情况下，要受到一定的限制。按照我国著作权法和其他国家的惯例，下述情况不应认为侵害了作者的修改权和保护作品完整权：第一，出版者为刊载需要，对作品作文字性修改、删节；第二，为教学目的不得已对作品的用词、用语所作的改动；第三，著作权人许可他人将作品摄制成电影作品和以摄制电影的方法摄制作品的，视为已同意对其作品进行必要的改动；第四，建筑物的所有人或管理人为了改建、修缮、扩建建筑物而进行的必要改动；第五，为计算机硬件的正常运转或者为版本升级而对计算机软件所作的必要改动；第六，被许可使用人在未改变主题的情况下，对美术作品、摄影作品载体尺寸、大小进行的改动；第七，按照作品的性质、使用目的或者按照诚信原则不得已对作品进行的其他改动。①

第二节　著作财产权

著作财产权可以分为复制权、演绎权和传播权三类内容。摄制权、改编权、翻译权等属于演绎权；发行权、出租权、展览权、表演权、放映权、广播权、信息网络传播权等属于传播权。我国著作权法没有采用将财产权分为三大类的办法，而是对著作权的内容进行了详细的列举。按照我国《著作权法》第 10 条第 1 款的规定，著作财产权包括复制权、发行权、出租权、展览权、表演权、放映权、广播权、信息网络传播权、摄制权、改编权、翻译权、汇编权，除此之外还规定了一个兜底条款。

一、复制权

复制是对作品最原始、最基本也是最普遍的利用方式。因之，复制权也是著作财产权中最基本的内容。按照我国著作权法的解释，复制权是指以印刷、复印、翻制、翻拍以及数字化等方式将作品制作一份或者多份的权利。最典型的复制是抄袭。常见的复制行为包括以下类型：（1）从平面到平面的复制，如印刷、复印、拓印、翻拍等。（2）从无载体到有载体的复制，如将口述作品进行录音。（3）从立体到平面的复制，如对雕塑作品进行拍摄并且该拍摄行为无独创性。（4）从立体到立体的复制，如完全按照一建筑作品、建筑作品的模型建造另一建筑物，对雕塑进行放大或者缩小。

广义的复制还包括以不同于作品原有形式再现作品的行为，如按照工程设计图、产品设计图等图形作品进行施工或者制造产品。对于这种从平面到立体的再现行为，有三种不同的看法。第一种意见认为，这种行为未经权利人许可而再现

---

① 李雨峰：《保护作品完整权的重构》，《法学论坛》2003 年第 1 期。

作品，侵害了复制权。第二种意见认为，这种行为不属于复制，未经许可使用他人

享有著作权的设计图、产品设计图进行施工建造建筑物或者制造产品，侵犯了著作权，但侵害的不是复制权，而是《著作权法》第 10 条第 1 款第 17 项所规定的"应当由著作权人享有的其他权利"。第三种意见认为，未经许可使用他人享有著作权的工程设计图进行施工建造建筑物未侵犯著作权法规定的著作权，不受著作权法的调整，应适用其他法律的规定。

二、发行权

发行权是指以出售、赠与或者其他转让所有权方式向公众提供作品的原件或者复制件的权利。发行权的行使往往与复制权的行使联系在一起。复制是为了发行，发行是复制的必然结果。有学者指出，准许作品或者复制品发行的权利和准许制作这些复制品的权利是相互关联、必不可分的。[①] 在我国，复制和发行共同构成了出版。我国著作权法规定的发行权主要有以下几个特点：其一，发行作品的方式为出售、赠与或者其他转让所有权的方式；其二，发行的对象为不特定的公众；其三，发行的对象包括作品的原件和复制件。

与发行权密切相连的是"发行权穷尽"原则，"发行权穷尽"原则又称为"首次销售"原则，其基本含义是指著作权人将作品的原件或复制件提供给公众后，著作权人即失去了对这些原件或复制品的控制权，他人可以自由地再次出售，而不构成对著作权人的侵权。德国、美国、奥地利等国著作权法对此都有规定。我国著作权法对此虽没有明文规定，但应作如此解释。

三、出租权

出租权，是指有偿许可他人临时使用视听作品、计算机软件或者包含作品的录音制品的原件或者复制件的权利。

对于出租权，有两个需要注意的问题：其一，出租权的对象仅仅是视听作品、计算机软件、包含作品的录音制品，对于其他对象，著作权人不能享有出租权。但是邻接权中的录音录像制品也享有出租权；其二，计算机软件不是出租的主要标的，软

---

① ［西］德利娅·利普希克：《著作权与邻接权》，中国对外贸易出版公司、联合国教科文组织 2000 年版，第 138 页。

件著作权人不能对其享有出租权。例如，出租一台装有计算机程序的计算机，该计算机是出租的主要标的，而装入的程序并不是出租的主要标的，这时，软件著作权人不能对其享有出租权，即不能禁止出租人的出租行为，也不能向承租人收取租金。

出租权是著作权人的财产权利，经常有人把它误解为出租店的权利。事实上，很多出租电影作品的出租店在对外出租时根本没有获得权利人的许可，它不但没有出租权，还构成了侵权行为。

四、展览权

展览权是指公开陈列美术作品、摄影作品的原件或者复制件的权利，日本称之为展示权，我国台湾地区称之为公开展示权。美术作品包括绘画、版画、漫画、卡通、素描、书法、字形绘画、雕塑等；摄影作品包括照片、幻灯片及其他以摄影的方法创作的作品。一般情况下，作品原件的价值高于复制件的价值。但有些复制件也具有相当的艺术造诣和展览价值，欧洲很多博物馆里展览的都是作品的复制件。所以，作品的原件和复制件都可以成为展览的对象。

所谓展览，就是公开陈列和展示。展览的地点可以是任何适合公开展示的场所，如美术馆、博物馆、陈列馆等专门场所，也可以是书店、橱窗、街头、公园等地。展览的目的是供不特定的多数人欣赏，如果仅供家庭或单位内部少数人欣赏，不构成著作权法上展览权规制的范围。可见，展览的关键在于向不特定的多数人公开。展览权的设置意在向公众展示作品，获取财产收益。它不受时间、地点的限制，只要条件适当，公众对作品的展示有社会需求，作为著作财产权的展览权就可以多次行使，反复行使。

在我国，展览权的对象限于美术作品和摄影作品，与德国、日本相同。韩国著作权法仅规定美术作品享有展览权；美国则对展览权的对象没有任何限制；西班牙处于二者之间，规定所有的艺术作品都享有展览权。

展览权一般由著作权人享有。但是，根据我国《著作权法》第18条的规定，美术作品原件所有权的转移，虽然不影响著作权人的其他权利，但是作品原件的展览权却转移给原件的所有人。显然，该权利受到了相当程度的限制。这样规定是为了解决作品原件的所有权与著作权的冲突，便于当事人行使权利，便于作品的利用。当然，原著作权人对美术作品和摄影作品的复制件还享有展览权。

五、表演权

表演权是指公开表演作品以及用各种手段公开播送作品的表演的权利。"公开表演作品"也被称为活表演、现场表演或者直接表演，是指演员直接或者借助技术设备以声音、表情、动作公开再现作品，如演奏乐曲、上演剧本、朗诵诗词、演说等。公开演出包括公开上演、公开演唱和公开演奏等行为。公开上演指以演技、舞蹈方法向现场公众传达作品的内容，如将剧本在舞台演出、将舞谱在舞台演出等；公开演唱指以歌唱方法向现场公众传达作品的内容，如唱歌；公开演奏指以弹奏乐器的方法向现场公众传达作品内容，如以钢琴、小提琴、风琴、吉他等乐器弹奏音乐。

"用各种手段公开播送作品的表演"指的是机械表演，是指借助录音机、录像机等技术设备将自然人的表演公开传播，即以机械方式传播作品的表演。《伯尔尼公约》规定，表演权的对象是文学作品、音乐作品和戏剧作品。德国、英国的范围和此一致。美国、法国、意大利把表演权的范围扩大到电影作品。

机械表演不包括广播电台和电视台的无线播放，也不包括电影作品的放映，前者属于作品的广播权，后者属于作品的放映权。《伯尔尼公约》关于表演权的解释也排除了广播电台和电视台对作品的无线播放。[1]

六、放映权

放映权是指通过放映机、幻灯机等技术设备公开再现美术、摄影、视听作品等的权利。

关于放映权的适用对象，各个国家的规定不完全一致。我国与德国的规定较为相似，其适用范围包括视听作品、美术和摄影等能够被放映的作品。但是，很多国家和地区规定，放映权仅适用于视听作品，如英国、美国、意大利、西班牙、日本、我国台湾地区等。

放映权与表演权不同，表演权是公开表演作品和播送作品的表演的权利。其第二项内容强调的是作品的"表演"。而放映电影等不是表演作品，也不是播送作品的表演，因为电影等本身就是作品，放在表演权中不符合逻辑的要求，所以我国、德国、日本等将其规定为一项独立的权利。

七、广播权

广播权是指以无线方式公开广播或者传播作品，以有线传播或者转播的方式

---

[1] 《保护文学和艺术作品伯尔尼公约指南》，刘波林译，中国人民大学出版社 2002 年版，第 53 页。

向公众传播广播的作品，以及通过扩音器或者其他传送符号、声音、图像的类似工具向公众传播广播的作品的权利。广播权又称为播放权，但由于播放主要是通过广播形式的传播，所以一般称之为广播权。广播权包括几层含义：第一层含义是，以无线方式公开广播或者传播作品，一般是指通过无线电台、电视台或者其他无线方式传播；第二层含义是，将电台、电视台广播的作品通过有线方式传播或者转播；第三层含义是，通过扩音器等工具传播电台、电视台广播的作品。显然，第一层含义是无线方式；第二层含义是有线方式，但它不是以有线方式直接传播作品，而是将电台、电视台广播的作品通过有线方式传播或者转播；第三层含义是通过扩音器等媒介的传播，也不是直接传播。因此，以有线方式直接传播作品并不包括在著作权的广播权中。我国广播权的内容直接来源于《伯尔尼公约》第 11 条之 2 第 1 款。

按照现行广播权的界定，权利人无法阻止通过有线方式对作品进行播放的行为。而有线播放又构成了现代社会的重要播放手段之一，如不对这些行为进行控制，著作权人的权利是不完整的。这一问题有待通过修法来加以解决。

拓展阅读
央视国际网络有限公司诉北京百度网讯科技有限公司等侵犯著作权纠纷案

八、信息网络传播权

信息网络传播权是指以有线或者无线方式向公众提供作品，使公众可以在其个人选定的时间和地点获得作品的权利。与广播不同，信息网络传播使得公众可以在自己选定的时间和地点获得作品，如在互联网上阅读作品、观看影片、收听音乐等，这种获得作品的方式被称为交互式的，以区别于网络直播和转播行为。"有线或者无线方式"限定了该项权利调整的范围，排除了非电子环境下的网络环境，如商品的销售网、连锁经营网。"信息网络传播"不仅指通常理解的因特网，而且包括一切符合该项权利要件的电子环境下的网络，如一定条件下的局域网等。"向公众提供作品"排除了个人之间的传播，如个人之间发送电子邮件等；同时，它只制止未经著作权人许可向公众提供作品的行为，如擅自将作品上网。

"使公众可以在其个人选定的时间和地点获得作品"突出了与发行不同的三个特点：其一，个人获得作品不再受时间、地点的限制；其二，公众变被动为主动；其三，传播中不存在作品载体的移转。

现有的信息网络传播权只能让作者阻止他人通过交互式提供自己作品的行为。如果他人通过互联网直播或者转播自己的作品，此时，公众就不能选择时间和地点使用该作品，按照语义解释，著作权人无法通过信息网络传播权阻止此行为。但在法院判决的案件中，已有通过现行著作权法的兜底条款加以解决的。

九、摄制权

摄制权也称为制片权，是指将作品摄制成视听作品的权利。原则上，这项权利适用于一切作品，无论是文字作品，还是音乐作品、舞蹈作品的作者都享有这项权利。但在实践中，文字作品、口述作品、音乐、戏剧、曲艺、舞蹈、杂技艺术作品、美术作品被拍摄成电影作品和录像制品的机会多一些。

一旦作品的作者与制片人签订合同，同意将其作品摄制成视听作品，在视听作品摄制完成后，作者除享有署名和获得报酬的权利外，其他权利归视听作品制片人享有。而且，这时，视为著作权人已经同意对其作品进行必要的不构成歪曲篡改的改动。但是，作者对自己的创作部分，如电影作品的剧本、音乐等，仍享有独立的著作权。

十、改编权

改编权是指改变作品，创作出具有独创性的新作品的权利，它属于演绎权的范畴。改编作品一般是指在不改变原作基本内容的前提下，改变作品的用途和表现形式，创作出新的作品以满足不同的需要。因此，改编的特点就在于：一是须以原作为基础，二是改编须有独创性，二者兼备才可创作出独立的新作品。最常见的改编形式有：将小说改编成适于演出的剧本，改编成连环画，将作品扩写、缩写或者改写等。将作品扩写、缩写或改写虽未改变作品类型，只要创作出具有独创性的作品，也可以认为是改编。

改编权不同于改编者权，改编权是著作权人对原作进行二度创作的权利。改编者权是改编者经过二度创作后基于新的作品而产生的权利。改编者将作品经再度创作赋予新的形式，改编者对这种新的形式享有新的著作权。

十一、翻译权

翻译权是指将作品从一种语言文字转换成另一种语言文字的权利，如将中文译成外文或者少数民族文字。翻译是在原作的基础上进行再创作，但是翻译必须忠实于原作，不得侵犯原作的著作权。翻译权适用于文字作品、口述作品、电影或者以类似摄制电影的方法创作的作品等所有以语言为其表现形式的作品。翻译权不适用于非自然语言之间的转换。

翻译尽管是在他人已有作品的基础上进行的，但仍然需要翻译人的创作。无论是对原作的理解与判断，还是在完成新作品过程中的选择、取舍、组合等，都是一种独创性的劳动。因此，法律赋予翻译人以新的与原作同等的著作权。当然，由于翻译毕竟是对已有作品的再创作，新作中凝结的是原作与二度创作的双重劳动，在权利上理应也包含着原作者与翻译者的双重利益。所以在保护翻译作者利益的同时，也要保护原作者的著作权。比如，对从英文翻译成中文的作品再作演绎创作，翻译成第三种语言文字，则不仅要取得中文的翻译者许可，还要受到原英文作者权利的制约。

十二、汇编权

汇编权是指将作品或者作品的片段或者其他材料通过选择或者编排，汇集成新作品的权利。与改编不同，汇编并不改变被汇编作品的表现形式，只是为了某种目的将作品或作品的片段汇集起来。汇编成新作品，是指在选择或者编排上体现独创性，在整体上成为新作品，而不是指所编的原作品是新作品。所编原作可能是在汇编成的作品中第一次发表的，也可能在汇编以前就发表过，常见的汇编作品如报纸、期刊、作品集。需要注意的是，并不是所有的汇编作品都是行使汇编权而产生的，因为有些汇编作品是由不构成作品的数据或者其他材料所组成的。

多数国家明确或者暗示地承认了汇编权，《伯尔尼公约》第 2 条之 2 也有规定。基于汇编权，著作权人可以自己汇编，也可以授权他人汇编并获得报酬，任何人未经著作权人许可而汇编其作品或作品的片段的，除法律另有规定以外，均构成侵权。在没有规定汇编权的国家，如果未经作者许可进行简单的汇编是侵害复制权的行为。

第三节　著作权的保护期

著作权有一定的时间限制。其保护期的计算方法有两种立法例：一是死亡起算主义，即著作权的期间为作者终生加死后的若干年限，该立法例的起算日期并非作者死亡的确切时间，而是从死亡之年年末或翌年年初起计算，大多数国家采这种立法例；二是发表起算主义，即著作权从作品发表之年年末或者翌年年初起的若干年限内受到法律保护，与作者生存与否无关。我国著作权法兼采这两种立法例。对权利主体是自然人（摄影作品除外）的著作财产权和发表权，保护期采死亡起算主义；对权利主体是法人的作品和部分特殊作品，其著作财产权和发表权采发表起算主义。

一、著作人身权的保护期

关于著作人身权的保护期，我国《著作权法》第 20 条规定，作者的署名权、修改权、保护作品完整权的保护期不受限制。自然人的作品，其发表权的保护期为作者终生加死后 50 年，截止于作者死亡后的第 50 年的 12 月 31 日。作者生前未发表的作品，如果作者未明确表示不发表，作者死亡后 50 年内，其发表权可由继承人或者受遗赠人行使；没有继承人又无受遗赠人的，由作品原件的合法所有人行使。

法人或者其他组织的作品、著作权（署名权除外）由法人或者其他组织享有的职务作品、电影作品和以类似摄制电影的方法创作的作品以及摄影作品的发表权的保护期为 50 年，截止于作品首次发表后第 50 年的 12 月 31 日，但作品自创作完成后 50 年内未发表的，不再保护。

二、著作财产权的保护期

关于著作财产权，根据著作权法的规定，自然人的作品（摄影作品除外），其著作财产权的保护期为作者终生及其死后 50 年，截止于作者死亡后第 50 年的 12 月 31 日；如果是合作作品，期间截止于最后死亡的作者死亡后第 50 年的 12 月 31 日。该期间是固定的，与作品是否发表及何时发表无任何关系。

法人或者其他组织的作品、著作权（署名权除外）由法人或者非法人单位享有的职务作品，其著作财产权的保护期截止于作品首次发表后第 50 年的 12 月 31 日，但作品自创作完成后 50 年内未发表的，不再保护。

我国《著作权法》第 21 条规定，自然人作品的著作财产权，原则上采死亡起算主义，法人作品的著作财产权，原则上采发表起算主义。但又规定了一定的特例，对视听作品和摄影作品，无论其归属于自然人还是法人，其财产权利的保护期均采发表起算主义，即保护期截止到作品首次发表后的第 50 年的 12 月 31 日。

作者身份不明的作品，著作财产权的保护期采发表起算主义，即截止到作品首次发表后第 50 年的 12 月 31 日。作者身份一旦确定，则适用一般自然人的著作财产权期间。之所以采用发表起算主义，原因在于，作者身份不明的作品，其作者身份无法确定，因而作者的死亡时间无法确定，采发表起算主义是不得已的选择。

我国著作权法对著作财产给予 50 年的保护期满足了《伯尔尼公约》和《与贸易有关的知识产权协定》的要求。这两个公约规定，成员国或者地区对著作财产权必须给予最低 50 年的保护，但并不禁止成员国或者地区给予超过 50 年的保护期。事实上，有些国家或者地区的著作权法规定的保护期就超过了 50 年，如美国、英国、欧共体、德国、法国都规定了 70 年或更长的保护期。

思考题：

1. 简述不同类型的著作财产权。
2. 简述发表权的行使。
3. 简述著作权的保护期。
4. 王某是国画界小有名气的画家，与刘某交往三十余年。多年来，王某曾赠与刘某不少自己的画作。刘某去世后，其子小刘精选其中一些作品，以《王某作品选》命名出版。王某得知后，认为小刘未取得自己的同意，便将相赠画作出版，侵犯了自己的著作权，遂提出交涉。请回答：小刘是否侵犯了王某的著作权？理由是什么？

第四章 邻 接 权

第一节 邻接权概述

一、邻接权的含义

邻接权，其英文"Neighboring Rights"，原意是相邻、相近或者相关联的权利。在国际上指表演者、录音制作者和广播组织所享有的权利。在德国称之为"有关的权利"。我国《著作权法》第 1 条称之为"与著作权有关的权益"。学术界称之为邻接权或者著作邻接权。多数学者认为，邻接权的产生基于对作品的传播，与著作权基于作品的创作不同。人们习惯上把艺术表演、录音制品的制作、广播电视的播放称为作品的传播，把表演艺术家、录音制品制作人、广播电视组织称为传播人。传播人"是文学创作的辅助者，因为表演者决定音乐作品和戏剧作品的命运，录音企业使稍纵即逝的印象长存，广播组织消除了距离的障碍"①。《保护表演者、音像制品制作者和广播组织罗马公约》（简称《罗马公约》）把邻接权的内容界定为表演者权、录音制品制作者权、广播组织权。我国界定的邻接权与该公约存在着一定的差异，除把录像制品制作者权等纳入保护外，还把出版者对其出版的图书、报刊的版式设计专有权也作为邻接权对待。另外，邻接权也并不都是依赖作品而产生的权利。录音制作者对自然声音的录制也可能会产生邻接权。因此，邻接权基于作品传播而产生的说法并不严谨。

二、邻接权的产生

邻接权的产生是传播技术进步的结果。1877 年爱迪生发明留声机以前，要欣赏他人的表演，必须到表演者所在的现场。但产生留声技术和其他录音技术以后，人们可以将他人的表演录制下来欣赏，而且欣赏的时间和地点都可以由欣赏者自己决定。这种情形给表演者造成了两种相反的结果：一方面，欣赏表演的人增多，表演者的知名度提高了；另一方面，现场表演的次数减少，他的收入降低了。因而表演者便想在其表演的录制过程中获得回报，这是最初的传播者的权利要求。同样，录制公司在制作唱片时，要在录制设备、技术、表演者身上花费大量的投

---

① 世界知识产权组织编：《著作权与邻接权法律术语汇编》，刘波林译，北京大学出版社 2007 年版，第 164 页。

资。但也有录制公司可以不投入资本就把他人录制完成的唱片复制、发行，并与原有的录制公司竞争。同样，在广播领域也存在着不花费劳动或者仅花费少量劳动便能再现他人辛勤劳动成果的现象。这种不诚实的经营显然会给诚实经营带来不利的冲击。因此如何协调它们之间的关系和利益就构成了各国共同面临的问题。由此，邻接权得以产生。显然，保护传播者主要是基于保护投资和劳动的考虑。传播者在传播作品的过程中，付出了大量投资和劳动，他人如果对这些传播结果免费使用，是不公平的，也不利于调动他们的积极性。

三、邻接权的保护

在世界上，较早给予邻接权保护的是德国和英国。1910 年，德国在其《文学和音乐作品产权法》中把表演者视为原作的改编创作者加以保护。1911 年、1925 年、1956 年英国分别制定了保护录音制品制作人、艺术表演人和广播电视组织权益的法律。同时，奥地利、意大利等国也相继开始保护邻接权。之后，与著作权一样，在国际层面出现了对邻接权进行协调保护的需求。在一些大组织的推动下，1961 年 10 月在罗马召开的外交会议上通过了保护表演者、录音制品制作者和广播组织权益的国际公约，即《罗马公约》（我国尚未加入该公约），实现了国际间对邻接权的保护。1971 年在日内瓦召开的外交会议上，针对录音制品通过了《保护录音制品制作者防止未经许可复制其录音制品的公约》，简称《录音制品公约》（我国已加入该公约）。随着网络技术的广泛采用，邻接权人利益的冲突也变得越来越突出。为解决这样的矛盾，1996 年 12 月，世界知识产权组织通过了《世界知识产权组织表演和录音制品条约》（我国已加入该条约）。

四、邻接权与著作权的关系

邻接权属于广义著作权的组成部分，同狭义著作权有着非常紧密的联系。一般情况下，二者都与作品相联系。二者具有某些相同的特征，如可以分地域取得和行使；有关著作权的一些规定也适用于邻接权保护，如合理使用、权利质押等。但邻接权也有其独立性，它与著作权的区别主要表现在以下几个方面：第一，权利产生的原因不同。著作权基于作品的创作；邻接权基于其传播活动中投入的资金和劳动。第二，权利主体的种类不同。著作权的主体主要是自然人；邻接权的主体除表演者外一般是社会组织。第三，权利的对象不同。著作权的对象是作品，要求具有独创性；邻接权的对象是传播作品所产生的劳动成果，如表演活动、录音录像制品、广播电视节目。第四，权利的内容不同。著作权的内容包括财产权利和精神权利；邻接权中除表演者权外，不包括人身权利。就权利内容而言，著作权的财产权利也比邻接权的财产权利丰富。

第二节　表演者权

一、表演者的概念

表演者是指以朗诵、歌唱、演奏以及其他方式表演文学艺术作品或者民间文学艺术的自然人。《罗马公约》将魔术师、杂技演员和马戏小丑排除在著作权法上的表演者范围之外。[①] 我国 2001 年修订《著作权法》时，将杂技艺术作品纳入著作权保护的范围，杂技艺术作品包括杂技、魔术、马戏，因此，在我国，杂技演员、魔术师和马戏小丑应当属于表演者。就表演者的主体而言，按照我国著作权法的界定，表演者包括自然人和演出单位。

二、表演者权的内容

表演者权的内容包括人身权利和财产权利两个方面。给予表演者以人身权利，乃因为表演本身体现了表演者的人格和品质，在这一点上，它与作者的人身权利的理论基础基本相同。也就是说，在作品或者表演中体现了作者或者表演者的"格"，而这种"格"正是作者或者表演者作为著作权法上主体的资格。

（一）表演者的人身权利

1. 表明表演者身份。表演者对其表演有权向公众表明自己作为表演者的身份，主要指向公众表明自己的姓名，类似于作者所享有的署名权。表明身份的方式因表演形式的多样而有所不同。现场演出的，可由报幕员、节目主持人向观众表明每个节目的主要表演者身份，或在节目单、海报上刊登出主要表演者的名单，在电影、电视、音像制品和广播中的表演，应当在节目播放时的影视屏幕上或者广播中同时播出主要表演者的姓名。

在一些表演中，如果表演者是一人或者几人，按照惯例，这类表演者都有权向公众表明自己的身份。如果表演者是十几个人或几十人，按照惯例，可以仅将主要表演者，如合唱中的领唱，向公众作出口头或者书面的介绍。

2. 保护表演形象不受歪曲。表演形象是表演者在表演活动中的艺术形象，即

---

① 《罗马公约和录音制品公约指南》，刘波林译，中国人民大学出版社 2002 年版，第 15 页。

剧照形象，而非在表演活动之外的本来形象。前者属于著作邻接权保护的范围，后者则是民法上的肖像权的保护范围。表演形象是表演者表演的效果表现，它和表演者的艺术造诣、领悟程度有关，表演形象的优劣关系到观众的吸引和评价。表演形象如何，完全取决于表演者个人，本身不存在被歪曲的问题。但表演形象一旦被固定下来，就存在着被变更、歪曲的可能性。如果表演形象被歪曲了，就有可能损害表演者的声誉，进而影响到表演者的经济收入。

（二）表演者的财产权利

1. 许可他人从现场直播和公开传送其现场表演，并获得报酬。表演者享有许可他人从现场直播和传送其现场表演的权利。现场直播是指通过无线电广播或者电视系统等传播手段把现场表演直接送给用户。随着现代通信技术的广泛应用，能够便利地把表演送至千家万户。如果著作权法不把现场表演的直播权授予表演者，表演者的收入便会遭受重大损失，原因在于既然人们可以免费或者仅花少量费用通过广播、电视等欣赏表演，谁还会花昂贵的费用去看现场表演呢？这里的现场表演是一次性的，但在有些情况下，如表演时间在深夜，会导致现场直播收听或收视率的下降，因而应当允许广播组织先将表演录音录像，然后在收听或收视率高峰时将其播出，但这种播出仅限于一次。1991 年《著作权法》关于表演者权的规定仅限现场直播。但是，按照 TRIPs 协定第 14 条的规定，表演者有权制止他人未经许可以无线电方式播出和向公众传播其现场表演。为与 TRIPs 协定保持一致，修订后的《著作权法》增加了关于向公众传送现场表演的规定。须注意的是，"向公众传送其现场表演"强调的是在现场表演的同时，将该表演通过广播以外的任何媒体传播出去。因此，不包括那些将该现场表演录制下来再通过广播、录音机、录像机等其他方式对外传播的行为。也就是说，表演者许可他人的现场表演权，不包括机械表演权。

2. 许可他人录音录像，并获得报酬。每个表演者对自己的表演享有许可他人录音录像的权利。任何人针对特定表演者的表演录音或录像应当得到表演者的同意，表演者可因其表演被录音或录像而获得相应的报酬。

3. 许可他人复制、发行录有其表演的录音录像制品，并获得报酬。不经表演者许可，对其表演的录制品进行复制、发行，会大大损害表演者的财产权利。因此，我国著作权法规定了表演者对录有其表演的录制品的复制权和发行权。

4. 许可他人通过互联网络向公众传播其表演。为解决国际互联网络环境下应用数字技术而产生的邻接权侵权的新问题，《世界知识产权组织表演和录音制品条约》第 15 条规定了网络环境下的传播权。我国 2001 年修订后的《著作权法》考虑到目前网络环境下的侵权问题的特殊性，在第 37 条作了相应规定。

录制品的发行大大减少了表演者的表演机会，因此为弥补表演者的损失，多数国家的著作权法为表演者建立了二次收费制度，即将现场表演录制下来以后，再通过技术设备向公众再现其表演，也应当取得表演者的许可并支付报酬，如德国、意大利的著作权法等。《罗马公约》第 12 条也做了类似的要求，但它属于可保留条款。我国现行著作权法对此没有规定。

表演者的人身权利不受保护期的限制；其财产权利的保护期为 50 年，截止于该表演发生后的第 50 年的 12 月 31 日。

三、表演者的义务

表演者在使用他人享有著作权的作品进行表演时要履行一定的义务，具体为：第一，表演者使用他人的作品演出，应当取得著作权人许可，并支付报酬。如果由演出组织者组织演出的，由该组织者取得著作权人许可，并支付报酬。第二，表演者使用改编、翻译、注释、整理已有作品而产生的作品进行演出，应当取得改编、翻译、注释、整理作品的著作权人和原作品的著作权人许可，并支付报酬。

此外，我国《著作权法实施条例》还规定了对外国表演者的保护。外国人、无国籍人在中国境内的表演，受著作权法保护。外国人、无国籍人根据中国参加的国际条约对其表演享有的权利，受著作权法保护。

第三节　录音录像制作者权

一、录音录像制作者权的概念

录音录像制作者权简称录制者权，是指录制者对其录音录像制品所享有的权利。录音录像制品包括录音制品和录像制品。按照《著作权法实施条例》的解释，录音制品是指任何对表演的声音和其他声音的录制品。录像制品是指视听作品以外的任何有伴音或者无伴音的连续相关形象、图像的录制品，包括表演形象的原始录制品和非表演形象的原始录制品，后者如自然风光和动物世界的原始录制品。

录制者权的主体是录制者，包括录音制作者和录像制作者。按照《著作权法实施条例》的解释，录音制作者是指录音制品的首次制作人；录像制作者是指录像制品的首次制作人。本书认为，这样界定录制者是不严密的。其实，著作权法保护的录制者，是独自制作录音录像制品的人。比如，某甲首次就某一自然景点制作了录像制品后，他显然不能阻止某乙就该自然景点再次制作录像制品。甲的权利范围仅限于他人对其录像制品的复制、发行、出租等。

二、录音录像制作者权的内容

（一）复制、发行权

我国著作权法规定，录音录像制作者对其制作的录音录像制品，享有复制、发行权。一般来说，录音录像制作者将作品或者表演转换为录音录像制品，通常先制作母带，然后用母带成批复制，进行销售。由于录音录像制品的复制发行量直接关系到制作者的利益，为保护其合法权益，法律赋予了录音录像制作者对其制品复制发行的控制权。

（二）出租权

出租权不仅适用于录音录像制品的原件，也适用于其复制件。在国外的实际操作中，一般由著作权集体管理组织向录音录像制品的出租经营人发放许可证，定期向其收取使用费，并将收取的费用支付给出租权人。

（三）通过信息网络向公众传播其录音录像制品

这项内容规定于《世界知识产权组织表演和录音制品条约》第 14 条之中，但仅限于录音制品。我国 2001 年修订《著作权法》时，增加了该项内容，但享有该权利的不仅包括录音制品，还包括录像制品。

（四）录像制品的广播权

对于广播权，著作权法并没有规定在录音录像制作者一节，而是从广播组织的义务角度规定的，具体体现在《著作权法》第 45 条。须注意的是，著作权法并没有赋予录音制品广播权，正如《著作权法》第 43 条的规定一样，广播组织播发已经出版的录音制品，只须向著作权人支付报酬，并没有向录音制作者支付报酬的义务。

录音录像制作者享有的都是财产权利，其保护期为 50 年，截至该制品制作完成后第 50 年的 12 月 31 日。

三、录音录像制作者的义务

录音录像制作者在享有上述权利的同时，还应当履行相应义务。具体包括：第一，录音录像制作者使用他人作品制作录音录像制品，应当取得著作权人许可，并支付报酬。第二，录音录像制作者使用改编、翻译、注释、整理已有作品而产生的作品，应当取得改编、翻译、注释、整理作品的著作权人和原作品著作权人许可，并支付报酬。第三，录音制作者使用他人已经合法录制为录音制品的音乐作品制作录音制品，可以不经著作权人许可，但应当按照规定支付报酬；著作权人声明不许使用的不得使用。第四，录音录像制作者制作录音录像制品，应当同表演者订立合同，并支付报酬。

此外，我国《著作权法实施条例》还规定了对外国录音制作者（不包括录像制作者）的保护。外国人、无国籍人在中国境内制作、发行的录音制品，受著作权法保护。外国人、无国籍人根据中国参加的国家条约对其制作的录音制品享有的权利，受著作权法保护。

第四节　广播组织权

一、广播组织权的概念

广播组织权是指广播组织对其首次播放的载有声音或者图像的信号所享有的权利。这里的播放既包括无线播放，也包括有线播放。

二、广播组织权的内容

（一）未经许可，他人不得转播

转播是指一个广播组织的节目被另一个广播组织同时广播。转播强调的是"同时"，而将节目录制下来的再播放属于重播而不是转播。广播组织在播放其编排的广播节目的过程中付出了大量财力和人力，如果他人未经许可任意转播广播组织已经播放的节目，必然会损害该广播组织的利益，也不利于对著作权人和公共利益的保护。因此，著作权法将禁止他人转播的权利赋予了广播组织。

（二）未经许可，他人不得擅自将其播放的节目录制、复制

广播组织权的保护期为 50 年，截至该广播节目首次播放后第 50 年的 12 月31 日。

三、广播组织的义务

广播组织在享有上述权利的同时，也应当履行相应的义务。具体包括：第一，广播组织播放他人未发表的作品，应当取得著作权人许可，并支付报酬。第二，

广播组织播放他人已发表的作品，可以不经著作权人许可，但应当支付报酬。第三，广播组织播放已经出版的录音制品，可以不经著作权人许可，但应当支付报酬。当事人另有约定的除外。第四，电视台播放他人的电影作品和以类似摄制电影的方法创作的作品、录像制品，应当取得制片者或者录像制作者许可，并支付报酬；播放他人的录像制品，还应当取得著作权人许可，并支付报酬。

第五节　版式设计权

一、版式设计权及其保护

在邻接权中，纳入对图书、期刊出版者权利的规定，是我国著作权法的一大特点。1991 年《著作权法》赋予了出版者三项权利：图书出版者的专有出版权，图书、期刊的版式设计权、装帧设计权。2001 年修改《著作权法》的时候，仅保留了版式设计权。

版式设计权是指出版者对于图书、期刊的版式设计享有的专有权，出版者有权禁止或者许可他人使用该版式设计，而不论出版的作品本身是否享有著作权。版式设计是对印刷品的版面格式的安排，是指由文字排列的顺序、字体及其他排版材料的选用、行间和段间的空距、版面的布局等因素构成的印刷物总体，是出版者在编辑加工作品时完成的劳动成果。被出版的作品是否受著作权法的保护并不影响版式设计权的成立。即使是印刷古籍作品，只要出版者投入了智力劳动，他仍然创造了受保护的版式。版式设计权的内容主要限于禁止他人擅自按照出版者的版式设计而进行的复制。如果他人进行的是改动很小的或者变化了比例的复制，出版者同样有权禁止。版式设计权的保护期为 10 年，截止于使用该版式设计的图书、期刊首次出版后的第 10 年的 12 月 31 日。

二、版式设计权与制版权的比较

我国大陆地区《著作权法》规定的版式设计权和台湾地区"著作权法"上的制版权并不相同。台湾地区"著作权法"第 79 条规定：无著作财产权或者著作财产权消灭之文字或者美术作品，经制版人就文字著述整理排印，或就美术作品原件影印首次发行，并依法登记者，制版人就其排印或影印之版面，专有以印刷或类似方式重制之权利。制版人之权利，自制版完成时起算存续 10 年。与版式设计权相比，制版权具有下列特点：第一，它只针对公共领域的文字作品和美术作品；

第二，它只归属首次发行上述作品的出版者；第三，它以注册为条件。

思考题：

　　1. 邻接权与著作权的区别是什么？

　　2. 表演者权和录制者权的内容有哪些？

　　3. 广播组织权的依据及内容是什么？

第五章　著作权的限制

著作权法在赋予著作权人以著作权的同时，又通过种种制度对著作权的范围进行不同程度的限制，其目的在于实现著作权人、作品利用人与公众间的利益平衡。本章第一节将介绍合理使用，第二节将介绍法定许可和强制许可。

第一节　合 理 使 用

一、合理使用的概念

合理使用是指著作权人以外的人在法律规定的条件下，不经著作权人许可，不向著作权人支付报酬而使用作品的行为。合理使用制度肇始于英美判例法，其英文为 "fair dealing" 或 "fair use"。在大陆法系国家，一般不采用 "合理使用" 的表述，而是在 "著作权的限制" 名目下规定有关内容。合理使用尽管无须获得著作权人的许可，无须向其支付报酬，但仍应当指明作者的姓名、作品名称和出处等。虽然多数国家的著作权法将合理使用作为一种 "权利的限制" 来规定，但在学理上，人们对合理使用的性质并未达成一致认识。目前，较有影响的观点有："权利限制说""侵权阻却说"和"使用者权利说"。

二、合理使用的标准

对作品的使用是否构成合理使用，《伯尔尼公约》、TRIPs 协定和《世界知识产权组织版权条约》规定了 "三步检验法"（Three-step Test），即合理使用行为要满足以下三个条件："使用只能在特殊情况下作出，与作品的正常使用不相冲突，不能不合理地损害权利人的合法权益"。我国法亦承认三步检验法，《著作权法实施条例》第 21 条明确规定："依照著作权法有关规定，使用可以不经著作权人许可的已发表作品的，不得影响该作品的正常使用，也不得不合理地损害著作权人的合法利益"。

在认定合理使用的司法实践中，美国联邦法院总结了四项标准，后被《美国版权法》采纳。这四项标准是：（1）有关使用行为的目的。即看是否为商业目的的使用。（2）被使用的作品的性质。对不同类型作品的著作权，如新闻评论和电影作品，判定是否合理的界限不尽相同。（3）被使用的部分与整部作品的比例关系。如果比例关系失当，则一般不认为是合理使用。（4）使用行为对被使用作品的潜在市场的影响。

三、合理使用的类型

我国《著作权法》第 22 条规定了以下 12 种类型的合理使用：

1. 为个人学习、研究或者欣赏，使用他人已经发表的作品。这种情况限制了目的、主体和对象三个内容。目的只能是学习、研究或者欣赏，而不能扩大到出版、出租等；主体只能是个人；对象只能针对已发表的作品，未发表的作品则不在合理使用之列。

2. 为介绍、评论某一作品或者说明某一问题，在作品中适当引用他人已发表的作品。这里所说的"适当"是指所引用的部分不能构成引用人作品的主要内容或者实质内容，如果"引用"比例失当，则有可能构成抄袭。

3. 为报道时事新闻，在报纸、期刊、广播电台、电视台等媒体中不可避免地再现或者引用已经发表的作品。但这种使用仍有限制：（1）使用目的仅限于报道时事新闻；（2）被使用的作品必须是已发表的；（3）在报道中应当注明被使用的作品出处和原刊登作品的报刊、电台等的名称。

4. 报纸、期刊、广播电台、电视台等媒体刊登或者播放其他报纸、期刊、广播电台、电视台等媒体已经发表的关于政治、经济、宗教问题的时事性文章，但作者声明不许刊登、播放的除外。这类使用限于政治、经济、宗教问题的时事性文章，同时赋予作者以保留权。

5. 报纸、期刊、广播电台、电视台等媒体刊登或者播放在公众集会上发表的讲话，但作者声明不许刊登、播放的除外。公众集会是指群众性的政治集会、庆祝活动或者纪念性的集会。只要作者未声明不许刊登、播放，上述传播媒体即可对此类作品进行合理使用。

6. 为学校课堂教学或者科学研究，翻译或者少量复制已经发表的作品，供教学或科研人员使用，但不得出版发行。这类使用限定的目的是"课堂教学或者科学研究"，限定的主体是"教学或者科研人员"，限定使用的方式是"翻译或者少量复制"。因此，为课堂教学而播放电影，不构成该条规定的合理使用。

7. 国家机关为执行公务在合理范围内使用已经发表的作品。这里的国家机关包括立法、司法、行政和军事机关。执行公务指国家机关为完成法律赋予的职责所从事的活动，如立法机关起草法案、检察机关收集犯罪证据等。

8. 图书馆、档案馆、纪念馆、博物馆、美术馆等为陈列或保存版本的需要，复制本馆收藏的作品。此处的作品包括未发表的作品，但复制未发表的作品要尊重作者的发表权，不能将其陈列。

9. 免费表演已经发表的作品，该表演既未向公众收取费用，也未向表演者支付报酬。构成这类合理使用行为，要求演出组织者不得就表演向公众收费，也不能向演员支付报酬，二者缺一不可。以此标准判断，社会上常见的一些义演活动，不构成合理使用。

10. 对设置或者陈列在室外公共场所的艺术作品进行临摹、绘画、摄影、录像。室外公共场所的艺术作品，是指设置或者陈列在室外社会公众活动处所的雕塑、绘画、书法等艺术作品。对陈列在室外公共场所的艺术作品的临摹、绘画、摄影、录像，属于合理使用，也是国际惯例。

11. 将中国公民、法人或者其他组织已经发表的以汉语言文字创作的作品翻译成少数民族语言文字作品在国内出版发行。构成这类合理使用必须同时具备以下五个条件：第一，针对的是具有中国国籍的自然人、法人或者其他组织的作品。外国人，包括外籍华人的作品，均不包括在内。对于合作作品，有一个作者不是中国人的，也不在此合理使用之列。第二，针对的是已经发表的作品，未发表的作品不在此列。第三，必须是用汉语言文字撰写的作品，如果具有中国国籍的人用外语创作的作品，也不在此范畴之内。第四，必须是从汉语到少数民族语言文字的翻译，不能是少数民族语言文字到汉语的翻译。第五，翻译作品的出版发行只能在中华人民共和国境内进行。

12. 将已经发表的作品改成盲文出版。此项规定体现了我国法律对身体残疾者的人文关怀。

根据《著作权法》的规定，上述 12 种合理使用或者对著作权的限制，亦适用于出版者、表演者、录音录像制作者、广播电台、电视台的邻接权。

第二节　法定许可与强制许可

一、法定许可使用的概念

法定许可使用是指根据法律的规定，不经著作权人许可而以特定方式使用他人已发表的作品，但应当向其支付报酬并尊重著作权人的其他权利的制度。法定许可方便了作品传播者对作品的使用，避免了因寻求著作权人的授权所带来的不便，既有利于作品的传播，又可保障著作权人的利益。正因如此，法定许可遂成为各国著作权法普遍推行的一种制度。不过，总的来看，发展中国家的法定许可使用的适用范围较广，而发达国家法定许可使用的适用范围则相对较窄。

依据我国著作权法，法定许可使用须符合四个条件：第一，使用的对象必须是已经发表的作品。第二，使用的方式必须符合法律规定。著作权法对法定许可使用的适用范围有明确规定，使用人不得超出法律规定的范围对作品进行使用，以免对著作权人的合法权益造成损害。第三，必须向著作权人支付报酬。第四，使用人不得损害著作权人的精神权利和其他财产权利。

需要注意的是，我国《著作权法》对三种法定许可使用方式赋予著作权人以保留权，即著作权人可以事先声明排除该三种法定许可适用，这一规定与国际上通行的法定许可使用制度有所不同，故有学者称之为"准法定许可"。

二、法定许可使用的类型

1. 为实施九年制义务教育和国家教育规划而编写出版教科书，在教科书中汇编已经发表的作品片段或者短小的文字作品、音乐作品或者单幅美术作品、摄影作品。对于该项法定许可使用需要注意以下问题：第一，作者事先声明不许使用的，不适用法定许可使用；第二，使用的目的是实施九年制义务教育和国家教育规划编写出版的教科书，这里的教科书指的是课堂教学所用的正式教材，不包括辅助读物；第三，使用的作品只能是已经发表的作品片段或者短小的文字作品、音乐作品或者单幅美术作品、摄影作品；第四，应当按照规定支付报酬，指明作者姓名、作品名称，并且不得侵犯著作权人依照著作权法所享有的其他权利；第五，该法定许可使用的规定也适用于对出版者、表演者、录音录像制作者、广播电台、电视台等邻接权人。

2. 报纸、期刊转载或作为文摘资料刊登其他报刊已经登载的作品。转载是指原封不动或略有改动后刊登在其他报刊上已发表的作品；摘编是指对原文主要内容进行摘录、缩写。关于这项法定许可使用，需要注意以下问题：第一，著作权人声明不得转载、摘编的，不适用法定许可使用。但著作权人若欲排除法定许可使用，应当在报纸、期刊首次刊登该作品时附带声明；第二，此项法定许可使用只能在报刊之间进行；第三，依法定许可进行转载或摘编的，应该按照规定支付报酬，注明作者姓名、作品名称及原作首次刊登的报刊名称和日期，并且不得侵犯著作权人依照著作权法所享有的其他权利。

3. 录音制作者使用他人已经合法录制为录音制品的音乐作品制作录音制品。著作权人享有保留权。行使保留权的方式是在作品被合法录制为录音制品时附加声明。

4. 广播电台、电视台播放他人已发表的作品。这项法定许可使用是对著作权人的广播权所作的限制。需要注意的是，关于该法定许可使用，著作权法未赋予著作权人以保留权。

5. 广播电台、电视台播放已经出版的录音制品。对于这项法定许可使用需要注意以下问题：第一，对该法定许可使用，著作权法未赋予著作权人以保留权；第二，广播电台、电视台播放已经出版的录音制品应当向著作权人支付报酬，但双方约定不支付报酬的，可从其约定；第三，由于表演者和录音制作者不享有播放录音制品的权利，因此不存在向其支付报酬的问题。

三、强制许可使用

强制许可使用是指在法律规定的条件下，由著作权主管机关根据具体情况，将对已发表的作品进行特殊使用的权利授予申请使用此项权利的人的制度。在国际著作权公约中，通常表述为"强制许可证"（Compulsory License）。

强制许可使用制度的功能旨在通过对著作权人的权利加以限制，来确保公众接触和使用作品的权利，以促进科学文化事业的繁荣。强制许可与法定许可不尽相同，法定许可是由法律直接规定允许使用作品的方式，凡符合条件的均可自行使用，使用人并无特定的范围。强制许可则须经使用人事先申请，由主管机关批准后方可使用，并须向著作权人支付报酬；未获批准的不得使用。

根据国外立法和国际公约的规定，强制许可使用主要有以下条件：第一，只能针对已发表的作品。第二，作品使用人必须事先以合理的使用费为条件向著作权人申请作品的使用权而未获得许可，或者无法与著作权人商谈作品的许可使用。第三，使用人必须向著作权主管机关提出强制许可使用的申请。第四，使用方式主要是翻译、复制。第五，作品使用人必须向著作权人支付法定报酬。第六，使用人在使用作品时不得侵犯著作权人的其他合法权益。

我国《著作权法》未规定强制许可使用制度，但是，我国已加入的《伯尔尼公约》和《世界版权公约》等国际公约确立了此项制度。

思考题：

1. 法定许可使用有哪些类型？
2. 强制许可使用的条件有哪些？
3. 法定许可使用与强制许可使用的相同点和不同点分别是什么？

第六章　著作权的利用

第一节　著作权利用的特殊机制——集体管理制度

一、著作权集体管理的概念与适用范围

著作权集体管理指的是著作权人和邻接权人通过一种组织系统，对某些受著作权和邻接权保护的对象的使用予以许可、收取相应报酬的制度。著作权人享有排他专有权，他人要行使专属于著作权人的权利，除非法律规定的特殊情形，必须事先取得著作权人的许可。但在很多情况下，著作权人很难与使用人进行直接交易。比如，按照著作权法的规定，某音乐作品的作者享有表演权，他可以允许他人现场表演该作品，或者许可他人通过机械手段公开传送该作品的表演。然而，现实生活中，很多人或者机构都可以表演该作品，也可以通过机械手段传播该作品的表演。如果由作者和每一个使用该作品的人签订许可合同，显然没有效率。而且，由于他人未经该作者许可使用其作品，作者经常陷于维权诉讼中或在诉讼中处于被动。在这种情况下，可行的办法就是通过一个统一的、能够代表绝大多数著作权人的组织来统一发放许可和收取许可使用费，并将收到的费用按照一定的标准和比例分配给著作权人。这就是著作权集体管理组织产生的必然性。

并不是所有的权利都适合通过集体管理制度来行使。譬如翻译权，由于能够翻译原作品的人较少，著作权人和翻译人谈判比较容易，就没有必要将此权利通过集体管理组织来行使。著作权集体管理的适用范围是那些相对人较多、著作权人自己行使起来比较困难的权利，一般包括表演权、放映权、广播权、出租权、信息网络传播权、复制权等。在学理上，把依照集体管理方式收取费用的财产权利称为"小权利"。

二、著作权集体管理机构

我国于 2004 年 12 月 22 日颁布了《著作权集体管理条例》（以下简称《条例》），共 7 章 48 条。按照《条例》，享有著作权或者邻接权的人都可以发起设立著作权集体管理组织，设立集体管理组织应当具备下列条件：发起设立著作权集体管理组织的权利人不少于 50 人；不与已经依法登记的著作权集体管理组织的业务范围交叉、重合；能在全国范围代表相关权利人的利益；有著作权集体管理组

织的章程草案、使用费收取标准草案和向权利人转付使用费的办法草案。著作权集体管理组织章程应当载明下列事项：名称、住所；设立宗旨；业务范围；组织机构及其职权；会员大会的最低人数；理事会的职责及理事会负责人的条件和产生、罢免的程序；管理费提取、使用办法；会员加入、退出著作权集体管理组织的条件、程序；章程的修改程序；著作权集体管理组织终止的条件、程序和终止后资产的处理。对集体管理组织的设立，我国实行批准主义，任何人申请设立著作权集体管理组织，必须到有关部门获得批准。到目前为止，我国著作权集体管理组织包括中国音乐著作权协会、中国音像著作权协会、中国文字著作权协会、中国摄影著作权协会、中国电影著作权协会等。

按照《条例》第 2 条的规定，著作权集体管理组织业务的范围，包括：（1）与使用者订立著作权与邻接权许可使用合同；（2）向使用者收取使用费；（3）向权利人转付使用费；（4）进行涉及著作权或者邻接权的诉讼、仲裁。

三、著作权集体管理的法律关系

在内部机制上，会员大会是著作权集体管理组织的权力机构，职能包括：制定和修改章程；制定和修改使用费收取标准；制定和修改使用费转付办法；选举和罢免理事；审议批准理事会的工作报告和财务报告；制定内部管理制度；决定使用费转付方案和著作权集体管理组织提取管理费的比例；决定其他重大事项。同时，著作权集体管理组织还设立理事会，作为会员大会的执行机构，执行会员大会的决定，召集会员大会，并对会员大会负责。

在对外关系上，著作权集体管理组织除了履行其基本职责——发放许可和收取许可使用费外，还涉及一系列其他事务，包括提起维护著作权的诉讼或者仲裁、与境外著作权集体管理组织签订协议，接受政府和社会公众的监督。著作权集体管理组织与权利人之间是一种信托关系，按照这种关系，著作权人参加著作权集体管理组织之后，著作权集体管理组织即可以自己的名义从事上述活动，无须再获得著作权人的授权。

四、著作权集体管理机构的监督

通常情况下，著作权集体管理组织是民间组织，具有非官方性质。有的著作权集体管理组织尽管是在官方的推动和支持下成立的，而且，其活动要受到官方的监督，但这并不影响集体管理组织的非官方性质。大多数集体管理组织是社团法人，不具有营利性。除了在收取的许可费中扣除一定比例（10%～

15%）的金额作为管理费外，需将剩余部分分配给著作权人。《条例》规定，著作权集体管理组织提取管理费的比例应当随着使用费收入的增加而逐步降低。著作权集体管理组织存在一定的垄断性，每个集体管理组织的业务范围不能交叉、重合，并且实行会员制。世界上有两种对集体管理组织进行治理的模式：一种是对集体管理组织的成立不予限制，保障管理组织之间以及著作权人与管理组织之间的竞争自由，利用市场机制限制集体管理组织获取垄断地位，如美国、加拿大、澳大利亚。另一种是依据竞争法对处于垄断地位的集体管理组织的市场行为进行直接的限制，从制度上保证该垄断组织难以滥用市场优势。欧洲大部分国家属于这种类型。从我国《条例》的规定看，我国类似于第二种类型。

第二节 著作权许可使用

一、许可使用的概念

著作权许可使用指的是财产权的许可使用，指著作权人授权他人以一定的方式、在一定的时期和一定的地域范围内商业性使用其作品的权利。著作权的许可使用应当订立许可使用合同。著作权人利用许可使用合同可以将著作财产中的一项或多项内容许可他人使用，同时，向被许可人收取一定数额的著作权使用费，以保证实现著作财产利益。因之，著作权的许可使用又称为许可证贸易。

二、许可使用的种类

著作财产权许可使用可分为独占许可使用、排他许可使用和普通许可使用。

（一）独占许可使用

独占许可使用是指著作权人授权在一定期限和地域范围内以特定的方式，将该作品仅许可一个被许可人使用，除被许可人之外，包括著作权人本人在内的其他任何人均不能以该方式在约定的期限和地域范围内使用该作品。在理解独占许可使用时，有下列几点需要注意：

第一，独占许可使用合同必须采取书面形式。因此，这是一种要式法律行为。

第二，分许可的禁止。分许可是被许可人向第三人发放的许可证。关于被许可人能否向第三人发放分许可，立法例上存在两种模式。一种模式认为，可以由被许可人向第三人发放分许可证，我国台湾地区曾经这样规定。另一种模式认为，原则上，被许可人不能向第三人发放分许可证。如果被许可人许可第三人行使同一权利，必须取得著作权人的许可，如德、俄两国的著作权法。我国采取了第二种立法例。原因在于，著作权的许可使用，本质上依著作财产权人与被许可使用人之间的信赖关系为基础，无信赖关系的第三人往往无法充分有效利用著作权人的作品。

第三，独占许可使用与其他使用方式相比，要支付给著作权人更高的费用，也更易受到侵害。为此，一些国家的法律规定，当被许可使用的权利受到第三人不法侵害时，被许可人可以不通过著作权人而以自己的名义独立提起诉讼，以保护自己的权利。

第四，独占许可合同，当事人可以向著作权行政管理部门备案，以作为发生纠纷时的证据。

（二）排他许可使用

排他许可使用又叫独家许可使用，是指著作权人授权他人在一定期限和地域范围内以特定方式使用作品，同时，著作权人可以以同样的方式在该期限和地域范围内使用，但不得许可他人进行同样的使用。按照我国《著作权法实施条例》第 23 条的规定，排他许可使用应当签订合同。在当事人的诉讼地位上，排他许可使用与独占许可使用存在一定的差别。当被许可使用的权利受到第三人不法侵害时，被许可人可与著作权人共同提起诉讼；在著作权人不提起诉讼的情况下，被许可人可以以自己的名义独立提起诉讼，以保护自己的权利。

（三）普通许可使用

普通许可使用是指著作权人授权作品使用者在一定期限和地域范围内以特定方式使用作品，同时，著作权人可以以同样的方式在该时间和地域范围内使用，也可以许可他人进行同样的使用。普通许可使用也应当签订合同。我国《合同法》规定，合同包括书面形式、口头形式和其他形式。法律、行政法规规定采用书面形式的，应当采用书面形式。当事人约定采用书面形式的，应当采用书面形式。

在发生侵权行为时，被许可人原则上不能提起诉讼。但经著作权人明确授权，可以提起诉讼。

三、许可使用合同的内容

使用他人作品应当同著作权人订立许可使用合同，专有许可使用（报社、期刊社刊用作品除外），应当订立书面合同。就内容而言，著作权许可使用合同主要包括下列各项：许可使用的权利种类；许可使用的权利是专有使用权或者非专有使用权；许可使用的地域范围、期间；付酬标准和方法；违约责任；双方认为需要约定的其他内容。

1. 许可使用的权利种类。著作财产权许可使用合同必须明确规定著作权人授权被许可人使用作品的方式。合同中未明确许可的权利，被许可人不得行使。作品不同，其使用的方式也不同。例如，对于文字作品而言，其使用的主要方式包括复制、发行、翻译等；对音乐作品而言，其使用的主要方式包括表演等。在我国，还应当对汉字的简体字和繁体字版本明确分别授权。使用的方式构成了许可使用合同的必要条款。如果双方没有在合同中约定作品的使用方式，那么，合同就没有了标的，无法通过解释明确，导致许可使用合同不成立。

2. 许可使用的权利是专有使用权或者非专有使用权。这是对作品使用方式的进一步确定。例如吴冠中将其某幅美术作品许可他人展览。他必须明确被许可人这种展览的方式是专有展览还是非专有展览。专有使用和非专有使用之间存在很大的区别。这一内容不是合同的必要条款，如果当事人没有在合同中约定，被许可人仅获得了非专有使用权。

3. 许可使用的地域范围、期间。著作权在效力上具有地域性。一部作品可以同时许可他人在不同的地域范围内使用。例如王洛宾可以将《草原之夜》这首歌的表演权同时许可英国和法国的表演者使用。期间不同于履行期限。期间指的是在合同生效以后，被许可人使用作品的时间长度，而履行期限是合同成立之后，双方当事人履行合同的时间长度。地域范围和期间是合同的必要条款，如果当事人在合同中没有约定，无法通过解释明确，将导致合同不成立。

4. 付酬标准和方法。使用作品的付酬标准可以由当事人约定，也可以按照国务院著作权行政管理部门会同有关部门制定的付酬标准支付报酬。当事人约定不明确的，按照国务院著作权行政管理部门会同有关部门制定的付酬标准支付报酬。就文字作品而言，法定的付酬标准按照国家版权局 2014 年 9 月 23 日颁布的《使用文字作品支付报酬办法》执行。根据该办法，以纸介出版方式使用文字作品支付报酬可以选择版税、基本稿酬加印数稿酬或者一次性支付等方式。基本稿酬加印数稿酬，指出版者按作品的字数，以千字为单位向作者支付一定报酬（基本报酬），再根据图书的印数，以千册为单位按基本稿酬的一定比例向著作权人支付报酬（印数稿酬）。作品重印时，只付印数稿酬，不再付基本稿酬。版税，指出版者以图书定价×发行数×版税率的方式向作者支付报酬。一次性付酬，指出版者按照作品的质量、篇幅、经济价值等情况计算报酬，并一次性向作者付清。

5. 违约责任。合同法贯彻契约自由原则，当事人可以在合同中约定违约责任，以保证合同中确立的权利义务得到履行。违约责任不是合同的必要条款，如果当事人在合同中没有约定，可以适用《合同法》第 7 章和《民法通则》的有关规定。

6. 双方认为需要约定的其他内容。比如纠纷的解决办法，诉讼管辖地的约定等。这是一个兜底条款，只要双方约定或者一方要求必须订立而另一方接受的条款，都可以纳入合同之中。

第三节　著作财产权其他利用方式

一、著作财产权转让

（一）著作财产权转让的概念和法律特征

著作财产权的转让是指著作权人将其著作财产权的一部分或全部内容转移给他人所有，并使之成为新的著作财产权利人的法律行为。著作财产权的转让具有以下法律特征。

1. 著作财产权的转让是一种双方、要式法律行为，转让必须签订书面合同。

2. 著作财产权的转让使著作财产权和著作人身权分离。即当著作财产权属于原作者时，著作财产权与著作人身权相结合；当著作权人将财产权独立转让，则著作财产权与著作人身权分属于不同之人。

3. 著作财产权的转让是著作权人将著作财产权的一项、几项或者全部转让给受让人，从而使受让人成为该作品一项、几项或者全部著作财产权的权利人的法律行为。

4. 著作财产权的转让并非作品原件物权的转让。著作财产权不同于所有权，作品载体所有权的转移并不导致著作财产权的转移。同样，作品著作财产权的转让也并不导致作品载体所有权的转移。如果转让行为涉及对作品原件的使用，在使用完毕后，应当将该作品原件返还给原著作权人或者原件的合法所有人。但对于美术作品，有一点例外。我国《著作权法》第 18 条规定，美术作品原件所有权的转移，不视为作品著作权的转移，但美术作品原件的展览权由原件所有人享有。

（二）著作财产权转让与许可使用的区别

著作财产权的转让与著作财产权的许可使用存在着明显的区别。第一，著作权许可使用不改变著作权的归属，被许可人只取得作品的使用权，著作权主体并未改变。而通过著作权转让，受让人代替原著作权人取得所受让的权利，在权利转让的地域范围内，原著作权人丧失所转让的权利。第二，在著作权许可使用中，被许可人要受到著作权人的约束，只能按著作权人的授权在双方约定的范围内以一定的方式使用作品，除著作权人同意外，无权再向他人发放许可。而通过著作权转让，受让人作为著作权人在约定的地域范围内可按自己的意志行使所受让之著作权，不再受转让人的约束，如可以将其受让之著作权许可他人使用、出质甚至再转让。

（三）著作财产权转让的内容

著作财产权转让究竟是全部转让，还是部分转让，以及转让的地域范围，应当依照当事人之间的合同加以约定。如果著作财产权转让合同约定不明确的，则应当根据事实和法律作出合理的推定。如果合同未明确约定的权利，推定为未转让；如果合同未明确规定地域范围的，则应当推定为仅在受让人所在法域范围内有效。

著作权转让对当事人意义重大，为了避免不必要的纠纷，法律规定著作财产权的转让应当订立书面合同。著作权转让合同应包括下列主要内容：作品的名称；转让的权利种类、地域范围；转让价金；交付转让价金的日期和方式；违约责任；双方认为需要约定的其他内容。著作财产权转让合同，可以向著作权行政管理部门备案。另外，根据《计算机软件保护条例》的规定，订立转让软件著作权合同，可以向国务院著作权行政管理部门认定的软件登记机构登记；中国公民、法人或者其他组织向外国人转让软件著作权的，应当遵守《技术进出口管理条例》的有关规定。

近年来，由于著作权和邻接权交易市场经常出现"一物二卖"案件，在法律效力上，可采登记对抗主义。

二、著作财产权质押

（一）质押的概念

严格说来，质押不是一个法律用语，而是一个经济学上的用语，称为设定质权更为合适。它是指债务人或第三人依法将其著作财产权中的财产权利出质，将该财产权利作为债权的担保，债务人不履行债务时，债权人有权以该财产权利折价或者以拍卖、变卖该财产权的价款优先受偿。按照《物权法》第227条的规定，民事主体可以对著作财产权设定质权，当事人双方应签订质押合同，质权自办理出质登记时成立。这种法律行为具有下列特征：

1. 著作财产权质押是一种要式法律行为。《著作权质权登记办法》规定，以依法可以转让的著作财产权出质的，出质人与质权人应当订立书面质权合同，并向国家版权局办理质权登记。按此，著作财产权的质押采取登记要件主义。

2. 作为出质标的之著作财产权必须处于著作权的保护期内，且著作财产权属无争议。提供质押的著作权人既可以是债务人本人，也可以是第三人，但必须是对该著作财产权享有完整的权利并能对它进行自由处分的人；如果著作权人为两人及两人以上共有的，出质人应为全体著作权人。对著作权归属存在争议的，不能作为质押的标的。

（二）著作财产权质押的法律效果

1. 为了保护债权人的利益，著作财产权出质后，出质人不得将其转让或许可他人使用，但经出质人与质权人协商同意的除外。出质人所得的转让费、许可使用费应当向质权人提前清偿所担保的债权或者将使用费提存。当债务人到期不履行债务时，质权人可以与出质人协商将该著作财产权折价转归债权人所有；或者由质权人将该著作财产权变卖、拍卖，以所得价金优先受偿。

2. 质权担保之主债权的种类、数额等发生变更，或质权的种类、范围、担保期限发生变更的，质押合同当事人应于变更之日起10日内办理合同变更登记，否则变更后的合同无效。当事人提前终止质押合同的，应办理合同注销登记。在质押担保期限内质押合同履行完毕的，当事人应在质押期限届满之日起10日内办理注销登记。

三、信托

信托是指著作权人用转让或者其他处分的方法将著作财产权托付给受托人，并约定获取报酬的标准和办法，让受托人以自己的名义按照一定的目的对著作财产权进行管理或者处分的制度。在信托关系中，著作财产权属于受托人，但受托人必须按照信托目的行使著作财产权，以保证在信托关系中向信托人承担的义务。

思考题：

　　1. 简述我国的著作权集体管理制度。

　　2. 简述普通许可、排他许可、独占许可的区别。

　　3. 简述著作权质押制度。

第七章　侵害著作权的法律责任

第一节　侵害著作权的行为

一、侵害著作权行为的分类

英美法系国家通常将侵害著作权的行为分为直接侵权行为和间接侵权行为，大陆法系国家则分为单独侵权行为和共同侵权行为。

直接侵权行为指行为人的行为直接侵害了权利人的著作权，中间没有其他人行为的介入。例如未经许可商业性复制权利人的作品、未经许可出租权利人的电影作品等。直接侵权行为在日常生活中，最为常见。

间接侵权行为指行为人的行为并未直接实施受著作权控制的行为，但其行为与他人的直接侵权行为之间存在特定的关系，基于法律原理或者公共政策的考虑，也应当被认定为侵权的行为。间接侵权分为两大类：一类是教唆、引诱他人的侵权行为和故意帮助他人侵权，另一类是"直接侵权"的预备行为和扩大侵权后果的行为。我国《侵权责任法》第9条规定，教唆、帮助他人实施侵权行为的人，应当与行为人承担连带民事责任。我国著作权法没有明确间接侵权行为的类型，但在最高人民法院《关于审理侵害信息网络传播权民事纠纷案件适用法律若干问题的规定》中，按照侵权责任法的规定，分别对网络环境下的教唆和帮助侵权行为进行了规定。其中，教唆侵权行为是指网络服务提供者以言语、推介技术支持、奖励积分等方式诱导、鼓励网络用户实施侵害信息网络传播权的行为；帮助侵权行为是指网络服务提供者知道或者应当知道网络用户利用网络服务侵害信息网络传播权，未采取删除、屏蔽、断开链接等必要措施，或者提供技术支持等行为。

单独侵权行为是行为人一人实施的侵害他人著作权利和利益的行为。共同侵权行为指的是多人共同致人损害的行为，在理论上分为共同加害行为和共同危险行为。对共同加害行为的构成要件，有主观说和客观说两种。主观说要求加害人之间不仅有行为之分担，还必须有行为的意思联络。客观说认为，只要有共同加害的行为即构成共同侵权行为。共同危险行为指的是，有多人参与但不知其中谁为加害人的，每一参与人均应就全部损害负责的行为。我国《侵权责任法》第11、12条分别规定了无意思联络承担责任的分别侵权行为。因此，在立法上，我国采纳的是客观说。

二、侵害著作权的表现形式

我国《著作权法》第 47 条和第 48 条列举了侵犯著作权和著作邻接权的行为类型。

1. 未经著作权人许可，发表其作品的。这种行为侵害了权利人的发表权。但需注意，发表权仅能行使一次。如果作者将作品发表之后，他人又对作品在网上发行等，则不是对发表权的侵害。这时，侵害的是信息网络传播权。

2. 未经合作作者许可，将与他人合作创作的作品当作自己单独创作的作品发表的。这种行为把其他合作作者对作品的贡献排除在外，把合作作品据为己有，是对他人整体著作权的侵害，既侵害了署名权，也欺骗了社会公众。

3. 没有参加创作，为谋取个人名利，在他人作品上署名的。这种行为侵犯了作者的署名权。

4. 歪曲、篡改他人作品的。这种行为侵害的是保护作品完整权。侵害保护作品完整权的行为包括两大类：一类是对作品本身进行了改动；另一类是对作品本身没有改动，但对作品进行了其他利用，如改变作品的用途，使作者的名誉或者声望受到损害。

5. 剽窃他人作品的。剽窃和抄袭是一个意思，这种行为既有违道德，也违反法律。

6. 未经著作权人许可，以展览、摄制电影和以类似摄制电影的方式使用作品，或者以改编、翻译、注释等方式使用作品的，本法另有规定的除外。

7. 使用他人作品，应当支付报酬而未支付的。这主要是指那些按照著作权法关于"法定许可"的规定，某些使用他人已发表的作品，可以不经著作权人许可，但应当按照规定支付报酬的情况。

8. 未经电影作品和以类似摄制电影的方法创作的作品、计算机软件、录音录像制品的著作权人或者与著作权有关的权利人许可，出租其作品或者录音录像制品的，本法另有规定的除外。

9. 未经出版者许可，使用其出版的图书、期刊的版式设计的。

10. 未经表演者许可，从现场直播或者公开传送其现场表演，或者录制其表演的。

11. 未经著作权人许可，复制、发行、表演、放映、广播、汇编、通过信息网络向公众传播其作品的，本法另有规定的除外。

12. 出版他人享有专有出版权的图书的。

13. 未经表演者许可，复制、发行录有其表演的录音录像制品，或者通过信息网络向公众传播其表演的，本法另有规定的除外。

14. 未经录音录像制作者许可，复制、发行、通过信息网络向公众传播其制作的录音录像制品的，本法另有规定的除外。

15. 未经许可，播放或者复制广播、电视的，本法另有规定的除外。

16. 制作、出售假冒他人署名的作品的。

17. 其他侵犯著作权以及与著作权有关的权益的行为。这是一个兜底条款，用来解决那些按照著作权法原理应当认定侵权但法律上又没有明确规定的那些行为。重庆市第一中级人民法院曾以此款为由做过判决。那是一则被告丢失原告作品原件，而权利人没有其他复制件的纠纷。法院认为，尽管被告的行为直接灭失的是作品的载体，属于侵害所有权的范畴，但原告没有保留任何复制件，这样，被告的行为事实导致了作品的灭失，权利人享有的作品著作权将无法实现，是一种以侵害所有权的方式侵害著作权的行为。

> **拓展阅读**
>
> 高丽娅诉重庆市南岸区四公里小学侵犯著作权纠纷案

第二节　侵害著作权法律责任的类型与后果

侵害著作权的法律责任，是指侵权行为人违反著作权法或相关法律法规，对他人著作权及邻接权造成损害时，依法应承担的法律后果。法律责任是针对侵权人而言的，对权利人而言，称为法律保护，是一个问题的不同方面。按照我国法律的规定，侵害著作权和邻接权行为应承担的法律责任有民事责任、行政责任和刑事责任。

一、侵害著作权的民事责任

（一）责任形式

根据著作权法的规定，侵权人应当承担的责任形式主要包括以下几种：

1. 停止侵害。对于已经发生而且仍在进行的侵害著作权的行为，权利人可要求法院责令侵权人停止侵害行为。例如对于未经许可的复制、发行、播放等行为，可采取封存、扣押侵权物、停止发行、禁止播放、没收违法所得和侵权复制品以及进行违法活动的财物等措施，以保护著作权人的权利。停止侵害原则上是无过错责任，它不要求行为人主观上有过错。

2. 消除影响、赔礼道歉。对于有损权利人名誉、人格的侵权行为，如歪曲、篡改他人作品的行为，权利人可要求侵权者赔礼道歉、消除影响。

3. 赔偿损失。对于侵犯著作权的行为，侵权人应赔偿因其侵权行为给著作权人造成的损失。赔偿的数额应当按照权利人的实际损失计算（权利人的实际损失，可以根据权利人因侵权所造成复制品发行减少量或者侵权复制品销售量与权利人发行该复制品单位利润乘积计算。发行减少量难以确定的，按照侵权复制品市场销售量确定）；实际损失难以计算的，可以按照侵权人的违法所得给予赔偿。赔偿数额还应当包括权利人为制止侵权行为所支付的合理开支，如包括权利人或者委托代理人对侵权行为进行调查、取证的合理费用。权利人的实际损失或者侵权人的违法所得不能确定的，由人民法院根据侵权行为的情节，判决给予 50 万元以下的赔偿。人民法院在确定赔偿数额时，应当考虑作品类型、合理使用费、侵权行为性质、后果等情节综合确定。赔偿损失是过错责任，要求行为人主观上有过错。

（二）管辖

著作权民事纠纷案件的管辖，原则上由中级以上人民法院管辖，但是各高级人民法院根据本辖区的实际情况，可以确定若干基层人民法院管辖第一审著作权民事纠纷案件。因侵犯著作权行为提起的民事诉讼在地域管辖方面，适用《民事诉讼法》第 28 条的规定，即由侵权行为地和被告住所地人民法院管辖。侵权行为地分侵权行为实施地和侵权结果发生地。信息网络侵权行为实施地包括实施被诉侵权行为的计算机等信息设备所在地，侵权结果发生地包括被侵权人住所地。最高人民法院的司法解释还规定，侵权行为地和被告住所地均难以确定或者在境外的，原告发现侵权内容的计算机终端等设备所在地可以视为侵权行为地。

对涉及不同侵权行为实施地的多个被告提起的共同诉讼，原告可以选择其中一个被告的侵权行为实施地人民法院管辖；仅对其中某一被告提起的诉讼，该被告侵权行为实施地的人民法院有管辖权。

（三）举证责任

在民事诉讼中，原则上实行"谁主张，谁举证"的举证责任。但对于侵害著作权的案件而言，有时证据掌握在侵权人手中，权利人很难获得证据。这时，如果仍然实行"谁主张，谁举证"的原则，就对权利人保护不利。为此，我国著作权法规定复制品的出版者、制作者不能证明其出版、制作有合法授权的，复制品的发行者或者电影作品或者以类似摄制电影的方法创作的作品、计算机软件、录音录像制品的复制品的出租者不能证明其发行、出租的复制品有合法来源的，应当承担法律责任。

另外，在民事诉讼的举证过程中，要求提交的证据必须具备合法性。但有时在侵害知识产权的诉讼中，权利人无法通过合法途径获取证据。为此，《最高人民法院关于审理著作权民事纠纷案件适用法律若干问题的解释》第 8 条规定："当事人自行或者委托他人以定购、现场交易等方式购买侵权复制品而取得的实物、发票等，可以作为证据"。"公证人员在未向涉嫌侵权的一方当事人表明身份的情况下，如实对另一方当事人按照前款规定的方式取得的证据和取证过程出具的公证书，应当作为证据使用，但有相反证据的除外。"

二、侵害著作权的刑事责任

侵犯著作权和著作邻接权的刑事责任是指人民法院代表国家依照刑法的规定，对侵犯著作权和著作邻接权的犯罪分子给予的刑事制裁。

我国《刑法》第 217 条规定了侵犯著作权罪，这里的著作权包括著作邻接权。该条规定，以营利为目的，有下列侵犯著作权情形之一，违法数额较大或者有其他严重情节的，处 3 年以下有期徒刑或者拘役，并处或者单处罚金；违法数额巨大或者有其他特别严重情节的，处 3 年以上 7 年以下有期徒刑，并处罚金：（1）未经著作权人许可，复制发行其文字作品、音乐、电影、电视、录像作品、计算机软件及其他作品的；（2）出版他人享有专有出版权的图书的；（3）未经录音录像制作者许可，复制发行其制作的录音录像制品的；（4）制作、出售假冒他人署名的美术作品的。

《刑法》第 218 条规定了销售侵权复制品罪。该条规定，以营利为目的，销售明知是本法第 217 条规定的侵权复制品，违法所得数额巨大的，处 3 年以下有期徒刑或者拘役，并处或者单处罚金。

行为人如果既实施了《刑法》第 217 条规定的侵权行为，又实施了销售侵权复制品行为，不能适用数罪并罚，而应当按照刑法理论上的吸收犯的处理原理，以主行为定罪处罚，从行为可以作为量刑情节予以考虑，即以侵犯著作权罪定罪，从重判处。

《刑法》第 220 条规定，单位犯第 217 条和第 218 条规定之罪的，对单位判处罚金，并对其直接负责的主管人员和其他直接责任人员，依照上述各条规定予以处罚。

为进一步确定定罪量刑的标准，最高人民法院、最高人民检察院分别于 2004 年、2007 年通过了两个《关于办理侵犯知识产权刑事案件具体应用法律若干问题的解释》，分别对第 217 条、第 218 条中的"违法数额较大""有其他严重情节""违法所得数额巨大""有其他特别严重情节"等作出了具体解释。

三、侵害著作权的其他后果

侵犯著作权和著作邻接权的行政责任是指国家著作权行政管理部门依照法律规定，对侵犯著作权及著作邻接权的行为给予的行政处罚。按照我国《著作权法》的规定，如果行为人实施了本章第一节侵害著作权表现形式中（第 11—17 点）的行为，同时损害了公共利益的，还应当承担行政责任。行政责任的形式包括：责令停止侵权行为；没收违法所得；没收、销毁侵权复制品；并可处以罚款；没收主要用于制作侵权复制品的材料、工具、设备等。

思考题：

1. 简述侵犯著作权行为的类型。
2. 简述侵犯著作权的民事责任、刑事责任和行政责任。

第二编 | 专利权与其他技术成果权

第八章　专利权的对象

专利法保护的对象当为人类的发明创造，但并非一切人类的发明创造都能成为专利法的保护对象。由于各国国情不同，法律规定的专利权的对象不尽相同。在德国、日本等多数发达国家，其专利法保护的对象仅限于发明专利，因而在国际上专利与发明常作为同义词。在《巴黎公约》中专利一词就是指发明。不过，也有一些国家和地区在其专利法中同时规定多种专利类型，我国（包括台湾地区）的专利法中就规定了发明、实用新型、外观设计三种专利；美国专利法则保护发明专利、植物专利和外观设计专利。此外在法律操作层面，按照创造成果是否属于技术方案，还将一些非技术类创造成果排除在专利法保护范围之外；同时，基于产业发展的需要，各国还规定了一些专利法不保护的领域。

第一节　发　　明

一、发明的概念和特点

关于发明的概念，各国专利法均有专门的定义。《日本专利法》第 2 条规定："发明是指利用自然规律的具有高度创造性的技术构思。"《美国专利法》第 101 条称发明为"任何新颖而实用的制法、机器、制造品、物质的组合，或者任何新颖而实用的改进方案"。世界知识产权组织主持起草的《发展中国家发明示范法》中称发明是"发明人在实践中用以解决技术领域某一特定问题的一种方案"。从以上各定义中可以归纳出发明具有以下特点：

第一，发明当为一种创新。在专利法上，创新是指与现有技术相比，必须是前所未有的，并且在水平上有进步或者技术上的难度。当然，这并不意味着发明不能借鉴前人的技术成果。利用、借鉴前人成果，在现有技术的基础上作出改进，也是一种创新。现实中，丝毫不利用现有技术的发明，在今天已经没有可能。只要能够构思出在某一方面不同于现有技术、比现有技术的效果更好的方案，即使利用了现有技术，也是一项发明。

第二，发明须利用自然规律或自然现象。严格地讲，凡不利用自然规律或自然现象的，则不能被称为发明。发明是一种技术方案，而技术则是在利用自然法则或自然现象的基础上发展起来的各种工艺操作方法或生产技能，以及与之相应的生产工具、材料、设备、产品等。发明是利用自然规律或自然现象的结果，没有利用自然规律和自然现象的方案则不属技术方案。比如，财务结算办法、体育比赛规则、逻辑推理法则以及数学运算方法等，均不是专利法意义上的发明。

从 20 世纪 90 年代后期开始，美国专利商标局对一些没有直接利用自然规律或者自然现象的智力创造成果给予专利权，最为典型的例子便是商业方法。对于这种做法无论在国际上还是在美国国内，都存在两种完全对立的意见。争论的焦点之一便是商业方法有没有直接利用自然规律。然而，美国联邦最高法院曾在其判例中指出，阳光下一切人类的智力创造都应当受到法律保护。按照这一说法，那些没有利用自然规律的商业方法似乎应当受到专利法保护。但是，法律制度的发展毕竟受人类社会的传统、经济、文化、观念、意识等多方面的制约。纵观西方国家近 50 年来知识产权法律制度的发展状况，强力集团的一些不尽合理的意志往往会在一时一地通过合法程序成为法律。商业方法专利之所以为美国专利法接受，就是一些跨国公司的利益需要。专利法自其产生的几百年中，一直被认为是专门保护技术方案的法律，要将其保护对象扩展到非技术性方案，自然不可能一蹴而就。即使在美国，近年来对商业方法专利的态度也比 20 世纪末谨慎了。相应地，其他国家目前都在根据自己的国情考量或研究法律保护的范围和模式。

应当指出，美国在商业方法专利问题上的标新立异与其本国利益有着密切的关系。众所周知，美国的软件产业是全球最发达的。软件的专利法保护在 40 多年前就已经是知识产权保护中的热点问题。如果专利法能够在商业方法的专利法保护方面有所突破，那么计算机软件的专利保护就成了顺水推舟的事情了。所以美国的做法仅仅是为了利用专利制度保护自身在技术领先领域的巨大经济利益。我国 2008 年修订的现行专利法并未明确规定商业方法的可专利性问题，但国家知识产权局的《专利审查指南》中对于涉及计算机程序的发明专利申请作了特别规定。2017 年，《专利审查指南》中更增加了对"涉及商业模式的权利要求，如果既包含商业规则和方法的内容，又包含技术特征，则不应当依据专利法第二十五条排除其获得专利权的可能性"的规定。

第三，违背自然规律的创造也不是发明。对自然规律的错误认识可能导致一项创造的基本前提发生错误，即使在该方案的某些局部正确利用了其他自然规律，也不能属于专利法上的发明。更有甚者，有的方案从整体上就是违背自然规律的，如违背热力学第二定律的各种第二类永动机[1]。抽水机将水抽上山，再利用水从山

---

[1] 第一类永动机是违背能量守恒定律（即热力学第一定律）的永动机，即不需要注入任何能量即可产生运动现象的机器。在专利申请中，这类永动机已不多见。

上流下来因落差而形成的动能发电，发出的电能再供给电动机进而驱动水泵将水抽上山。如果没有热能耗散，只要为整个系统的启动一次性注入一定的能量，系统便可周而复始地永远运转下去。这一过程虽不违背热力学第一定律，即能量守恒定律，但却违背了热力学第二定律。热力学第二定律指出，任何过程中的热耗散都是不可逆过程，即在不与外界进行能量交换的封闭系统中，热能不可能百分之百地转换成机械能或电能等其他能量形式。所以在前述循环过程中不可能没有热耗散，因而不可能永久持续下去。因此这种第二类永动机仍然违背了自然规律，不能成为专利法上的发明。

第四，自然规律本身也不是发明。日常生活中常有人将"科学发现"与"技术发明"混为一谈。但在法律上，这是两个截然不同的概念。"科学发现"包括自然规律或者自然现象，而发明则是指技术方案。伟大的物理学家爱因斯坦因其发现光电效应和提出狭义相对论而获得诺贝尔物理学奖。这里光电效应是自然现象，狭义相对论则是科学理论，属自然规律。曾在瑞士专利局工作多年的爱因斯坦深知，他对人类的这些贡献不属于专利法所称之发明，不能申请专利。科学发现是指人对自然现象、物质或规律的发现或认识。无论是自然现象或物质，还是某种科学理论或规律，都不是人类创造的，而是一种原本就存在的客观实在。如果将自然规律或自然现象当作发明，并对其授予专利，不仅是一件极不公平的事情，同时也不具有可操作性。自然界的物质运动总是遵循自然规律的，无论人类是否认识有关自然规律，世间万物的运动总是服从规律的。这是不以人的意志为转移的，因而人类不可能以法律来限制规律的适用。

科学发现不是人类的创造，这并不否认科学家在发现自然现象和认识自然规律过程中的贡献。这种贡献即对既存的客观实在的认识，而不是创造了客观实在。因此法律并不赋予科学家对客观实在的垄断权。从效果上看，垄断科学发现的应用也违背了专利法促进技术进步的宗旨。尽管如此，法律对于科学家发现或者首次认识某种客观实在的事实还是完全尊重的，这种首次发现既有的客观实在的资格，在法律上则表现为一种人格利益。但这与专利权没有直接关系，因为专利权中并不包含人身权。

第五，发明是具体的技术方案。所谓"具体"是指发明必须能够实施，达到一定效果并具有可重复性。长期以来，学术界一直流行一种说法：发明是一种思想。这种提法在法理上显然是错误的。"思想"是人类大脑的一种思维活动。即使将其作为名词理解，也只能认为是存在于大脑中的某种观念或意识。如果当事人不以某种具体的方式表达其思想，到目前为止，尚没有任何技术手段可以准确地感知其具体内容。而专利法意义上的发明则是十分明确、具体地为人感知并能实际实施的技术方案，绝对不能如思想那样仅以观念或意识的状态存在于大脑之中，只有具备了完全外化的形式，才能为他人明确感知，才可能通过法律手段加以保护。所以从法理上讲，"发明"不是思想。法律是一种行为规范，它所规范的对象只能是被外化的行为，不能是内在的思想。如果专利法所保护的发明是一种思想，这就意味着法律在规范思想。事实上内在的思想从来就不需要保护，也不可能被侵犯；既不可能也不应当有什么强制性规范对其加以约束。欧洲中世纪的宗教裁判所曾禁止人们随意思想，中国封建时代也曾有"腹诽罪"罪名等，所有这些均是以法律的形式去调整思想，早已被弃置于历史的垃圾堆。所以发明不应当是一种思想，而应当具体化为使他人可以感知的确定的技术方案。

既然专利法将发明界定为"技术方案"，那就不需要将其转化为某种占据一定空间的有体物，对产品专利也是这样。进一步说，专利法并不要求方案已经实际实施，只要有一个完整的、可实施的方案即可。至于一项发明是否有商业价值，则更不是专利法所称发明之必备要素。只要没有不可能实施的证据，则可认为其属于专利法上的发明。

综合上述，发明是指人类在利用自然、改造自然的过程中所创造出的具有积极意义并表现为技术形式的新的智力成果。我国专利法规定，发明是指对产品、方法或者其改进所提出的新的技术方案。

二、发明的种类

根据不同的分类标准，发明可以有多种类别。以发明的完成状况为标准，发明可分为已完成发明和未完成发明。未完成发明是不能被授予专利的，因为它不具备专利法所要求的实用性。无论在什么国家和地区可能被授予专利的只能是已完成发明。

按参与发明创造的人数来划分，可将发明分为独立发明和合作发明。独立发明是指仅由一个发明人或者组织单独完成的发明。对于这类发明，发明人或者完成该发明的组织拥有全部支配权。而合作发明是指由数人合作、分工，共同完成的发明。对这类发明，其处分权由参与发明工作的发明人或者单位共有。在就合作发明申请专利时，应当由全部共有人达成一致意见。若有一方不同意申请专利，其他各方均不得擅自申请专利。当一方转让其共有份额时，其他各共有方在相同条件下有优先购买权。共有一方声明放弃其专利申请权的，其他共有各方可共同申请，但依照我国合同法规定，在发明被授予专利后，放弃申请权的一方可以免费实施该项专利。这里的共有人是仅就发明的财产利益形成了共有状态，并不一定都具有发明人资格。原因有二：其一，当单位作为共有人时，单位不可能成为发明人；其二，因受让而成为共有人的，也不可能具有发明人资格。还需要说明的一点是，合作发明人应当是共同参与发明创造活动的自然人。他们在为发明创造行为时，相互之间存在着因约而生的默契或共同完成发明的合意。现实中常见的在别人发明创造基础上独立完成的后续改进，则不属于合作发明。

按发明人的国籍划分，发明可分为本国发明和外国发明。关于外国发明在我国申请专利的问题将在后面进行专门讨论。

按发明的权利归属划分，还可将发明分为职务发明和非职务发明。这一问题也将在后面专门讨论，故此处不予赘述。

按发明间的依赖或制约关系划分，又可将发明分为基础发明和改良发明；改良发明是在基础发明之上作出进一步改进而获得的发明。这类发明往往在实施上有赖于基础发明的实施，对于这类存在从属关系的发明我国专利法中专门规定了一种强制许可制度。有的国家在专利法上专门为此设立了增补专利制度。所谓"增补"便是在基本专利的基础上进行增补，也属于改良或改进发明。也有将这类关系的发明称作基本发明和从属发明的。

专利法上最常见、最重要的一种分类是将发明分作产品发明和方法发明。产品和方法在被授予专利权后，其权利效力范围有所不同。这在专利权的内容中将专门阐述，这也是这种划分方法的意义所在。

通常，专利法上的产品，既可以是一个独立、完整的产品，也可以是一台设备或仪器中的零部件。其内容主要包括：（1）制造品，如机器、设备以及各种用品；（2）材料，如化学物质、组合物等；（3）具有新用途的产品。而专利法上的方法既可以是由一系列步骤构成的一个完整过程，也可以是一个步骤。它主要包括：（1）制造方法，即制造特定产品的方法；（2）其他方法，如测量方法、分析方法、通信方法等；（3）产品的新用途等。

方法和产品的主要区别在于：方法在构成上包含时间因素，即方法通常是由一人或多个行为或现象按一定规则、在时间坐标上同时或分别展开所形成的组合。其中包含着时间延续的因素，比如，制造半导体集成电路芯片的方法通常就是由氧化、刻蚀、扩散或离子注入、淀积等多个工艺步骤在不同的工艺条件下的反复操作构成的。即使有的方法可能是数个行为或现象同时进行或发生的，这也还是一个时间过程。应当承认，在方法和产品之间也存在着一个模糊地带，要区分发明创造具体属于产品还是方法必须从其技术特征的实质构成进行区分。但在文字表述上，一些发明创造既可以作为产品，又可以作为方法。比如，"一种可以分辨市电和感应电势的试电笔"，这是产品发明；"一种可以分辨市电和感应电势的方法"则属方法发明，这两个发明的核心内容却是完全相同的。前述"有新用途的产品"和"产品的新用途"也常常使产品和方法划分的二分法无可奈何。

需要说明的是，某些技术方案满足前述发明的有关特征，但却不一定能够获得专利，但这并不否认其是一种发明，因为专利法并不保护所有的技术领域。只有满足专利法所规定的有关条件的发明才可能成为专利。更进一步，即使是专利法保护范围之内的发明创造，也未必能获得发明专利，很可能其创造性的高度达不到发明专利的要求，但却可以满足实用新型专利的条件，关于这一问题在后面章节中还将详述。可见在严格意义上发明专利只是发明的一个子集。

第二节　实用新型

实用新型专利是中国专利法提供的保护技术方案的又一种方式。与发明专利制度相比，实用新型制度在世界上的普及范围相对较窄。美国就没有实用新型制度，德国、日本、韩国等国家是在专利法之外采用专门立法的形式来保护实用新型的。有些国家将实用新型作为专利法的一部分予以规定；也有少数国家将实用新型保护制度与外观设计法合并，如意大利、乌拉圭等国。虽然实用新型专利与发明专利都保护的是技术方案，但实用新型制度有其自身的特点，尤其是对于一些发展中国家来说，更有其特别意义。

一、实用新型的概念与特点

在我国，实用新型与发明一样，是作为专利的一种规定在专利法中。所谓实用新型，是指对产品的形状、构造或者形状和构造的结合所提出的适于实用的新的技术方案。由此可见，实用新型只能是关于有固定形状或构造的产品的技术方案。这种状况是历史造成的。在 19 世纪后半叶，发明专利制度已基本完善，但由于发明专利有较高的创造性要求，因而使大量以实用为目的的小发明创造得不到有效的保护。直到 1891 年，德国制定了第一部正式的《实用新型保护法》，对实用新型给予 3 年的保护期。早期实用新型法所保护的是一种模型，这从实用新型（Utility Model——直译为"实用模型"）的名称上也可以看出，"型"即模型，申请人只需交存其产品模型以及有关图片或图纸，而不需要提交文字说明书和权利要求等，这与外观设计的保护方式相似。所不同的是，外观设计法所保护的是富有美感的造型；实用新型法所保护的是具有实用功能的技术造型或结构。这使得实用新型的保护范围局限在具有固定立体形状的某种产品上。

随着时间的推移，实用新型保护制度也逐渐地得到完善。尽管实用新型法所保护的是一种造型或结构，但归根结底它是一种技术方案，因此仅仅通过模型或图片是难以表明其保护范围的。一些以实用为目的的造型或结构，其技术内涵并非一目了然。这导致公众难以区分纯粹的美感造型和以实用为目的的形状或构造。为了明确每一个具体的实用新型的权利范围，有必要要求设计人在申请保护时以文字形式具体说明其形状、结构或造型的目的，以及实现这些目的的方式。现在，实用新型制度也与发明专利制度一样，要求申请人提交有关说明书以及权利要求书等文字形式的文件。在保护方式上，现在实用新型也不再停留在"模型"上，而是同发明一样，保护一个完整的技术方案。

20 世纪后期，一些国家实用新型制度的保护范围被逐步扩大。在日本，仅以平面图形设计为特征的产品、建筑物、用显微镜才能看见的微观结构以及电路等均可申请实用新型。在德国，也取消了以前的关于"三维形状""微观结构"等方面的限制条件。法国和澳大利亚则走得更远，将实用新型的保护范围扩大到方法，当然在名称上也作了改动，不再称其为"型"了，在法国称"实用证书"，在澳大利亚则称"小专利"。

二、实用新型专利与发明专利的比较

实用新型与发明相比，其共同之处在于都属于技术方案，因此在保护方式上完全相同。但在我国的专利制度中，两者之间仍然存在诸多差异。

第一，实用新型专利与发明专利的保护范围不同。这首先表现在申请实用新型专利的主题只能是产品；申请发明专利的主题既可以是产品，也可以是方法。这一点从我国专利法规定的关于发明和实用新型的定义中可以直接看出。

第二，在我国，实用新型专利产品还必须有确定的形状、固定的构造。所谓形状，既可以是产品在三维空间呈现的空间外形，如一种专门用于在混凝土上打孔的钻头的形状；也可以是产品的二维平面形态，比如塑钢型材的横截面。所谓构造则是产品各个组成部分间所表现出的相互的位置、连接或者匹配等空间位置关系，既可以是产品零部件之间的机械构造，也可以是产品元器件之间的线路连接关系。对于气态、液态、粉末状、颗粒状的物质或材料，由于在构成上没有确定的形状，或者其技术特征不是反映在形状、构造上，故不能被授予实用新型专

利。对于物质的分子结构或者混合物的组分，不属于实用新型专利所要求的结构。比如，食品、饮料、调味品、药品等仅涉及组分、成分变化的改进发明，因不涉及产品结构，不能被授予实用新型专利。至于单纯替换材料的产品，以及用不同工艺生产的同样形状、结构的产品，则根本不属于实用新型专利权的保护范围。

第三，实用新型专利的创造性要求和保护水平较发明专利低。建立实用新型保护制度的目的之一，就是保护那些创造性高度尚达不到发明专利要求的一些简单的小发明创造。这在我国《专利法》第 22 条关于创造性的规定中已明确。大多数国家都在其法律中有类似规定。由于对实用新型专利的条件相对于发明专利降低了要求，因而其保护水平也相应地有所降低，如保护期比发明专利要短。在我国，实用新型专利保护期为自申请之日起 10 年。从世界范围看，大部分国家对实用新型的保护期都在 10 年左右。

第四，实用新型专利的审查程序比发明专利简单、快捷。我国的实用新型专利只要通过初步审查，便公告授权。与发明专利审查相比，实用新型不作实质审查。这就大大缩短了实用新型专利从申请到授权的时间。因为实用新型多为一些简单技术，其市场寿命往往短暂，若经过长时间的实质审查后再授权，该技术或许早已被淘汰。对不作实质审查可能引发的实用新型专利质量问题，则交由授权后的无效宣告程序去解决。同时，专利法针对侵犯实用新型专利权案件，还专门规定法院或者管理专利工作的部门可以要求专利权人出具由国家知识产权局对相关实用新型进行检索、分析后作出的评价报告。在一些国家和地区，实用新型专利也作实质审查，如日本、墨西哥以及我国台湾地区。从经济、效率的角度考虑，我国现阶段仍然采用形式审查制度。但国家有关部门已经开始考虑在实用新型专利申请的审查中加入了一些实质审查内容，如明显新颖性审查等。

第三节 外 观 设 计

一、外观设计的概念和特点

外观设计也被称作工业品外观设计，或者简称为工业设计。它是指对产品的形状、图案或者其结合以及色彩与形状、图案的结合所作出的富有美感并适于工业应用的新设计。这是我国专利法给外观设计所下的定义。这一定义从整体上反映了外观设计所具有的特征，且与国际上关于外观设计的通行定义大体一致。如《法国知识产权法典》第 L. 511—3 条第 1 款规定："本卷规定适用于一切新图案、新造型形状，或者通过具有新颖性的、独特的、可辨认的外形或通过一个或若干个具有独特新颖面貌的外在效果使其区别于其他同类的工业产品。"又如《日本外观设计法》第 2 条规定，外观设计是指"产品的形状、图案或色彩或其结合，通过视觉能引起美感的设计"。外观设计具有以下特点：

首先，外观设计必须以产品为依托。离开了具体的工业产品，它最多只能算作一种受著作权法保护的纯美术作品。比如，用黑白两色可以勾勒出一个大熊猫图案，单纯的一个熊猫图案不能被授予外观设计专利。但如果将这种图案应用到某种产品上去，如用白色的奶油冰激淋与含有巧克力或可可的褐色冰激淋构成熊猫图案的冰激淋便是一种外观设计。

其次，外观设计以产品的形状、图案和色彩等为构成要素，以视觉美感为目的，而不追求实用功能。这是外观设计与发明、实用新型的最大差异。事实上，如果将某种具有实用目的的造型申请外观设计，也并非不可，只是外观设计专利仅仅将其作为一种具有美感的造型来保护，而绝不涉及其使用功能。比如，人们常用的横截面为六角形的铅笔，当它刚刚诞生时，这种造型相对于横截面为圆形的铅笔，既可申请外观设计专利，又可申请实用新型专利。因为六角形的铅笔确实具有一定的美感；与此同时，这种六角形设计又可以防止铅笔从桌面滚落在地进而摔断铅芯，故它又可因这种实用功能申请实用新型专利。就该案而言，两相比较当然是申请实用新型为佳，因为外观设计专利仅仅保护这种造型。假如有人生产了五角形或其他形状，甚至椭圆形的铅笔，只要不是六角形，则不构成侵犯外观设计专利权。但是这却可能侵犯实用新型专利权，当然其权利要求必须撰写得恰当才能实现其目的。可见，外观设计与实用新型虽然构成要素中都有"形状"，但在专利保护上却有不同的意义。《法国知识产权法典》第 L. 511—3 条第 2款规定："当同一物品既可是新的外观设计，同时又是可获专利的发明，且外观设计的新颖性构成要素与构成发明专利的要素无法区分时，该物品只能根据第六卷①的规定获得保护"。从这一规定可以看出，当某种形状同一定的功能相联系，即要实现该功能只能采用这种形状时，外观设计专利是难以对该形状给予保护的。

再次，外观设计应当具备美感。但是，美感是客观事物在人类主观上的一种反映，因而，不同的人由于其文化修养、个性特征和生活背景的不同，在针对同一事物的审美活动中所产生的美感是有差异的。尤其是在现代造型艺术中，不同的人对同一造型在美与不美的问题上甚至会有截然相反的看法。所以判定美感不

---

① 即《法国知识产权法典》中有关发明专利的相关规定。

应从纯艺术的角度去狭义地理解"美",而是应该从更广泛的意义上去理解。只要这种外观设计可以为公众接受、不违背社会公德或者公共秩序,便可认为这种外观设计是具有美感的。

最后,外观设计必须适合于工业应用。所谓工业应用,就是指该外观设计可以通过工业手段大量复制。美术家在创作美术作品时,常常受特定环境、气氛所激发出的激情的影响。正因为如此,同一作者也难以创作出完全同样的两幅作品。这或许就是俄国著名画家列宾晚年把他自己的油画越改越糟的原因之一。外观设计的保护不能延及这类作品中反映出的作者的情绪、思想,因为这种东西是无法用工业手段复制的。即使一件外观设计采用了一幅世界名画,但在将其制作于一个工业产品上时,早已失去了该艺术品原作所具有的神韵。可见,外观设计不同于纯艺术品。

二、外观设计法律保护模式

外观设计保护制度是在工业革命使大量工业品进入市场后应运而生的。一般认为,外观设计的保护始于法国里昂市为保护该市的丝绸织品图案,于1711年10月25日所制定的规定。其后,在工业革命的推动下,外观设计所赖以依托的产品越来越多,从而保护范围也就越来越宽。到1806年,法国建立了比较完整的外观设计保护制度,并颁布了相应的法律。现在外观设计在全世界许多地方均受到保护,已有一百多个国家和地区的法律保护外观设计。

就世界范围来看,保护外观设计的法律模式有多种。一些国家制定了专门的外观设计法,如德国、日本等国;也有一些国家在著作权法体系中收入外观设计的内容,如英国等;还有一些国家则采用专利法的模式来保护外观设计,如美国、中国等。

外观设计作为一种具有美感的设计,仅就其造型或图案而言,原则上也是可以受到著作权法的保护的。但这并不意味着有了著作权法就无需专门的外观设计立法。事实上,这两种法律在权利效力上是有很大差别的。著作权法并不排斥他人独立创作出相同或类似的作品;外观设计保护模式则不允许将相同或类似的设计用于同种产品。外观设计权的保护期短于著作权,一般都在10~20年。这体现了公共利益与设计人利益的平衡。我国专利法规定外观设计的保护期为10年。

现实中还存在一种冲突,将他人已经享有外观设计专利权的设计图案或造型申请商标注册,或者反过来将他人注册商标图案或造型申请外观设计,依照现行《商标法》和《专利法》的有关规定,均属与在先权利相冲突,其申请不应当被批准。当然,在使用方式上外观设计与商标有所不同。商标不仅可以用在产品上,还可用于服务；外观设计专利权的效力仅及于产品，不能延伸到服务上。2008 年《专利法》第 25 条专门增加了对"平面印刷品的图案、色彩或者二者的结合作出的主要起标识作用的设计"不授予专利权的规定。这在一定程度上可以防止将一些完全没有任何设计创意的区别标志作为外观设计申请专利。

在外观设计的保护范围方面，各国均采用以交存的照片或图片为准的方式，而不像发明或实用新型采用文字说明方式。这种做法是与外观设计本身的特点相符的。因为外观设计的构成要素是形状、图案、色彩等，所以外观设计专利的保护范围通常以图片或者照片来加以确定。我国《专利法》第 59 条第 2 款规定："外观设计专利权的保护范围以表示在图片或者照片中的该产品的外观设计为准，简要说明可以用于解释图片或者照片所表示的该产品的外观设计。"

由于外观设计制度只能保护产品的外观造型或图案，不保护功能，以致早期的外观设计保护法甚至不允许对外观设计的图形作任何文字说明。但在法律实施过程中，人们逐渐发现，在某些情况下加上必要的说明还是有必要的。比如，在以家具为产品的外观设计中，少不了会有镜子的出现。如果申请人就此外观设计提供的是照片，那么照片中镜子里面一定会存在因镜面反射而出现的影像。不能机械地将这种影像也纳入外观设计保护范围。此时只需用文字简单说明这是一面镜子即可。如今，各国都允许申请人在申请外观设计保护时对照片或者图片进行必要的说明。我国专利法在具体实施过程中，为了鼓励设计人创新，专利局往往要求申请人就外观设计的设计要点予以说明。这样做的好处在于：一方面便于专利审查员比较申请外观设计专利的设计同现有设计的区别，另一方面也有利于法院在侵权诉讼中判断被告的产品是否侵犯了外观设计专利权。现实中，有关设计要点的说明在事实上构成了对外观设计专利权范围的限定。

第四节　专利法不予保护的对象

一、概述

各国法律都规定了一系列专利法不予保护的对象，但各国的具体规定不尽相同。概括起来，有两个方面：一是明确排除那些不属于发明的对象，比如，科学发现、智力活动规则等。对于这个方面，各国专利法的规定大同小异。二是基于一国的公共政策将一些属于发明的技术排除在专利法保护范围之外。比如，一些国家将食品、化工（包括药品）等领域列为不授予专利的技术领域。各国法律在这方面的差异相对较大。

由于各国的国情不同，其公共政策自然不同，进而导致专利法的规定存在差异。首先，各国的文化传统和风俗不同导致对违反法律、公序良俗的理解不同。这使各国即使在法律条文上都采用同样的文字表述，但在法律解释或实施时依然存在巨大差异。其次，各国经济发展水平不同，致使各国为了保护本国利益明确规定了一些领域的发明创造不予保护。即使是当今的许多发达国家，都曾在专利法中将一些领域排除在保护范围之外。就日本而言，在 1976 年 1 月 1 日以前，饮食品或调味品、药品以及混合方法、化学物质等均被排斥在专利法保护范围之外。目前，世界上仍有不少国家对这些技术不授予专利权。当然，对于食品技术不授予专利权，也被解释为食品是人类生存所必需，基于人道主义不对食品授予专利权。类似地，药品也是关系到人们身体健康水平的产品，也不宜对药品技术授予专利。至于化学物质本身，曾有人认为它不是人类创造，而是自然界原本就有的，故不应对其授予垄断权。当然在今天，这种理由已站不住脚，确有许多化学物质是自然界中不存在的，是人类创造出来的，如各种高分子材料等。事实上，对于多数发展中国家而言，不对其保护的真正理由是为了保护本国的民族工业。

二、我国专利法规定的不受专利法保护的对象

1. 不对违背法律和社会公共秩序的发明创造授予专利。

首先，发明创造的目的、效果、作用以及完成发明的手段等不能违反法律，否则便不授予专利权。法律在赋予发明创造专利权时，应当考虑到法律体系本身的自洽性。例如，伪造货币的方法、吸食鸦片的专门工具等，虽然都是技术方案，但其目的、效果、作用为法律所禁止，自然不能被授予专利。不仅如此，完成发明创造的手段的正当性也可能影响授予专利权的结果。我国《专利法》第 5 条第 2 款规定："对违反法律、行政法规的规定获取或者利用遗传资源，并依赖该遗传资源完成的发明创造，不授予专利权。"这一规定是为了限制近年来已经出现的生物海盗行为。

其次，直接与公共秩序、善良风俗相抵触的发明创造不能被授予专利。对于"公共秩序""善良风俗"等概念，各国法律给出的定义大同小异，但列举的具体情形却大相径庭。即使同一国家，在不同时期对这些概念的外延也存在差异。我国《专利法》第 5 条第 1 款明文规定："对违反法律、社会公德或者妨害公共利益的发明创造，不授予专利权。"类似地，1977 年英国《专利法》第 1 条第 3 款（a）也有类似规定：发明的公开或实施一般有可能诱使违法、不道德或反社会行

为发生的，不授予专利权。

最后，有的发明创造本身虽然不违背法律，也无害于公共秩序，但该发明如果被公之于世，可能对公共安全等重大利益构成较大威胁，对这类发明创造也不能授予专利。这类技术小到"万能钥匙"，大到军工技术等，实务中这类专利申请在审查时，必须经过严格审核。

2. 不对科学发现授予专利。科学发现本身不是专利法意义上的发明，因此不能对其授予专利。这在前文已经专门讨论，故不再重述。

3. 不对智力活动的规则和方法授予专利。专利法保护的是技术方案（外观设计除外）。智力活动的规则和方法没有利用自然规律，故不能被授予专利。比如，滑板比赛的评分规则，不论这一规则设计得如何完美无缺，它都不可能被授予专利，因为它不是技术方案。但如果有人将滑板的结构或者材料作了改进，使其更加灵活、轻便或耐用，这种改进则是有可能被授予专利的。

另外，数学上的算法是不能被授予专利的，因为算法仅仅是数学规则的应用，而数学定理不是自然规律，是思维规则。

与此相联系的一个敏感而复杂的问题就是计算机软件。计算机软件通常分为程序和文档，其中文档部分显然不属专利法保护范围，其复制完全可以由著作权法来调整。但计算机程序则不然。一台计算机，由一系列的硬件构成，如果没有程序，它只能是一堆硬件的堆砌，不能实现任何技术功能。只有在其中安装了程序后，计算机才可能在程序的指挥下实现相应功能。当第一次将计算机硬件与某种程序组合在一起，构成一台具有某种新功能的机器，这台机器应可获得专利。这时，通过对机器的保护使程序在事实上受到了专利法的保护。这是目前国际上的通行做法。

前述关于商业方法的专利法保护，各国无不采取了非常慎重的态度。从目前情况来看，要求被授予专利的方案必须是技术方案的做法仍然是主流，故专利法保护技术方案的原则在短时间里尚不会被颠覆。

4. 不对疾病诊断和治疗方法授予专利。原因之一：疾病诊断和治疗方法本身没有利用自然规律，故不属于产业上的技术方法，因此也就不属于专利法所保护的发明创造的范围。这是它不能被授予专利的原因之一。原因之二：疾病的诊断和治疗是一个复杂而多变的过程。这种存在众多不确定因素的对象可能难以满足产业上的再现性。原因之三：如果对某种疾病诊断和治疗方法授予了专利，那么未经专利权人许可的他人不得为经营目的使用该专利方法。这可能造成现实中法律与道德的冲突。原因之四：疾病诊断和治疗方法直接与民众的健康相关。如果对疾病诊断和治疗方法授予专利，人们看病所需费用必然上涨。鉴于以上理由，我国《专利法》明文规定对疾病诊断和治疗方法不授予专利。

需要注意的是，我国对于为诊断和治疗疾病而发明的各种仪器、设备是可以授予专利的。比如，一种新型的血压仪，从原理到设计都与传统的血压仪不同，这种产品可以被授予专利权。

5. 不对动物和植物品种授予专利。在我国现行《专利法》中，动物和植物新品种本身尚不能被授予专利，但对培育或生产动植物新品种的方法，则可依法授予专利。这一规定是与我国现阶段的国情相适应的。

在国际上，已经有一些国家将专利法的保护范围扩大到生物物种。美国1930年就在专利法中专门规定了植物专利制度，保护那些通过无性繁殖手段所获得的植物新品种。在20世纪80年代初，美国联邦最高法院判决授予查克拉巴蒂利用基因技术创造出的一种可以吸收海洋和河流中漂浮的石油的微生物专利权，这种微生物在自然界中原本不存在；80年代末，美国联邦最高法院再度判决授予由哈佛大学一研究组通过遗传工程技术创造出的一种老鼠以专利权，这打破了动物不能被授予专利的禁忌。

在生物技术异常活跃的今天，对动植物品种的保护是必然趋势。如今许多国家已经对克隆出各种动植物品种以及一些动物器官等给予专利保护。在生物技术领域中最为引人关注的热点之一是关于人类基因组的专利保护。这一问题不仅仅涉及专利法，更为重要的是关系到人类社会的伦理道德。仅从专利法的角度，对于基因组专利存在两种看法：一种意见认为，基因是客观存在，人类通过智力劳动只了解了各种基因的固有特性，故这一成果只能算是科学发现，而不是发明。另一种意见认为，基因本身的确是客观存在，但在自然界中任何物种的基因都是按一定序列以完整的链状结构存在，不可能存在单独的基因片段。而现在的发明往往是根据功能需要，将基因序列中的某一段剪切下来，植入某一物种的基因链中。由此而产生的物种绝非自然界中天生的客观存在。更进一步讲，就连被剪切和植入的基因片段，也不是其在自然界中原本存在的状态。人类通过自身的行为改变了该基因片段的存续状态，并对该基因片段进行修饰，赋予其一定的实用功能，如治疗人类的某些遗传性疾病。这就如同化学物质一样，当人类发现某种化学物质可以治疗人类疾病后，便采取相应的方式将其提纯，通过一定工艺制成特定剂型的药品，然后申请专利。目前，后一种意见似乎占了上风。《欧洲专利公约》及欧洲各国的做法反映了后一种意见的影响。

就植物品种而言，不少国家在专利法之外还专门制定了特别法以保护植物品种。法国在 1970 年颁布了《植物品种法》，日本在 1978 年颁布并实施了《农产种苗法》，美国在植物专利法律之外还有一部《植物品种保护法》，用以保护用有性繁殖手段培育的新品种，该法是在 1970 年公布实施的。我国的《植物新品种保护条例》已于 1997 年颁布并实施。另外，我国已经参加了《植物新品种保护公约》的 1978 年文本，目前我国正在研究加入该公约的 1991 年文本。

6. 不对用原子核变换方法获得的物质授予专利。原子核变换包括自然衰变和人工核反应。放射性元素的自然衰变不受人力控制，故与专利法保护无关。人工核反应所获物质不能被授予专利，其原因有二：其一，考虑到国家和公众的安全而不对其授予专利。核反应通常可分为核裂变和核聚变。所谓核裂变是指一个原子核分裂为两个质量相近的核，并同时放出中子和大量能量的过程。目前，世界上所有的商用核电站均是利用裂变所放出的能量来发电的；原子弹也是利用裂变的原理制造的。核聚变也称热核反应，是指较轻的原子核聚合成为较重的原子核，并同时释放巨大能量的过程，太阳等恒星发光、氢弹的爆炸都以核聚变为机制。如果允许这类技术申请专利，并公之于众，有可能被少数极端分子利用，进而威胁国家和公共安全。其二，为保护本国核工业而不对其授予专利。我国的民用核工业尚不发达，对专利申请作出限制也有这方面的考虑。

思考题：

1. 发明的概念和特点是什么？
2. 简述技术发明同科学发现的关系。
3. 简述发明与实用新型的区别。
4. 简述外观设计与实用艺术作品的关系。
5. 专利法不予保护的对象有哪些？

第九章　专利权取得的实质条件

不同类型的专利权的取得条件不同。本章着重讨论我国专利法上各类不同专利权取得的实质条件。发明和实用新型专利均为技术方案，因此这两类专利的取得条件大致相同。综合各国法律，发明和实用新型专利的实质条件主要有三个，即新颖性、创造性和实用性。各国的专利审查都是按照实用性、新颖性和创造性的顺序进行的，因此，本章也按照这一顺序逐个介绍。外观设计是一种关于美感的方案，其条件与前述两类专利显然不同，具体包括新颖性、创造性和尊重既有权利，本章也将专节介绍。

第一节　发明与实用新型专利权的取得条件

一、实用性

（一）实用性的概念

在专利审查程序中，实用性的审查判断相对比较简单。因此，在审查程序上也是最先审查实用性，然后再进行新颖性和创造性的审查。只有具备实用性的发明创造才有可能进一步接受新颖性和创造性审查，但是在专利法上，实用性作为授予专利的积极条件之一，与新颖性、创造性具有同等重要的地位。

所谓实用性，是指一项发明创造能够在产业上进行制造或者使用，并且能够产生积极的效果。专利法中的实用性条件意味着获得专利的发明创造必须能够在实际中得到应用。对于产品专利而言，应该能制造或者使用；对于方法专利而言，则表现为方法的使用。如果说新颖性、创造性仅仅是专利的必要条件，那么实用性不仅是必要条件，同时也是发明创造的目的。人们完成一项发明创造，都是为了解决某一实际问题或将其应用于实践中。因此，专利法上要求被授予专利的发明创造具备实用性是完全合乎情理的。各国专利法对授予专利的发明创造都有实用性的要求。

专利法所称的实用性比较宽松，这不同于我国的《国家科学技术奖励条例》中对申报国家发明奖的成果所提出的要求。依照《国家科学技术奖励条例》，申请国家发明奖的成果必须是经过实践证明可以应用的重大科技成果。而专利法仅仅要求能够应用，并不要求已经应用。不仅如此，对申请前已经公开实施的发明创造，还会以丧失新颖性为由驳回申请。至于发明创造应用的效果是否有商业价值均不是专利的条件。

（二）实用性的判断标准

判断实用性时仍应遵循一定的标准，违背这些标准则可能出现判断错误。

第一，具备实用性的发明创造应当能够制造或使用，即具备可实施性。一项发明创造要付诸实施，必须具有翔实的具体方案。仅有一个构思，而没有具体实施方案的发明创造被称作未完成发明。未完成发明是不具备可实施性的，故而也就不具备实用性。曾有人设想在南方的天空上修建一个硕大无比的接雨盘，并在盘下接一输水管直通北方，这既可解决南方因雨水过多而导致洪涝之灾，又避免了北方久旱无雨之害，这样便可在宏观上解决我国南水北调的问题。且不说这一构想是否违背自然规律，仅就这样一个设想而言，它没有具体的实施方案，所以充其量只能算作未完成发明，肯定不具备实用性。

可实施性的另一层含义，则要求一项发明创造可以重复实施。有些方案尽管翔实、具体，但不可能在产业上重复实施，同样也不具备可实施性。也有的发明创造在申请专利时，发明人可能对其机理全然不知或者认识错误，因为许多发明创造是偶然发现的，可能还来不及弄清其原理，但只要该发明创造能够重复实施，能再现所称的效果，也认为其具备可实施性。

第二，具备实用性的发明创造必须能够带来积极的效果，即具备有益性。有益性是指一项发明创造对社会和经济的发展、对物质和精神文明建设所能够产生的积极效果。通常，这种积极效果可以表现为提高产品质量、改善工作和生产环境、节约能源、减少环境污染、降低生产成本等。在判断有益性时需要特别注意，在申请专利时这种发明创造所带来的积极效果可能还没有产生，但只要有产生积极效果的可能就行了。对于发明创造不能只看某些表面现象，有些在申请时尚不完善的发明创造，甚至有的尚存在严重缺陷的发明创造，在克服了缺陷后可能会有不可比拟的生命力。

二、新颖性

（一）新颖性的概念

从一般意义上理解，新颖性的核心在于一个"新"字。申请专利的技术不能与已有技术中的内容一模一样，这即是新的含义。如果专利法对那些已经不新的技术也加以保护，则起不到鼓励发明创造的目的。

在专利法上，技术的新颖性是以现有技术为参照系的。所谓现有技术，是指在某一特定时间之前，在特定空间内的已经存在的技术和知识的总和。而判断一项技术是否属于已有技术的范围，就是看该技术的内容是否已经公开。如果能够确定申请专利的技术是否已经公开或是否与已经公开的技术内容相同，则可以确定其是否具备新颖性。可见，新颖性判断的实质就是判断一项技术在某一特定时间之前是否已经公开。

专利法中的公开指的是一种已被公之于众的状态。简言之，该项技术已经脱离了秘密状态。如果任何人只要对一项技术有兴趣，便可以合法地获得该项技术的全部内容，则该项技术即告已公开。

公开的另一种解释是只要一项技术处于不特定人可获取的状态，则该技术已经公开。这里的不特定人相对于特定人而言。所谓特定人，是指对于发明创造负有保密义务，或者按社会观念应当并且能够保密的人。一项发明创造为特定人所知晓，不论这种特定人有多少，不构成专利法意义上的公开。为了开发一个大型项目，有时需要几十人乃至成百上千人，这些人对这一技术可能了如指掌，但这并不是专利法意义上的公开，只要这些人都有保密义务。保密义务可能来自法律规定，也可以依合同设定。

公开的方式有多种，概括起来，可以分为以下三类：

第一，以出版物方式公开。这是最为普遍的一种公开方式。出版物的种类十分繁杂。就载体形式而言，它不仅包括各种纸件，而且还包括其他各种可以记录声、光、电、磁信号的载体。就内容而言，出版物包括专利文献、科技刊物、著作、论文、专业文献、技术手册、教材、专题报告、产品样本乃至产品广告等。专利局在进行新颖性检索时，只有当某一篇对比文献中现有技术的特征与申请专利方案的特征相同，或者具备了申请专利方案的全部特征时，该对比文献才足以破坏申请专利方案的新颖性。如果几篇对比文献中的特征加起来才覆盖了申请专利技术的特征，则并不影响申请方案的新颖性。这在新颖性审查中称单独对比原则。

第二，以使用方式公开。一些产品或技术方法虽然没有在任何出版物上发表过，但也未必不是现有技术的一部分。如某工厂将其新开发的产品投放市场，公众可在市场上购买到这种产品，则这种产品已经公开，属于现有技术。又如将某种新的工艺方法在公开场合（展览会等）进行演示，公众通过其演示可以清楚地了解其新工艺的技术特征，则该方法也已公开，属于现有技术。在专利法上，公开使用包括为商业目的的制造、使用和销售，以及为使用或销售而进行的展示。

第三，以其他方式公开。所谓其他方式，即为"出版物"和"使用"外的其他任何方式，包括口头方式、广播电台或电视台或电子网络等传播方式。在公开场合演讲、报告也是一种口头公开方式。

无论采用上述哪种公开方式，只要对某一技术实施了其中一种方式，该技术便已处于公开状态。在专利法上所导致的后果便是该技术丧失新颖性，不能被授予专利。

我国《专利法》第 22 条规定："新颖性，是指该发明或者实用新型不属于现有技术；也没有任何单位或者个人就同样的发明或者实用新型在申请日以前向国务院专利行政部门提出过申请，并记载在申请日以后公布的专利申请文件或者公告的专利文件中"；"本法所称现有技术，是指申请日以前在国内外为公众所知的技术"。综合以上规定可以看出，我国专利法上的新颖性，在公开的方式上适用任何公开途径，在时间上以申请日为标准，且在公开的地域上适用全球范围。

（二）新颖性的判断标准

判定一项技术的公开状态可以从空间和时间两个维度去考虑。

1. 空间维度。纵观各国专利法，地域标准主要有两个，即相对标准和绝对标准。所谓相对标准，是指把在本国领域内公开的技术作为现有技术。在这一基础上建立起来的新颖性概念被称作相对新颖性或者国内新颖性。相对新颖性的概念在专利制度建立初期被各国专利法所采用。输入专利便是以相对新颖性为标准。随着技术的发展，地球显得越来越小，任何一项技术只要在一国公开，其他国家很快便可以知晓。这种相对标准已不再适用，因而不少国家已经将其淘汰。

所谓绝对标准，是指在世界范围内考察技术的公开状态，不论在哪一国家，只要一项技术已经公开，则进入现有技术范围。以此为基础的新颖性概念被称作绝对新颖性或世界新颖性，也称全球新颖性。现在，德国、法国、英国等国家的专利法均已完全采用这种绝对新颖性概念。为采用绝对新颖性标准，仅就出版物的检索而言，就需要对各国多年来出版的各种出版物进行全面检索。《专利合作条约》（PCT）对每个国际检索单位所提出的最低文献量的要求包括七个国家（美、德、英、法、日、俄和瑞士）和两个国际组织（欧洲专利公约、专利合作条约）自 1920 年以来的全部专利文献以及最近五年以来的 169 种期刊。只有不低于这一标准的检索报告才能在国际上得到承认。在"公知、公用"方面采用绝对标准审查十分困难。在实务中，只要没有相反的证明，就推定其满足绝对标准。正因为新颖性检索可能会有漏检，所以在各国专利制度中分别规定有提出异议、撤销或宣告无效的程序，通过这些程序公众可以对专利审查进行监督。

2. 时间维度。判断一项技术公开的时间，也是新颖性审查中的一个重要标准。由于时间标准的不同，现有技术范围大小也就不同。同公开的地域标准相同，时间标准主要也有两种：一种是以发明完成为界限判定现有技术的范围，称发明标准；另一种则是以申请专利的时间为标准来划定现有技术的界限，称申请标准。这两种标准分别与专利法采用先发明制还是先申请制相对应。

如今，以申请专利的时间作为划分现有技术范围的时间界限已成为世界通行做法。但是，在这些国家中，还存在具体做法上的差异。一些国家将判断新颖性的时间单位定为具体的时刻，如日本；另一些国家则是以日为时间单位，如德国、英国等。判定技术是否公开以时刻为单位固然非常精确，但却增加了判定技术公开时间的困难。尤其是外国申请常常享有优先权，此时划定现有技术的时间一般为优先权日。如果该专利申请的首次申请国所出具的优先权证明只有优先权日，而无具体的时刻，这就涉及优先权日与具体时刻的协调。

在 2009 年 10 月 1 日前，我国"专利法"一直采用的是混合新颖性标准，即在以出版物公开的方式上采用绝对新颖性标准，而在"公开使用或者以其他方式为公众所知"的公开方式上采用的是相对新颖性标准。这导致在未来一段时间里，依照旧法颁布的专利仍然在保护期内。

需要特别说明的是，我国《专利法》中新颖性概念的后半句："也没有任何单位或者个人就同样的发明或者实用新型在申请日以前向国务院专利行政部门提出过申请，并记载在申请日以后公布的专利申请文件或者公告的专利文件中"。这种情况在专利法中被称作抵触申请。在外观设计的相关规定中亦有相同规定。这是为了防止同样的发明或实用新型被重复授权而专门规定的。根据专利申请程序，一件专利申请通常要在申请日后一定期限才能在专利公报上公开发表。因此，如果已有人在申请日前提出了同样的发明专利申请，仅从申请日前已发表的国内外出版物上是无法找到的，但事实上申请日前已有人就同样的技术申请专利了。当然，在特定情况下也可以依照先申请原则来办理，驳回后申请人的申请。但如果先申请人撤回了他的申请，情况就比较复杂了。如果先申请人在其先申请进入公开程序之前撤回了其申请，其先申请的申请文件不在其撤回以后公开，这时先后两申请不构成抵触，后申请的新颖性不被破坏；如果先申请人在其申请已进入公开程序后再撤回，且公开时间晚于后申请人的申请日，此时先后两申请构成抵触，后申请不再具备新颖性。类似的规定在其他国家专利法中也有，都是为了避免重复授权。但是，需要注意的是，抵触申请只能发生在同一国的专利申请之间，不同国家间的申请不存在抵触，因为依照《巴黎公约》，各国的专利权是相互独立的。

有些国家专利法中还规定了一些不丧失新颖性的特例，我国专利法中也有类似规定。依照我国专利法，有下列情形之一的，属申请日前 6 个月内发生的，不丧失新颖性：第一，在中国政府主办或承认的国际展览会上首次展出的。第二，在规定的学术会议或技术会议上首次发表的。这里所谓"规定的学术会议"是指国务院有关主管部门或者全国性学术团体组织召开的学术会议或者技术会议。第三，他人未经申请人同意而泄露其内容的。

虽然法律规定这三种情况，不破坏专利申请的新颖性，但不具有排除第三人申请的效力。如果有他人在这 6 个月内就同样发明创造提出申请，靠这种不丧失新颖性的例外规定是无法与之对抗的。申请人非万不得已，不宜主动适用这一规定，它只能作为一种亡羊补牢的措施。

三、创造性

（一）创造性的概念

创造性也是授予专利的积极条件之一。在专利制度建立初期，一项发明创造只要具备新颖性便可对其授予专利。然而在专利制度的具体实施过程中，人们逐渐发现一些在技术上完全没有进步，甚至落后的方案被授予了专利。这诱发了一些人的投机心理，他们把一些在技术特征上仅仅作形式变化的方案也申请了专利，并借以与原发明人进行市场竞争。为了完善制度，防止类似的不正当行为，一些国家相继引入创造性标准。如今，创造性已成为各国专利法的通例，尽管在文字表述上可能会有所不同，但其实质含义是基本相同的。

创造性，在一些国家里也被称作"非显而易见性""先进性""进步性""创造步骤"等。《美国专利法》第 103 条规定：一项发明虽然满足新颖性要求，"但申请专利的内容与已有技术之间的差异甚为微小，以致该项发明在完成时对于本专业普通技术人员而言是显而易见的，则不能取得专利"。英国 1977 年《专利法》第 3 条规定："如果一项发明对熟知本专业技术的人而言并非显而易见……那么该项发明应被认为跨出了创造性的一步。"《日本专利法》第 29 条第 2 款也有类似的规定。我国《专利法》第 22 条第 3 款对"创造性"给出了一个高度概括的概念："创造性，是指与现有技术相比，该发明具有突出的实质性特点和显著的进步，该实用新型具有实质性特点和进步。"在这里，现有技术的定义与前节新颖性的相关规定完全相同，指申请日以前在国内外为公众所知的技术。

从各国法律关于创造性的规定中可以看出，创造性是在新颖性的基础上对申请专利的发明创造提出的更进一步的要求。如果说新颖性的关键在于"前所未有"，强调一个"新"字，那么创造性的核心则在于"实质特点"，侧重一个"难"字。对于前后两项发明，如果该专业的普通技术人员可以从在先发明中很容易地稍加改变即获得在后方案，则该在后发明就不具备创造性。通俗地讲，这种改进在现有技术的背景下，对于普通技术人员而言没有难度。要把握创造性标准，必须对"实质性特点"和"进步"两个概念有深刻理解。

所谓发明创造的"实质性特点"，是指发明创造与现有技术相比所具有的本质的区别特征，并且这种区别特征应当是技术性的，通常也就是该发明创造发明点之所在。而所谓"进步"则是指发明创造与现有技术的水平相比必须有所提高，而不能是一种倒退，如变劣发明或改恶发明是谈不上进步的。

总体上，创造性与新颖性也存在一定的联系。在我国专利法上判断创造性和新颖性的背景均包括现有技术。而判断新颖性时，并不仅限于现在技术的范围，还包括申请日前尚未公开的在先申请，即抵触申请。由此可知，通常情况下具备新颖性是具备创造性的必要条件，但在抵触申请的问题上存在例外，因为创造性判断不考虑抵触申请。

（二）创造性的判断标准

创造性的判断标准从总体上讲可以分为主体标准和客体标准。其中主体标准就是指判断创造性的人的标准。客体标准则是指发明创造本身所应当具备的创造性因素，这里所列举的一些一般原则只是为了便于理解，归纳未必周延。

第一，判断创造性的人应是发明创造所属专业的普通技术人员。由于发明创造是否具备创造性是通过人的主观判断来完成的，因而可能出现见仁见智的情况。为此，各国专利法中都引入了一个概念——发明创造所属技术领域普通技术人员，简称为本专业普通技术人员或者普通技术人员。所谓的普通技术人员是一个虚拟的人，他具有某一技术领域属于现有技术范畴的一切知识，但对这些知识的理解和应用水平仅限于当时该领域的中等水平；他能力平平，尤其是在创造性思维方面能力较差，只能在现有技术基础上作一些简单的逻辑推理或组合。如果一项发明创造的完成对于这样的人来说是十分困难的，那么这项发明创造肯定具备创造性；相反，如果对普通技术人员是显而易见的，那么它就不具备创造性。因此，在判断创造性时，应当把自己放在普通技术人员的地位上，而不能以自己的知识水平和创造能力来衡量。

第二，开拓性的发明创造具备创造性。所谓开拓性发明，是指该发明是一种与既有技术领域不同的技术方案，它的出现导致了一个新的技术领域的诞生。比如，我国古代的四大发明在当时就是开拓性发明；又比如，贝尔发明的电话、巴丁等三人发明的晶体管均属开拓性发明。这类发明创造的实质特点十分突出，技术上的进步也尤为显著，故而判断其创造性也十分容易。

第三，若发明创造的目的和效果具有不可预测性，则该发明创造具有创造性。所谓目的和效果的不可预测，是指对于本专业的普通技术人员来讲，某一技术方案取得了意想不到的结果，从而使发明创造与现有技术相比有了质的区别。比如，我国民间关于火药的制造方法也很能说明问题，"一硝、二磺、三木炭"，这三种物质分别属于已有技术，但将三者混合到一起时，其各自的作用就不再像原来单独存在时那样，而是产生了另外的新效果，这也不是普通技术人员所能预料的。总之，只要发明创造产生了令本专业普通技术人员所始料不及的结果，则该发明创造应当具备创造性。

第四，根据发明构成的难易程度来判断其创造性。创造性注重的是难度或者称创造高度，创造性条件被引入专利法的目的就是防止那些为本专业普通技术人员所显而易见的或者在理论上或实践上都很容易想到的发明创造被授予专利。因此，发明创造本身构成的难度应是判断创造性的一个参考标准。但是，仅凭发明构成的难度来判定其创造性是不全面的。一些构思奇特、巧妙的设计可能会在构成方面非常简单，但在常规的思维方式下是绝想不到的；另一些看似复杂，但谁都能看出不过是常规推理的必然结果的设计，则不能简单地适用这一原则。事实上，判断创造性还应参考其他一些因素，如是否已经实施、是否在商业上取得成功等。

在具体判断创造性时，与新颖性判断的方法有所不同。判断新颖性时，只能将每一篇对比文献单独与发明创造比较，只要一篇对比文献不具备发明创造的全部特点，该发明创造便具备新颖性。而在判断创造性时，则不受单独对比原则的限制，一般可以从 2~3 篇对比文献中分别抽出其特点进行对比。如果发明创造的特点是可从现有技术中简单推出的，其创造性便值得怀疑。当然，概括发明创造的技术特点所需要引用的对比文献的篇数也在一定程度上反映了发明的创造水平或高度，被引用的对比文献篇数越多，该发明具备创造性的可能性也就越大。

我国专利法对于其保护的三种专利在创造性方面分别作了不同的规定。对于发明专利，要求其在技术上具备"突出的实质性特点和显著的进步"，这里"突出"和"显著"二词将发明专利的创造性推到了一个比较高的水平。对于实用新型专利，我国专利法只要求其"有实质性特点和进步"即可。由此可以看出，在法律上创

造性存在高低不同的标准。

第二节 外观设计专利权的取得条件

一、新颖性

无论是外观设计专利还是发明、实用新型专利，作为取得专利权条件的新颖性在含义上是完全相同的。我国现行《专利法》第 23 条第 1 款规定："授予专利权的外观设计，应当不属于现有设计；也没有任何单位或者个人就同样的外观设计在申请日以前向国务院专利行政部门提出过申请，并记载在申请日以后公告的专利文件中"。该条第 4 款规定："本法所称现有设计，是指申请日以前在国内外为公众所知的设计。"由此可知，我国外观设计专利的新颖性条件采用的是绝对新颖性标准加抵触申请的模式。

我国专利法颁布至今已经 30 余年。外观设计专利的新颖性标准也是经过多年的实践演变而成的。1984 年《专利法》在外观设计专利权的新颖性标准方面采取的是混合新颖性标准，且不考虑抵触申请。具体而言，对出版物采用绝对标准，而对"公知公用"则采取相对标准。1992 年和 2000 年专利法修订未就此规定作出任何更改。直到 2008 年修订专利法时才随着发明、实用新型专利一起改为绝对新颖性标准，并且增加了抵触申请的规定。这种修订无疑提高了外观设计专利的门槛。近年来，我国外观设计专利的年申请量已经成为全球第一。但在质量层面，中国的外观设计距国际先进水平尚有距离。整体上提高外观设计专利的条件，对于我国设计产业的未来和发展是大有益处的。

二、创造性

外观设计是一种智力创造。作为智力创造成果，各国的工业产权法无不要求其不同于已有的成果或者已有成果的组合。我国 2008 年《专利法》针对外观设计提出了"与现有设计或者现有设计特征的组合相比，应当具有明显区别"的要求。在这里，"明显区别"的要求不仅是相对于现有设计而言的，而且还包括现有设计特征的组合。由此可见，这一要求已经超越了单独对比新颖性的原则，引入了创造性的理念。这一做法与集成电路布图设计保护法中的原创性或者独创性十分相似，以致国际上有学者将布图设计、外观设计等均称为工业版权。

需要指出的是，由于我国知识产权制度将外观设计置于专利法中，因此为统一其与发明、实用新型专利取得条件的叫法，这里仍然将这一条件称为创造性。很显然，这里的创造性与前面有着很大不同。如果以创造的高度作为指标，著作权法中的独创性仅仅要求最低限度的创造性，如只要作品能够反映作者的个性即可；发明和实用新型专利的创造性则要求相应的技术方案在技术特征上有实质性特点，这种要求远高于对作品的要求。在这里，外观设计专利的创造性要求虽不能与发明、实用新型专利相比，但显然高于作品的独创性。

此外，我国专利法中所称的"明显区别"也不同于商标法中关于商标显著性的含义。首先，外观设计不是区别标志。作为智力成果，这里所称的"区别"应当从智力创造的角度去理解，而非简单地从感官差异上作出判断。举例而言，在判定外观设计间的差异时需要考虑设计空间的问题。对于某些经过多年发展的设计领域，设计者几乎没有发挥空间了。在这种领域不只是有所创新，即可认为有区别，而应当将此外观设计当作智力成果来看待。这是在判断一个外观设计是否应当给予专利权的一个非常重要的考量指标。在我国外观设计专利制度的实施初期，外观设计就曾经被当作识别标志来看待，直到进入 21 世纪后才得到纠正。

拓展阅读

上海星客特汽车销售有限公司与天津世之源汽车销售有限公司侵害外观设计专利权纠纷上诉案

三、尊重既有权利

由于外观设计是一种关于美感的方案，因此在外在形态上可能与作品、商标等其他知识产权保护对象产生冲突，尽管我们可以强调其功能既不同于作品也有别于商标。比如，未经著作权人同意将他人作品用于装饰特定产品。这种情况既可以发生在平面作品上，也可以发生在三维作品上。类似地，将他人商标，无论是平面商标图案还是立体商标造型用来装饰特定产品，在这两种情况下所形成的外观设计都可能侵权。因此，我国专利法还要求外观设计专利权"不得与他人在申请日以前已经取得的合法权利相冲突"。

类似的条件同样也反映在其他相关法律中，如我国《商标法》第 32 条就有基本相同的表述。当然，相对于外观设计和商标，作品的著作权在先；外观设计和商标何者在先则需考察各自的申请日和实际使用时间了。事实上，当他人已经先在某产品上使用某一商标，后有人再将其以外观设计申请专利，则不仅与既有权利相冲突，而且该外观设计申请还可能不具备新颖性。

总之，基于外观设计的功效不同于发明、实用新型，在法律上的要求自然有所不同。在一些国家外观设计还被纳入著作权法的框架下加以保护，这也给我们区分实用艺术作品和外观设计制造了障碍。应当看到，法律并不是简单的形式逻辑，正如歌德所说："理论是灰色的，而生命之树常青"。外观设计的保护也应当注重最后的保护效果，而不是简单地在法律条文上推理。

思考题：

1. 比较发明与实用新型专利的授权条件。

2. 具备什么条件的外观设计可以被授予专利？

3. 试述普通技术人员的作用。

4. 什么是绝对新颖性和相对新颖性？

第十章　专利权的归属和变更

第一节　专利权的归属

一、发明人与专利权人

1. 发明人。在法律上，发明人即直接完成发明创造的人。《专利法》第2条规定："本法所称的发明创造是指发明、实用新型和外观设计。"可见，我国专利法保护的发明创造除发明之外，还包括实用新型和外观设计。我国专利法将外观设计的完成人称为设计人。为叙述简便，除特别申明外，均笼统地将发明人和设计人称为发明人。

专利法上的发明人必须满足如下条件：第一，发明人必须是直接参加发明创造活动的人。在发明创造过程中，只是负责组织管理工作或者仅仅为发明创造所需物质条件的获得提供方便的人不是发明人。第二，发明人必须是对发明创造的实质性特点有创造性贡献的人。仅仅提出了发明所要解决的问题而没有对如何解决该问题提出具体意见的人，或者仅仅提出过一些非实质性的一般意见的人，或者单纯从事辅助工作（如打字、制图等）的人，均不是发明人。总之，只有在发明创造完成过程中对发明创造的构思以及构思的具体化提出了创造性见解的人才是发明人。

2. 专利权人。专利权人即享有专利权的人。专利权人与专利申请人是两个不同的概念。一项技术申请专利后未必都能获得批准成为专利技术，相应地，专利申请人也就未必能够成为专利权人。反之，专利权人未必都曾是专利申请人，因为专利权是可以通过转让或继承获得的。

二、非职务发明的专利权归属

非职务发明，也称自由发明，是指发明人完全独立地依靠自己的智力劳动以及设备、资金等外部条件所完成的发明创造。我国《专利法》规定："非职务发明创造，申请专利的权利属于发明人或者设计人；申请被批准后，该发明人或者设计人为专利权人。"无论在哪一个国家，自由发明的权属都归发明创造的完成人，即发明人。发明人因其创造了这一财富而对其拥有权利，在我国专利法上被称作申请专利的权利。但如果未申请专利或未获批准，是不能对抗善意第三人的。从法理上讲，当一项技术尚未申请专利之前，发明人所拥有的只是一种民法上的利益，或者称作法益。具体到技术方案，这种利益在法律上就是技术秘密。当发明人向专利局提出专利申请后，这种利益似乎具有了很强的排他效力，与权利相差无几。但若仔细分析，这种排他效力并非来自民事法律规范，而是行政法律规范，即专利法上的先申请制。

三、职务发明的专利权归属

职务发明创造，即职工在履行职务中所完成的新发明、新设计，或者是在执行所在单位的指令中所完成的发明创造。我国专利法明确给出了职务发明创造的定义，并对其权利归属作出了规定。《专利法》第6条第1款规定："执行本单位的任务或者主要是利用本单位的物质技术条件所完成的发明创造为职务发明创造。职务发明创造申请专利的权利属于该单位；申请被批准后，该单位为专利权人。"由此可知，在我国职务发明创造分作两类，一类是执行本单位任务所完成的发明创造；另一类是主要利用本单位物质条件所完成的发明创造。《专利法实施细则》第12条进一步对"执行本单位任务所完成的发明创造"和"本单位物质条件"作出了解释。执行本单位任务所完成的发明创造是指：（1）在本职工作中作出的发明创造；（2）履行本单位交付的本职工作之外的任务所作出的发明创造；（3）退休、调离原单位后或者劳动、人事关系终止后1年内作出的，与其在原单位承担的本职工作或分配的任务有关的发明创造。本单位物质条件是指本单位的资金、设备、零部件、原材料或者不对外公开的技术资料等。在我国《合同法》第326条规定中亦有完全类似于专利法的规定，只是在称谓上略有差异，不叫作"职务发明创造"，而采用了"职务技术成果"的提法。

尽管在我国专利法及其他相关法律中已经就职务发明作出了比较详细的规定，但这些规定仍然不能完全满足现实需求。我国现行法律中规定"主要是利用本单位物质条件所完成的发明创造"划归职务发明范围，而其余部分为非职务发明创造。如何解释这里的"主要"？通说认为，对于这里的"主要"应作限定理解。首先，若本单位的物质条件在发明创造过程中未起到关键的或者不可替代的作用，则不能认定为"主要"。其次，尽管单位的物质条件在发明创造完成过程中起了关键的作用，但在发明人按双方约定交纳使用单位物质条件的相应费用的情况下，也不应属于专利法所称"主要"。为此专利法专门规定了"利用本单位的物质技术条件所完成的发明创造，单位与发明人或者设计人订有合同，对申请专利的权利和专利权的归属作出约定的，从其约定"。

四、委托发明的专利权归属

委托发明，即以合同方式委托他人完成的发明创造。对于这类发明的权利归属，我国专利法和合同法均采取了合同优先的原则，即完全依照合同约定来确定委托的权利归属。如果合同约定不明或合同未对权利归属予以约定时，法律作了对受托方即发明人更为有利的规定，即权利归完成发明创造的一方。

前述对职务发明的范围确定无论法律规定如何严格，总有一些无法预料的情况出现。若能像委托发明的权属规定那样，充分利用合同制度，不失为解决职务发明创造的一个最为简便且有效的途径。在一些西方国家并不区分职务发明和委托发明，其权属完全由合同约定。在我国的司法实践中，也已经有不少以合同方式处理权属问题的实例，比如发明人个人与其所在的单位作为共同申请人一起申请。这在专利法上，既不是职务发明，也不属自由发明。

需要特别指出的是，现实中有大量的以国家财政资助为主的科研项目。对于在承担这类项目过程中所完成的发明创造，过去大多归国家所有。但现在更多的则是通过项目合同将申请专利的权利划归完成发明创造的项目承担单位，除非该发明创造涉及国家安全或者国家重大利益，但国家对这些成果仍然保留使用权。在国际上，一些西方国家也采取这种做法。比如，美国在 20 世纪 80 年代就曾通过"拜杜法案"将国家资助的项目成果归属直接划归项目的完成人。

五、合作发明的专利权归属

当一项发明创造为两人或两人以上共同完成时，这一发明创造即共同发明或合作发明。完成发明创造的人即共同发明人。通常情况下共同发明的权利为共同发明人所共有。判断什么人可成为共同发明人的标准，除了前文已经论述的关于发明人的标准之外，共同发明人之间必须存在共同完成发明创造的共识或者合意。如果两个发明人分别独立地完成了相同的发明创造，或者两个发明人分别独立完成了该发明的互补的部分，该二人并非法律上的共同发明人。类似地，如果一个发明人在完成发明创造之后，愿意将其发明的申请专利的权利部分转让给他人，即与他人共同申请专利，这种情况也不构成共同发明人，只能是共同申请人。在获得专利权之后，共同申请人将成为专利权共有人，而不是共同发明人。

共同发明在申请专利时应当取得所有权利共有人的一致同意。只要有一位共有人不同意申请专利，其他共有人不得擅自将共有发明申请专利。同样地，在申请专利以后，若要撤回专利申请也必须全体共有人达成一致。共有人在转让其共有份额时，其他共有人在同等条件下有优先购买权。共有一方声明放弃其专利申请权的，其他共有各方可共同申请，但依照我国法律在发明被授予专利后，放弃申请权的一方可以免费实施该项专利。通常情况下，任何共有人都有权自行实施共有发明，但若许可他人实施，只能是普通实施许可，且应与其他共有人共享专利许可使用费。

第二节　专利权的无效

一、专利权无效宣告的理由

原则上，任何人认为被授予专利权的方案违反了专利法规定，都可以向专利复审委员会提起无效宣告请求。这是专利法为防止授权不当、保护公共利益所设的又一道防线。我国专利法规定自国务院专利行政部门公告授予专利权之日起，任何单位或者个人认为该专利权的授予不符合本法有关规定的，可以请求专利复审委员会宣告该专利权无效。

在操作层面上，能够提起无效宣告的理由包括：被授予专利的方案不属于可专利主题、申请违反了专利法规定的保密程序、发明创造不具有专利的积极条件、申请文件公开不充分、申请文件修改超范围、独立权利要求未能保护全部必要技术特征进而整体反映技术方案、申请专利的方案超越了产生优先权的原方案范围等。

二、专利权无效宣告的程序

从专利申请被公告授予专利权之日起，任何人都可以以该专利权的授予不符合专利法有关规定为由，向专利复审委员会提出宣告该专利权无效的请求。专利复审委员会将对宣告专利权无效的请求及时进行审查，作出决定后将立即通知请求人和专利权人。

无效宣告请求人或专利权人对专利复审委员会决定不服的，可以自收到通知之日起3个月内向北京知识产权法院提起行政诉讼。在这种行政诉讼中，法院将通知无效宣告请求程序的对方当事人作为第三人参加诉讼。由于无效宣告决定可能出现三种结果，因此相关当事人在行政诉讼中的关系也相对复杂。当复审委作出维持专利权决定时，原告则可能是无效宣告的请求人。当复审委作出宣告专利权全部无效时，原告通常为专利权人。当复审委作出部分无效的决定时，则专利权人和无效宣告的请求人都可能提起诉讼，有时甚至双方同时起诉。

由于不服专利复审委员会决定的行政诉讼只能维持或者撤销专利复审委员会决定，法院不能直接判定专利的有效性，因此当法院撤销专利复审委员会决定后，案件又回到专利复审委员会。这在现实中导致了一批循环诉讼案件。原因之一就是法律将这类案件定性为行政诉讼。事实上，无效宣告案件本质上应当是民事确权案件。如果以双方当事人互为原被告，则法院就可以直接按照民事确权诉讼直接作出判决。这既避免了专利复审委员会为诉讼所累，又大大提高了司法资源的利用效率。在日本，这类案件就是作为民事案件来处理的。

三、专利权无效宣告的效力

被宣告无效的专利权在法律上应当视为自始即不存在，但为了维护社会关系的稳定，我国专利法规定了几种例外情况，即宣告专利权无效的决定，对在宣告专利权无效前人民法院作出并已执行的专利侵权的判决、调解书，已经履行或者强制执行的专利侵权纠纷处理决定，以及已经履行的专利实施许可合同和专利权转让合同，不具有追溯力。但是因专利权人的恶意给他人造成的损失，应当给予赔偿。

同时，如果专利权人或者专利权转让人不向被许可实施专利人或者专利权受让人返还专利使用费或者专利权转让费便显失公平的，则专利权人或者专利权转让人应当向被许可实施专利人或者专利权受让人返还全部或者部分专利使用费或者专利权转让费。

第三节　专利权的期限和终止

一、专利权的期限

作为知识产权的一种，专利权具有时间性。我国《专利法》第 42 条规定，发明专利权的期限为 20 年，实用新型专利权和外观设计专利权的期限为 10 年，均自申请日起计算。

二、专利权的终止

专利权可能在期限届满前终止。根据《专利法》第 44 条的规定，有下列情形之一的，专利权在期限届满前终止：（1）没有按照规定缴纳年费的；（2）专利权人以书面声明放弃其专利权的。

缴纳专利年费是专利权人的主要义务。《专利法》第 43 条规定，专利权人应当自被授予专利权的当年开始缴纳年费。征收年费的理由大致有：（1）可以控制有效专利的数量和质量。专利年费可以促使专利权人放弃一些没有经济价值或者经济价值较低的专利，从而使公众不受这些专利的约束。专利年费在数额上采用累进方式逐步增加，即授权初期年费数额较低，随着时间的推移年费数额逐年提高。这样更能促使专利权人放弃那些不必要的专利。（2）可以补偿专利局支出的费用。专利局在受理和审查专利申请案以及对专利权的管理工作中，要耗费大量的人力和物力，这些都要支出大量的费用。

无论是专利权人停止缴纳年费还是书面声明放弃专利权，专利权均在期限届满前终止。专利权在期限届满前终止的，由国务院专利行政部门登记和公告。

思考题：

1. 简述单一性原则的意义。
2. 简述优先权原则的作用。
3. 简述发明人的认定标准。
4. 试述职务发明与非职务发明的划分标准。

第十一章　专利权的内容与限制

第一节　专利权的内容

一、发明与实用新型专利权的内容

《专利法》第 11 条第 1 款规定："发明和实用新型专利权被授予后，除本法另有规定的以外，任何单位或者个人未经专利权人许可，都不得实施其专利，即不得为生产经营目的制造、使用、许诺销售、销售、进口其专利产品，或者使用其专利方法以及使用、许诺销售、销售、进口依照该专利方法直接获得的产品。"据此，对于专利产品，发明和实用新型专利权人享有制造、使用、许诺销售、销售和进口该专利产品的权利；对于专利方法，发明专利权人享有使用该专利方法并使用、许诺销售、销售和进口依照该专利方法直接获得的产品的权利。

（一）制造权

专利法上的制造，是指以生产经营为目的而生产出具有实用功能的产品的行为。在专利法上，只要生产出相同的产品即构成制造，而不论其数量多少。同时，无论该产品是独立在市场上销售，还是作为其他产品的组成部分或零部件，都属于制造。

需要注意的一个问题是，产品修理行为是否属于此处所称的制造？一般而言，判断产品修理行为是否构成制造主要考虑以下几个因素，即产品经过修理后是否更换了元件、被更换元件的数量占产品元件数量的大小、修理行为是否不符合市场的通常实践或者公众的通常看法。如果对有关前述相关因素的认定都是肯定的，则一般应认定为构成专利法上的制造。

（二）使用权

作为专利权内容的"使用权"，包括对专利产品的使用权和对专利方法的使用权。就专利产品的使用而言，这里的产品首先应当是与专利产品相同的产品；对于类似产品，构成使用的条件同前面关于"制造"的条件相同。其次，使用产品的目的一般应当同专利产品所声称的目的相同。

专利法中关于产品的使用还包括对于依照专利方法直接获得的产品的使用。此时，使用的概念同前述专利产品的使用并无区别。只是使用行为所针对的对象是依照专利方法直接获得的产品，即该产品是使用专利方法的结果。

关于专利方法的使用，一般是指就相同的方法为实现专利所称的目的和效果的使用。同样的方法有时可以用于实现完全不同的目的。方法专利的效力只能及于相同目的的使用行为。这一点同产品专利的使用是一致的。

（三）销售权

销售行为所针对的对象是产品。一般而言，销售是指专利产品的所有权从一方当事人有偿转移到另一方当事人的行为。在专利法上，销售并不区分批发或者零售，只要满足前述定义即构成销售。

值得注意的是，我国专利法上仅仅规定了销售，而没有规定其他可能导致专利产品归属状态发生变动的情形。例如，赠与可能导致专利产品所有权的转移。

（四）许诺销售权

专利法上的许诺销售，是指明确表示愿意销售专利产品的意思表示。前述介绍了销售行为，但从行为的顺序看，许诺销售应当发生在销售行为之前。当有人未经专利权人许可对外宣称销售专利产品时，如果这些产品并非专利权人自己制造或者许可他人制造的，则专利权人可以凭借许诺销售权禁止其行为。从专利权的各项内容来看，许诺销售应当是销售行为的准备。权利人如果能够禁止许诺销售行为，即可避免后续的侵权行为给自己造成损失。

（五）进口权

所谓进口，是指将专利产品从专利权效力范围之外的领域输入专利权有效地域的行为。该进口行为不一定跨越国境，只需跨越不同的法域即可，即跨越不同法律制度所统辖的地域。

在涉及专利产品进口的问题中，最具争议的是平行进口问题。所谓平行进口是指权利人分别在不同的法域对同一技术拥有专利，在与专利权人没有任何协议的情况下，将专利权人在一个法域生产或制造的合法产品进口到另一个法域的行为。由于两项专利分别由同一人在不同的法域申请，故在现行制度层面上无法简单地认定平行进口是或者不是侵害专利权的行为。我国《专利法》第69条第1项规定，专利产品或者依照专利方法直接获得的产品，由专利权人或者经其许可的单位、个人售出后，使用、许诺销售、销售、进口该产品的，不视为侵犯专利权。这意味着肯定了平行进口的合法性。

二、外观设计专利权的内容

《专利法》第11条第2款规定："外观设计专利权被授予后，任何单位或者个人未经专利权人许可，都不得实施其专利，即不得为生产经营目的制造、许诺销售、销售、进口其外观设计专利产品。"根据这一规定，外观设计专利权的内容包括制造权、许诺销售权、销售权和进口权。值得注意的是：外观设计专利权的内容并不包括使用权。这是因为外观设计并不是技术方案，法律对于外观设计的保护，只是保护产品的外观造型或图案，并不保护产品的实用功能，所以，对外观设计产品的功能性使用并不受外观设计专利权人的控制。

第二节　不侵害专利权的行为

一、专利权穷竭

专利权穷竭，也称专利权用尽、首次销售原则，指专利权人自己或者许可他人制造的专利产品被合法地投放市场后，任何人使用、许诺销售、销售、使用或者进口该产品，不再需要得到专利权人的许可或者授权，且不构成对专利权的侵害。当然，专利权穷竭并不意味着产品被合法投放市场之后专利权人的专利权即归于消灭，而是指一旦合法被投放市场，专利权人不能继续控制已经合法投放市场的专利产品的进一步销售和使用。专利法规定专利权穷竭原则的目的在于促进商品的自由流通。不同国家专利法规定的专利权穷竭的地域范围有所不同，有的是全球穷竭，有的是地区穷竭，有的是国内穷竭。2000 年《专利法》第 63 条第 1 项曾规定，"专利权人制造、进口或者经专利权人许可而制造、进口的专利产品或者依照专利方法直接获得的产品售出后，使用、许诺销售或者销售该产品的"，不视为侵害专利权的行为。根据该规定，2000 年《专利法》所采用的专利权穷竭范围是国内穷竭，因为该规定不允许平行进口，只有合法进口之后专利权才穷竭。2008 年《专利法》对此规定进行了修改，规定，"专利产品或者依照专利方法直接获得的产品，由专利权人或者经其许可的单位、个人售出后，使用、许诺销售、销售、进口该产品的"，不视为侵害专利权的行为。根据该规定，2008 年《专利法》允许平行进口，其专利权穷竭范围是全球穷竭。

二、先用权

《专利法》第 69 条第 2 项规定，"在专利申请日前已经制造相同产品、使用相同方法或者已经作好制造、使用的必要准备，并且仅在原有范围内继续制造、使用"，不视为侵害专利权。这种情况即通常所说的先用权。

专利法创设先用权规则，主要是基于两点考虑：一是对先用权人的公平。先用权人是在先完成发明创造的人，专利法的先申请原则对先用权人本就不公平。先用权适当考虑先用权人的利益，体现公平原则。二是避免浪费。通过适用先用权规则，先用权人已经投入的人力、物力、财力不至于浪费。通过严格的条件限制，先用权规则既公平对待了先用权人，又避免了浪费，还不至于对专利法的先申请原则产生过大的冲击。

根据我国专利法的规定，享有先用权必须具备以下几个条件：（1）在他人申请专利之日以前作好了制造、使用的必要准备。作好了制造、使用的必要准备是指已经完成实施发明创造所必需的主要技术图纸或者工艺文件，或者已经制造或者购买实施发明创造所必需的主要设备或者原材料。这种制造、使用的必要准备必须是在他人的专利申请日以前完成的，在申请日后开始使用这种技术的，即使申请专利的发明创造还没有公开，也不能享有先用权。（2）仅在原有范围内继续制造、使用。"原有范围"包括：专利申请日前已有的生产规模以及利用已有的生产设备或者根据已有的生产准备可以达到的生产规模。超出原有范围的制造、使用行为，构成侵害专利权。需要注意的是，这里所谓的原有范围并非先用权人的实际生产规模，而是其生产能力，不管这种生产能力是否已经充分运用。（3）在先制造产品或者在先使用的方法或设计，应是先用权人自己独立研究完成或者以合法手段从专利权人或其他独立研究完成者处取得的，而不是在专利申请日前抄袭、窃取或者以其他不正当手段获取的。被诉侵权人以非法获得的技术或者设计主张先用权抗辩的，不应予以支持。（4）先用权人的制造或使用行为没有破坏专利技术的新颖性。因为如果先用权人的制造或者使用行为已经构成了专利法上对申请专利的技术的公开，则申请专利的技术就将属于现有技术的范围，于是申请专利的技术就将因缺乏新颖性而不能取得专利权。而先用权人显然也不必要以先用权来抗辩，因为在不能取得专利权的情况下其享有的权利要比先用权范围大得多。（5）先用权人对于自己在先实施的技术不能转让，除非连同所属企业一并转让。即先用权人在专利申请日后将其已经实施或作好实施必要准备的技术或设计转让或者许可他人实施，如果作为被诉侵权人，主张该实施行为属于在原有范围内继续实施的，法院不应予以支持，但该技术或设计与原有企业一并转让或者承继的除外。

三、临时过境

《专利法》第 69 条第 3 项规定，"临时通过中国领土、领水、领空的外国运输工具，依照其所属国同中国签订的协议或者共同参加的国际条约，或者依照互惠原则，为运输工具自身需要而在其装置和设备中使用有关专利的"，不视为侵害专利权。对专利权的这一限制的目的是维护运输自由的公共利益，《巴黎公约》第 5 条之 3 对此作了明确的规定，这种限制的效力是，暂时通过该国领土、领水、领空的外国运输工具的所有人不需要为了避免对该国有效专利的侵权而取得该项专利的使用许可。①

适用临时过境规则必须符合以下几个条件：（1）这种专利的使用是为运输工具自身需要而在其装置和设备中使用的。这种需要可能是各种各样的，因为不同的交通工具可能有不同需要，但无论如何以运输工具自身需要为限。（2）根据我国专利法的规定，临时过境规则仅适用于与中国签订有协议或者共同参加的国际条约或者具有互惠关系的国家的运输工具，其他国家的运输工具不适用该规则，我国的交通工具也不适用该规则。（3）临时过境规则只适用于临时通过我国国境的运输工具，不能适用于长期滞留在我国境内的外国运输工具。"临时"在《巴黎公约》中的用语是"暂时或者偶然地进入"，其中"暂时进入"包括定期进入，"偶然进入"可能包括因迷航或者船舶失事所致，而在这种情况下，即使船舶非暂时停留在中国，也不侵害专利权。②

拓展阅读

江西银涛药业有限公司与陕西汉王药业有限公司、西安保赛医药有限公司侵害发明专利权纠纷申请再审案

四、科学研究和实验使用

《专利法》第 69 条第 4 项规定，"专为科学研究和实验而使用有关专利的"，不视为侵害专利权。北京市高级人民法院发布的《专利侵权判定指南》认为，专为科学研究和实验，是指专门针对专利技术方案本身进行的科学研究和实验。因此，应当区别对专利技术方案本身进行科学研究、实验和在科学研究、实验中使用专利技术方案：对专利技术方案本身进行科学研究实验，其目的是研究、验证、改进他人专利技术，在已有专利技术的基础上产生新的技术成果。在科学研究、

---

① ［奥］博登豪森：《保护工业产权巴黎公约指南》，汤宗舜、段瑞林译，中国人民大学出版社 2003 年版，第 54 页。
② ［奥］博登豪森：《保护工业产权巴黎公约指南》，汤宗舜、段瑞林译，中国人民大学出版社 2003 年版，第 54 页。

实验过程中使用专利技术方案，其目的不是研究、改进他人专利技术，而是利用专利技术方案作为手段进行其他技术的研究实验，或者是研究实施专利技术方案的商业前景等，其结果与专利技术没有直接关系的行为，该种行为构成侵害专利权。科学研究和实验使用例外是为了促进科学研究与实验而规定的，不限制专利权对科学研究和实验使用的效力，就会妨碍科学研究的进行。

五、药品和医疗器械行政审批例外

在《专利法》第三次修订中，《专利法》新规定了专利药品和医疗器械的行政审批例外原则，即为提供行政审批所需要的信息，制造、使用、进口专利药品或者专利医疗器械的，以及专门为其制造、进口专利药品或者专利医疗器械的，不视为侵害专利权。这一条款在国际上被称为"Bolar（波拉）条款"。Bolar 条款因美国联邦巡回上诉法院的 Roche（罗氏）诉 Bolar 案而得名，由于要完成美国食品药品管理局所要求的实验及审查需要两年时间，此案中的被告 Bolar 公司在原告 Roche 公司的专利尚未到期的情况下，就使用该专利技术进行仿制试验，以收集美国食品药品管理局上市批准所要求的数据，希望能提早该药品的上市时间，最终被判侵害了 Roche 公司的专利权。尽管此案 Bolar 公司败诉，但最终却导致美国在《药品价格竞争和专利期补偿法》和《专利法》中增加了为行政审批目的的侵权例外内容。Bolar 条款的目的是克服药品和医疗器械上市许可审批制度在专利权保护期限届满之后对仿制药品和医疗器械上市带来的迟延。这是药品和医疗器械上市许可审批制度造成的。根据药品和医疗器械上市审批制度，不管是新药或医疗器械还是仿制药或医疗器械，其上市须经过必要的审批程序，而这种审批程序中不仅不可避免地要使用专利药品或医疗器械，而且一般时间还相当长。如果不允许在药品或者医疗器械专利到期之前为了提供行政审批所需信息而使用专利药品或医疗器械，而直到专利到期之后才允许，事实上延长了专利药品或医疗器械的保护期。不仅过度保护了专利权人，而且大大推迟了仿制药品和医疗器械的上市时间，危害公共健康。

要构成药品和医疗器械行政审批例外，需要具备两个条件：（1）行为的目的：应该以"为提供行政审批所需要的信息"为唯一目的，既不能是仅仅"包含"这一目的的行为，也不能是与这一目的毫不相干的行为。行政审批所需要的信息，是指《药品管理法》《药品管理法实施条例》以及《药品注册管理办法》等相关药品管理法律法规、部门规章等规定的实验资料、研究报告、科技文献等相关材料。（2）行为的类型：仅限于"制造、使用、进口专利药品或者专利医疗器械的，以及专门为其制造、进口专利药品或者专利医疗器械"，而不包括其他应当被认定为侵害专利权的行为，比如许诺销售、销售等行为。

第三节　专利权强制许可

专利权强制许可是指国家专利主管机关，根据法律的规定或者具备实施条件的单位或者个人的申请，可以不经专利权人的许可，直接授权他人支付许可费而实施专利权人的发明或实用新型专利的一种法律制度。专利权是一种非常强有力的权利，专利权人可能利用其优势地位，不实施或者不充分实施专利，不正当地限制交易或采取不公正的交易方法滥用专利权。专利权强制许可制度就是防止专利权人滥用专利权的重要手段。同时，有些专利对社会公共利益意义重大，为了国家和社会利益，也有必要对专利权人的专利强制许可。专利权强制许可制度是许多国家或地区专利法都规定的一项制度，如日本《专利法》第 82 条和第 93 条、德国《专利法》第 24 条、英国《专利法》第 48 条等。

一、专利权强制许可的概念和种类

（一）因未实施、未充分实施而引发的强制许可

《专利法》第 48 条第 1 项规定，专利权人自专利权被授予之日起满 3 年，且自提出专利申请之日起满 4 年，无正当理由未实施或者未充分实施其专利的，国务院专利行政部门根据具备实施条件的单位或者个人的申请，可以给予实施发明专利或者实用新型专利的强制许可。这就是因未实施、未充分实施而引发的强制许可。专利制度的主要目标是促进技术创新，而技术创新不只是将发明创造做出来，还包括发明创造的商业化运用。为此，我国 1984 年《专利法》第 51 条还特别规定了专利权人的实施义务，现行《专利法》则仅仅规定了这种类型的专利权强制许可。

根据专利法的规定，这种类型的专利权强制许可必须符合以下条件：（1）自专利权被授予之日起满 3 年，且自提出专利申请之日起满 4 年。尽管专利制度的目标是促进专利权人实施其专利，但专利的实施不是一蹴而就的，专利权人不仅需要实施专利的必要条件，而且需要选准实施专利的恰当时机。因此，专利法为专利权人提供了不强制许可实施其专利的一个缓冲期。（2）专利权人无正当理由未实施或者未充分实施其专利。如果专利权人有正当理由，比如专利权人处于破产

重整程序中而无法实施专利,则不能给予强制许可。(3)以合理的条件请求专利权人许可其实施专利,但未能在合理的时间内获得许可。(4)具备实施条件的单位或者个人的申请。专利权强制许可的颁发必须先由相关单位或者个人提出申请。同时,正如专利权人实施专利需要一定的条件一样,申请强制许可的单位或者个人也必须具备实施条件,否则颁发的强制许可将成为具文。(5)强制许可的实施应当主要为了供应国内市场。

（二）因垄断行为引发的强制许可

《专利法》第48条第2款规定,专利权人行使专利权的行为被依法认定为垄断行为,为消除或者减少该行为对竞争产生的不利影响,国务院专利行政部门根据具备实施条件的单位或者个人的申请,可以给予实施发明专利或者实用新型专利的强制许可。

这种类型的专利权强制许可除了具备实施条件的单位或者个人的申请之外,还需要具备以下条件:(1)专利权人行使专利权的行为被依法认定为垄断行为。是否构成垄断需要根据《反垄断法》来认定。(2)目的是消除或者减少该行为对竞争产生的不利影响。不利于消除或者减少该行为对竞争产生的不利影响的专利权强制许可申请不应准许。

（三）因国家紧急状态或非常情况或为了公共利益目的引发的强制许可

《专利法》第49条规定,在国家出现紧急状态或者非常情况下,或者为了公共利益的目的,国务院专利行政部门可以给予实施发明专利或者实用新型专利的强制许可。尽管专利权为民事权利,但专利权毕竟是法律创设的具有法定性的权利,为了公共利益可以临时强制许可。

这种类型的专利权强制许可的条件有:(1)国家出现紧急状态或者非常情况下或者为了公共利益的目的。(2)国务院有关主管部门的建议。这种专利权强制许可不是由有关单位或个人启动的,而是由国务院有关主管部门建议的。(3)国家知识产权局指定具备实施条件的单位。这种类型的专利权强制许可的实施单位是由国家知识产权局指定的。当然,接受强制许可的单位不仅要具备实施条件,而且也应当有权决定接受或者不予接受。(4)强制许可的实施应当主要为了供应国内市场。

（四）因公共健康而引发的强制许可

《专利法》第50条规定,为了公共健康目的,对取得专利权的药品,国务院专利行政部门可以给予制造并将其出口到符合中华人民共和国参加的有关国际条约规定的国家或者地区的强制许可。这种类型的专利权强制许可是根据世界贸易组织《关于 TRIPs 协定与公共健康的宣言》（即《多哈宣言》）以来的多个文件而制定的，这些文件允许因公共健康问题而对专利药品颁发强制许可证。

这种类型的强制许可需要满足下列条件：（1）公共健康目的。公共健康正是《多哈宣言》以来世界贸易组织的一系列文件旨在解决的问题，这种类型的强制许可只能基于公共健康目的而颁发。（2）国务院专利行政部门可以颁发，但需具备实施条件的单位请求。《专利法》并未规定这种类型的强制许可需要申请，但是《专利实施强制许可办法》则规定了具备实施条件的单位的请求。（3）药品可以出口，但只能出口到符合中国参加的有关国际条约规定的国家或者地区。这些出口地区包括：最不发达国家或者地区；依照有关国际条约通知世界贸易组织表明希望作为进口方的该组织的发达成员或者发展中成员。

（五）因从属专利实施而引发的强制许可

《专利法》第 51 条规定，一项取得专利权的发明或者实用新型比前已经取得专利权的发明或者实用新型具有显著经济意义的重大技术进步，其实施又有赖于前一发明或者实用新型的实施的，国务院专利行政部门根据后一专利权人的申请，可以给予实施前一发明或者实用新型的强制许可。这种类型的专利权强制许可是为了充分发挥专利权的效用而颁发的，其目的是使那些具有显著经济意义而又依赖于其他专利权的专利权能够充分发挥其效用。

拓展阅读

多哈宣言

这种类型的专利权强制许可必须符合以下条件：（1）取得专利权的发明或者实用新型比前已经取得专利权的发明或者实用新型具有显著经济意义的重大技术进步。（2）该项专利的实施依赖于前一发明或者实用新型的实施。（3）后一专利权人的申请。作为对价，对前一专利权颁发强制许可的，前一专利权人可以请求给予实施后一专利的强制许可。（4）以合理的条件请求专利权人许可其实施专利，但未能在合理的时间内获得许可。（5）强制许可的实施应当主要为了供应国内市场。

二、专利权强制许可的取得程序和效力

（一）强制许可的取得程序

《专利法》第 6 章规定了强制许可的基本程序，国家知识产权局颁发的《专利实施强制许可办法》规定了强制许可的具体程序。大体来说，获得强制许可的程序包括：（1）请求强制许可的单位或者个人的申请或者国务院有关主管部门的建议。（2）国家知识产权局的审查和决定。国务院专利行政部门作出的给予实施强

制许可的决定，应当及时通知专利权人，并予以登记和公告。给予实施强制许可的决定，应当根据强制许可的理由规定实施的范围和时间。

（二）专利权强制许可的效力

取得实施强制许可的单位或者个人不享有独占的实施权，并且无权允许他人实施。取得实施强制许可的单位或者个人应当付给专利权人合理的使用费，或者依照中华人民共和国参加的有关国际条约的规定处理使用费。付给使用费的，其数额由双方协商；双方不能达成协议的，由国务院专利行政部门裁决。

思考题：

1. 专利权的性质是怎样的？专利权的内容有哪几项？

2. 专利法规定的不侵害专利权的行为有哪些？为什么规定这些例外行为？

3. 为什么需要专利权强制许可？其主要类型有哪些？

第十二章　专利权的利用

要实现专利的利益，专利权人除了自己实施专利之外，还有许多利用专利权的方法，既可以将专利权转让给他人而收取转让费，也可以将专利权许可他人使用而收取许可费，还可以将专利权进行质押以融取资金，还可以将专利权信托给他人而获得信托收益。事实上，对于个人、小企业或者科研单位而言，由于不具备相应的自己实现专利利益的资源，实施许可和转让也许是实现其专利利益的常见方式。不仅如此，当作为专利权人的自然人死亡时，专利权还可以作为专利权人的遗产。当作为法人的专利权人破产时，专利权还可以作为破产财产。鉴于专利权质押、信托、作为遗产以及破产财产和前文著作权法的相关制度完全相同，本章不再介绍，而主要介绍专利权利用中最重要且具有特殊性的以合同方式利用的实施许可和转让。

第一节　专利的实施许可

专利实施许可是指专利权人在约定的地域、期限和方式的范围内许可他人实施其专利技术并收取或者不收取使用费的专利权实现方式。专利实施许可和专利权的转让不同，专利实施许可仅授予专利技术的使用权，许可方仍拥有专利权，被许可方只获得了专利技术的实施权利，并未拥有专利权。在授予使用权的意义上，专利实施许可类似于民法上的租赁。但因权利对象的不同，专利实施许可又不同于租赁，专利实施许可可以分期限、地域和方式进行，成为专利权人实现其利益的最重要的手段之一。

一、专利实施许可方式

根据不同的标准，专利实施许可方式可以进行不同的分类：

（一）独占实施许可、排他实施许可与普通实施许可

根据专利实施许可所授予的权利的不同，专利实施许可可以分为独占实施许可、排他实施许可与普通实施许可。

1. 独占实施许可。独占实施许可是指专利权人在约定的地域、期限和方式的范围内，许可他人实施自己的专利技术，此后许可人不仅不得再向第三方许可实

施该专利技术，自己也不得再实施该专利技术。采用这种许可方式的专利权人往往是不具备实施能力的纯科研单位、小企业或者个人，由于其本身不具备实施专利技术的条件，实施许可是实现专利利益的基本手段。同时由于专利权人本身没有实施专利技术的条件，它自己并不需要实施专利技术，因此往往能够将专利独占实施许可给他人以获取最大收益。

2. 排他实施许可。排他实施许可是指专利权人在约定的地域、期限及方式的范围内，许可他人实施自己的专利技术，自己也可在此范围内实施该专利技术，但不得再许可第三方实施该专利技术。采用这种许可方式的专利权人往往是自己具备一定的实施专利技术的能力，但因其规模相对较小，并不能充分实施其专利技术，因此他除了自己实施自己的专利技术之外，还利用许可的方式许可他人实施其专利技术，以充分获取收益。

3. 普通实施许可。普通实施许可是指专利权人在约定地域、期限及方式的范围内，许可他人实施自己的专利技术，且自己仍可在此范围内实施该专利技术，同时也有权继续在此范围内许可第三方实施该专利技术。当专利技术的市场规模比较大时，专利权人可以采用这种实施许可方式以更充分地获取收益。

（二）基本许可与分许可

根据被许可的权利的来源，专利实施许可可以分为基本许可和分许可。前述分类中的独占、排他、普通专利实施许可就是基本许可。基本许可中的被许可方许可他人在一定的范围内实施被许可的专利技术的专利实施许可就是分许可。分许可的前提条件是被许可方有权进一步许可第三方实施该被许可专利技术。《专利法》第12条后半段规定，"被许可人无权允许合同规定以外的任何单位或者个人实施该专利"，这意味着分许可的许可人通常是没有分许可权的，因此，专利实施许可中的被许可人要获得分许可的权利，必须经许可人的明确授权。鉴于分许可相对于基本许可的从属地位，分许可显然只能在基本许可的基础上进行，在许可实施专利技术的地域、期限、方式的范围等方面显然是不能超过基本许可的。

（三）单方许可与交叉许可

根据许可方与被许可方双方的权利义务状况，专利实施许可可以分为单方许可与交叉许可：单方许可是指专利实施许可双方中仅仅许可方向被许可方许可专利技术的实施的方式。交叉许可是指专利实施许可双方当事人约定将各自拥有的专利技术相互许可对方实施，实现交叉或者交互许可的方式。单方许可通常都是有偿的，而交叉许可通常至少有一方是不需要支付许可费的。

二、专利实施许可合同的主要内容

《专利法》第 12 条规定，任何单位或者个人实施他人专利的，应当与专利权人订立实施许可合同。根据国家知识产权局 2011 年发布的《专利实施许可合同备案办法》第 9 条的规定，当事人备案时提交的专利实施许可合同应当包括的内容有：当事人的姓名或者名称、地址；专利权项数以及每项专利权的名称、专利号、申请日、授权公告日；实施许可的种类和期限。事实上，专利实施许可合同的内容要多得多。专利实施许可合同属于技术合同的一种，根据《合同法》第 324 条的规定，技术合同的内容一般包括：项目名称；标的的内容、范围和要求；履行的计划、进度、期限、地点、地域和方式；技术情报和资料的保密；风险责任的承担；技术成果的归属和收益的分成办法；验收标准和方法；价款、报酬或者使用费及其支付方式；违约金或者损失赔偿的计算方法；解决争议的方法；名词和术语的解释。这里将专利实施许可合同所特有的且最主要的内容详述如下：

（一）专利实施许可的标的条款

专利实施许可的标的条款是专利实施许可合同的必备条款，没有标的，专利实施许可合同不仅无法生效，而且无法成立。根据专利法的规定，发明和实用新型专利权被授予后，除专利法另有规定以外，任何单位或者个人未经专利权人许可，都不得实施其专利，即不得为生产经营目的制造、使用、许诺销售、销售、进口其专利产品，或者使用其专利方法以及使用、许诺销售、销售、进口依照该专利方法直接获得的产品。外观设计专利权被授予后，任何单位或者个人未经专利权人许可，都不得实施其专利，即不得为生产经营目的制造、许诺销售、销售、进口其外观设计专利产品。专利实施合同就是经专利权人许可而授予被许可人实施专利的权利的合同，专利实施许可并不转移专利的所有权，所转移的只是专利的使用权。专利实施许可的标的通常包括以下内容：

1. 实施许可的专利内容。要实施许可专利，许可人必须要取得专利，没有取得专利或者专利无效均不能实施许可专利。《合同法》第 324 条第 3 款规定，技术合同涉及专利的，应当注明发明创造的名称、专利申请人和专利权人、申请日期、申请号、专利号以及专利权的有效期限。

2. 专利实施许可的权利范围。根据《专利法》第 11 条的规定，发明和实用新型专利权的权利范围包括制造、使用、许诺销售、销售、进口专利产品；方法专利权的权利范围包括使用专利方法以及使用、许诺销售、销售、进口依照该专利方法直接获得的产品；外观设计专利权的权利范围包括制造、许诺销售、销售、进口外观设计专利产品。专利权人可以将这些权利全部许可给他人，也可以将其中的某个或某些环节许可给他人，但不管许可的权利范围如何，均应该在合同中明确约定，合同中没有明确约定的权利，原则上视为未许可。

3. 分许可的权利。根据我国《专利法》第 12 条的规定，被许可人无权允许合同规定以外的任何单位或者个人实施该专利。这意味着在当事人没有明确约定时，被许可人没有分许可的权利，这就和房屋租赁合同的承租人原则上没有转租的权利一样。但《专利法》第 12 条的规定不能解读为绝对禁止授予分许可的权利。尤其是在独占实施许可合同中，由于被许可人事实上独占专利实施的全部利益，如果不允许在实施许可合同中约定分许可的权利，既对被许可人不公平，而且也不利于专利的充分实施，因此应该允许当事人在合同中约定分许可的权利。被许可人需要获得分许可的权利的，双方当事人应该在合同中明确约定。

（二）专利实施许可的方式

如前所述，专利实施许可可以分为独占实施许可、排他实施许可和普通实施许可三种，专利实施合同中必须明确约定是何种实施许可。专利实施许可的方式是专利实施许可合同中最重要的内容之一，专利实施许可的方式对后文所谈的合同的许多内容都有着重要的影响，比如，独占许可的使用费显然会高于排他实施许可，二者又均会高于普通实施许可；再如，不同许可方式中被许可人起诉侵害专利权的第三人的权利不同，因此有的专利实施许可方式需要当事人在合同中明确约定被许可人的起诉权。参照《最高人民法院关于对诉前停止侵犯专利权行为适用法律问题的若干规定》第 1 条的规定，专利实施许可合同的被许可人作为利害关系人可以起诉侵犯专利权行为的行为人，其中独占实施许可合同的被许可人可以单独向人民法院提出起诉；排他实施许可合同的被许可人在专利权人不起诉的情况下，可以提出起诉。该司法解释没有明确规定普通实施许可合同中被许可人起诉的权利，原则上应该认为普通实施许可合同中的被许可人没有起诉的权利。

（三）实施许可的期限和地域范围

专利实施许可合同必须明确约定实施许可的有效期间，专利实施许可合同的有效期间可以是整个专利权的有效期间，也可以是专利权有效期间的一部分。当然，专利实施许可的有效期间不得超过专利权的期间，否则超过的部分无效。

专利实施许可的地域范围可以是一个国家或地区，也可以是多个国家或地区，还可以是一个国家或地区内部的部分区域。值得注意的是，专利实施许可合同对地域范围的限制只能约束被许可人，而不能约束消费者或者经销商，因为消费者和经销商受到权利用尽原则的保护。当然，专利实施许可的地域范围也并非毫无意义，尤其是方法专利，地域限制可以最大化专利权人的利益。

（四）使用费及支付方式

专利实施许可合同的使用费大体有三种方式：（1）一次总算方式，即在专利实施许可合同中确定一个总的许可使用费数额，不管被许可人专利实施情况如何，均不再另行计算使用费。（2）提成费方式，即许可人根据一定的比例从被许可人实施专利后的收益中提取使用费。这里的提成比例可以是固定的，也可以是变动的，变动比例可以是逐年递增的，也可以是逐年递减的。（3）入门费加提成费方式，即先确定一个先期给付的固定数额，然后在合同期内根据被许可人实施专利后的收益收取提成。至于具体方式可以由当事人根据专利技术的状况、被许可人使用专利所能获得的经济收益、专利许可的类型、实施的行为种类和期限、被许可人支付使用费的方式和时间、双方的风险承受能力等因素确定。至于支付方式则可以一次支付，也可以分期支付，可以以现金支付，也可以转账支付，由当事人结合上述使用费计算方式和双方经济状况等因素来共同约定。

（五）后续改进的提供和分享

根据专利法的精神，专利实施许可合同不得禁止任何一方改进实施许可的专利技术，但实施许可的专利技术的改进显然会影响实施许可的专利技术的价值。因此，专利实施许可合同必须约定后继改进的提供与分享，以合理平衡双方当事人的利益。通常，在合同有效期内，任何一方对合同技术所作的改进应及时通知对方，原有基础上的较小改进可以互相免费提供使用，重大改进的使用和申请专利的权利由双方当事人约定；未约定的，通常申请专利的权利归改进方。

（六）专利权无效和侵权的处理办法

专利权无效导致专利实施许可合同终止，双方应该在合同中明确约定许可使用费的返还以及因此造成损失的处理。在合同履行期内，如果被许可实施的专利技术侵犯他人专利权的，原则上应该由许可方负责。合同还应约定第三方侵犯专利权时的处理方法，尤其是排他专利实施许可合同应该明确约定被许可方提起诉讼的权利。

专利实施许可合同和其他合同的订立过程是相同的，均需要经过要约与承诺两阶段方能成立。根据《专利法实施细则》第14条第2款的规定，专利权人与他人订立的专利实施许可合同，应当自合同生效之日起 3 个月内向国务院专利行政部门备案。但需要注意的是，不经备案并不影响合同效力，备案仅仅具有证据效力。

根据《专利实施许可合同备案办法》的规定，经备案的专利实施许可合同的种类、期限、许可使用费计算方法或者数额等，可以作为管理专利工作的部门对侵权赔偿数额进行调解的参照。根据《最高人民法院关于对诉前停止侵犯专利权行为适用法律问题的若干规定》，专利实施许可合同及其在国务院专利行政部门备案的证明材料可以作为利害关系人申请诉前停止侵犯专利权行为的证据材料。

第二节 专利权的转让

专利权的转让是指专利权人收取约定价款将其专利权移转给受让方所有的法律行为。和专利实施许可不同的是，专利权的转让是专利所有权的转移，是专利的全部权利的转移，不能分地域、分期限、分权利内容而转移，国家对专利权转让有更多的限制，比如向外国人转让专利要履行特别手续。

一、专利权转让的条件

（一）实体条件

《专利法》第 10 条第 1 款规定，专利申请权和专利权可以转让。当然，这里的专利申请权必须是转让人合法享有的，专利权必须是有效的。我国专利法对专利权转让的转让人和受让人没有特别限定，只要符合民法所规定的具有权利能力和行为能力的民事主体均可以作为转让人和受让人。

（二）形式条件

《专利法》第 10 条第 3 款规定，转让专利申请权或者专利权的，当事人应当订立书面合同。这意味着专利权转让合同属于要式合同。根据《合同法》第 11 条规定，书面形式是指合同书、信件和数据电文（包括电报、电传、传真、电子数据交换和电子邮件）等可以有形表现所载内容的形式。

二、专利权转让的程序

关于专利权转让的程序，《专利法》第 10 条第 3 款规定，转让专利申请权或者专利权的，当事人应当订立书面合同，并向国务院专利行政部门登记，由国务院专利行政部门予以公告。专利申请权或者专利权的转让自登记之日起生效。另外，《专利法》第 10 条第 2 款规定我国单位或者个人向外国人、外国企业或者外国其他组织转让专利申请权或者专利权的，应当依照有关法律、行政法规的规定办理手续。需要注意的是，在我国设立的中外合资企业、中外合作企业和外商独资企业不属于外国企业或其他组织。

三、专利权转让的效力

专利权转让一经生效，受让人取得专利权人的地位，转让人丧失专利权人的地位。为了稳定已经形成的经济秩序，除非当事人另有规定，专利权转让合同不影响转让方在合同成立前与他人订立的专利实施许可合同的效力。除合同另有约定的以外，原专利实施许可合同所约定的权利义务由受让方承担。另外，在订立专利权转让合同前转让方已实施专利的，除合同另有约定以外，合同生效后，转让方应当停止实施。

拓展阅读

王广均、王广利与刘宝芝、山东省巨野县恒洁环保设备制造有限公司专利技术买卖合同纠纷案

思考题：

1. 专利实施许可的方式有哪几种？

2. 专利实施许可的合同主要有哪些内容？签订时应注意哪些问题？

3. 专利权转让需要办理哪些手续？专利权转让何时生效？

第十三章　侵害专利权的法律责任

专利权的保护是整个专利制度的核心，而要保护专利权不仅要判断何种行为构成侵害专利权的行为，更要对侵害专利权的行为追究法律责任。本章先介绍专利权的保护范围，然后判断何种行为构成侵害专利权的行为，最后分析侵害专利权行为的法律责任及其后果。

第一节　专利权的保护范围

一、确定发明或者实用新型专利权保护范围的基本依据

《专利法》第59条规定："发明或者实用新型专利权的保护范围以其权利要求的内容为准，说明书及附图可以用于解释权利要求的内容。"根据该规定，发明或者实用新型专利权保护范围确定的基本依据是权利要求，这和世界上多数国家或地区专利法的规定是类似的。大陆法系国家专利法多明确规定权利要求是专利权保护范围的基本依据，如日本《专利法》第70条、《欧洲专利公约》第69条第1款、韩国《专利法》第97条等。英美法系国家专利法多没有明确规定专利权的保护范围，但权利要求仍然是决定专利权保护范围的基本依据。决定一项专利是否被侵害分两步进行：首先必须审查系争权利要求的语言并确定权利要求的意思，即"权利要求解释"；其次对权利要求和被控侵权的产品或方法进行比较以决定权利要求是否被侵害。

二、发明或者实用新型专利权保护范围的解释

（一）专利权利要求解释的基本原则

考察各国或地区法院对权利要求的解释，主要有三种原则。

1. 周边限定原则。根据该解释原则，权利要求书的文字记载是专利权保护的最大范围，专利权的保护范围仅限于权利要求中纯文字描述的对象。该解释原则之所以叫作周边限定原则，是因为权利要求书的文字记载已经详细地将专利权保护范围的边界描述清楚，法院只能将该边界范围之内的内容作为专利权的保护对象，而不能超出文字记载的范围来保护专利权。周边限定原则下的解释的专利权保护范围比较窄，其优点在于专利权的界限比较清楚明确，有利于社会公众对专

利权保护范围的认知和预测，有利于专利制度的有序运转。但这种解释原则对专利权保护范围进行过于严格的限制，专利权很容易被规避，专利权保护容易落空，严重损害专利权人的利益，最终使得专利制度无法正常运转。

2. 中心限定原则。根据该解释原则，权利要求书的文字记载是专利权的保护范围的中心，以权利要求的文字记载为中心，全面考虑发明的目的、性质及说明书和附图的内容，将权利要求文字记载一定范围内的技术特征均包括在专利权的保护范围之内。中心限定原则下的解释的专利权保护范围比较宽，其优点在于可以给专利权人提供充分的保护，有利于对专利权人的充分激励。但这种解释原则所确定的专利权保护范围早已超过了权利要求书的文字记载，社会公众往往无法事先察知专利权的保护范围，导致专利权的保护范围的不确定，容易损害社会公众利益，同样不利于专利制度的有序运转。

3. 折中原则。根据这种解释原则，专利权的保护范围基本上根据权利要求书记载的内容确定，而说明书和附图可以用来解释权利要求，在专利权保护范围的确定上起着辅助作用。显然，从理论上说，折中原则下的解释的专利权保护范围介于周边限定原则和中心限定原则之间，其优缺点也是周边限定原则和中心限定原则优缺点的折中。

从世界各国或地区的专利立法和司法实践来看，目前大多采取折中原则，即权利要求书是专利权保护范围确定的基本依据，但可以结合说明书和附图解释权利要求，以适当调整权利要求书所确定的专利权保护范围。

我国专利法的规定。根据《专利法》第59条的规定，发明专利权和实用新型专利权的保护范围以其权利要求的内容为准，说明书及附图可以用以解释权利要求。当权利要求书上的权利要求表述产生歧义和含混时，详细阐明权利要求的背景和技术方案的说明书及其附图便可以为其提供明晰的方案和明确的界定，但说明书及附图的内容不能引入权利要求。这些规定意味着我国专利法是采用折中原则确定发明和实用新型专利权的保护范围的。

（二）我国司法实践对发明和实用新型专利权保护范围的解释

我国司法实践对发明和实用新型专利权保护范围的解释可以分为以下两个部分：

1. 以其权利要求的内容为准。根据我国司法实践，"以其权利要求的内容为准"的含义包括以下几层：第一，专利权的保护范围不限于权利要求的字面含义。发明或者实用新型专利权保护范围应当以权利要求书记载的技术特征所确定的内容为准，也包括与所记载的技术特征相等同的技术特征所确定的内容。第二，权利要求是当事人主张的权利要求。确定专利权保护范围时，应当以专利权人所主张的相关权利要求为依据进行解释。第三，以专利行政部门最终确定的权利要求为准。确定专利权保护范围时，应当以国务院专利行政部门公告授权的专利文本或者已经发生法律效力的专利复审请求审查决定、无效宣告请求审查决定及相关的授权、确权行政判决所确定的权利要求为准。权利要求存在多个文本的，以最终有效的文本为准。第四，以本领域普通技术人员的标准来解释权利要求。在侵害专利权纠纷中，人民法院应当根据权利要求的记载，结合本领域普通技术人员阅读说明书及附图后对权利要求的理解，确定权利要求的内容。第五，权利要求是确定专利权保护范围的基本依据。对于仅在说明书或者附图中描述而在权利要求中未记载的技术方案，不得纳入专利权保护范围。

2. 说明书及附图可以用以解释权利要求。在侵害专利权纠纷中，人民法院对于权利要求，可以运用说明书及附图、权利要求书中的相关权利要求、专利审查档案以及生效法律文书所记载的内容进行解释。说明书对权利要求用语有特别界定的，从其特别界定。以上述方法仍不能明确权利要求含义的，可以结合工具书、教科书等公知文献以及本领域普通技术人员的通常理解进行解释。对于权利要求中以功能或者效果表述的功能性技术特征，应当结合说明书和附图描述的该功能或者效果的具体实施方式及其等同的实施方式，确定该技术特征的内容。这里所谓的功能性技术特征，是指权利要求中以产品的部件或部件之间的配合关系或者其采用的方法步骤等在发明创造中所起的作用、功能或者产生的效果来限定的技术特征。说明书对技术术语的解释与该技术术语通用含义不同的，以说明书的解释为准。同一技术术语在权利要求书和说明书中所表达的含义应当一致，不一致时应以权利要求书为准。

三、外观设计专利权的保护范围

由于外观设计具有较为清楚明确的外形，因此外观设计专利权的保护范围比较容易确定。根据《专利法》第 59 条第 2 款的规定，外观设计专利权的保护范围以表示在图片或者照片中的该产品的外观设计为准，简要说明可以用于解释图片或者照片所表示的该产品的外观设计。这是我国专利法规定的外观设计专利权保护范围确定的基本依据和解释原则。在具体确定外观设计专利权保护范围时，除了上述基本依据和解释原则之外，专利权人在无效程序及其诉讼程序中的意见陈述、应国务院专利行政部门的要求在专利申请程序中提交的样品或者模型等，也可以用于解释外观设计专利权保护范围。

在外观设计专利侵权诉讼中，外观设计专利权人在侵权诉讼中，应当提交其外观设计的"设计要点图"，说明其外观设计保护的独创部位及内容。请求保护色彩的，权利人应当出具由中国专利主管机关认可的相关证据，用以确定外观设计的保护范围。外观设计专利权的保护范围不得延及该外观设计专利申请日或者优先权日之前已有的公知设计内容，应当排除仅起功能、效果作用而消费者在正常使用中看不见或者不对产品产生美感作用的设计内容。

相似外观设计专利权的保护范围由各个独立的外观设计分别确定。基本设计与其他相似设计均可以作为确定外观设计专利权保护范围的依据。成套产品的整体外观设计与组成该成套产品的每一件外观设计均已显示在该外观设计专利文件的图片或者照片中的，其权利保护范围由组成该成套产品的每一件产品的外观设计或者该成套产品的整体外观设计确定。

第二节　侵害专利权行为的构成和认定

一、侵害专利权行为的构成

侵害专利权的行为，是指在专利权有效期限内，行为人未经专利权人许可，也无法律依据，以营利为目的实施他人专利的行为。构成侵害专利权行为必须符合以下条件：

1. 必须有被侵害的有效的专利权存在。发明创造在被授予专利权的有效期间内才受到法律保护，第三人实施该项发明创造才有可能构成侵权行为。对于授予专利权以前的发明创造、专利权被撤销或者被宣告无效的技术、专利权已经终止或者专利权期限届满的技术，第三人的实施行为均不构成侵权。即使在发明专利申请公开后至专利授权前专利申请人享有获得合理费用的"临时保护"，第三人的实施行为也不构成侵害专利权的行为，尽管其有义务支付合理费用。

2. 未经专利权人许可或没有合法依据实施了他人专利。只有没有合法理由而实施他人专利的行为才可能构成侵害专利权的行为。因此，凡是经过专利权人许可的实施行为或者具有其他法定实施理由的，都不构成侵害专利权的行为，前者如签订了专利实施许可合同、符合默示许可条件等，后者如专利主管机关颁发了强制许可证等。

3. 以生产经营为目的。根据《专利法》第11条的规定，所谓"实施其专利"是指"为生产经营目的制造、使用、许诺销售、销售、进口其专利产品，或者使用其专利方法以及使用、许诺销售、销售、进口依照该专利方法直接获得的产品"或者"为生产经营目的制造、许诺销售、销售、进口其外观设计专利产品"。因此，只有以生产经营为目的的实施行为，才能构成侵权，利用他人的专利供自己个人需要不构成侵权行为。

4. 有法定的实施行为。法定的实施行为即《专利法》第11条规定的制造、使用、许诺销售、销售、进口专利产品，或者使用专利方法以及使用、许诺销售、销售、进口依照该专利方法直接获得的产品或者制造、许诺销售、销售、进口外观设计专利产品等行为。

二、侵害专利权行为的认定

（一）侵害发明、实用新型专利权行为的认定

1. 侵权认定的比较对象与方法。在认定被诉侵权技术方案是否落入专利权的保护范围时，应当审查权利人主张的权利要求所记载的全部技术特征，并以权利要求中记载的全部技术特征与被诉侵权技术方案所对应的全部技术特征逐一进行比较，而不是仅仅比较权利要求中的区别特征。在被诉侵权技术方案与权利要求记载的全部技术特征相同或者等同的技术特征时，应当认定其落入专利权保护范围。在被诉侵权技术方案的技术特征与权利要求记载的全部技术特征相比，缺少权利要求记载的一个或多个技术特征，或者有一个或一个以上技术特征不相同也不等同时，应当认定其没有落入专利权保护范围。进行侵权认定时，不应以专利产品与被诉侵权技术方案直接进行比对，但专利产品可以用以帮助理解有关技术特征与技术方案。

2. 相同侵权。相同侵权是指被诉侵权技术方案包含了与权利要求记载的全部技术特征相同的对应技术特征。只要被诉侵权技术方案包含了权利要求中的全部技术特征，不管其是否增加了新的技术特征，一般认为构成相同侵权。

相同侵权中需要注意的特殊情况有：当权利要求中记载的技术特征采用上位概念特征，而被诉侵权技术方案的相应技术特征采用下位概念特征时，则被诉侵权技术方案落入专利权保护范围；对于组合物的封闭式权利要求，被诉侵权技术方案在包含权利要求中的全部技术特征的基础上，又增加了新的技术特征的，则不落入专利权保护范围；但是，被诉侵权技术方案中新增加的技术特征对组合物的性质和技术效果未产生实质性影响或该特征属于不可避免的常规数量杂质的情况除外。对于包含功能性特征的权利要求，如果被诉侵权技术方案不但实现了与该特征相同的功能，而且实现该功能的结构、步骤与专利说明书中记载的具体实

施方式所确定的结构、步骤相同的，则被诉侵权技术方案落入专利权保护范围；在后获得专利权的发明或实用新型是对在先发明或实用新型专利的改进，在后专利的某项权利要求记载了在先专利某项权利要求中记载的全部技术特征，又增加了另外的技术特征的，在后专利属于从属专利。实施从属专利落入在先专利的保护范围。

3. 等同侵权。在专利侵权认定中，在相同侵权不成立的情况下，应当判断是否构成等同侵权。所谓等同侵权，是指被诉侵权技术方案有一个或者一个以上技术特征与权利要求中的相应技术特征从字面上看不相同，但是属于等同特征，应当认定被诉侵权技术方案落入专利权保护范围。其中，等同特征是指与权利要求所记载的技术特征以基本相同的手段，实现基本相同的功能，达到基本相同的效果，并且所属技术领域的普通技术人员无须经过创造性劳动就能够想到的技术特征。基本相同的手段，一般是指在被诉侵权行为发生日前专利所属技术领域惯常替换的技术特征以及工作原理基本相同的技术特征。申请日后出现的、工作原理与专利技术特征不同的技术特征，属于被诉侵权行为发生日所属技术领域普通技术人员容易想到的替换特征，可以认定为基本相同的手段。基本相同的功能，是指被诉侵权技术方案中的替换手段所起的作用与权利要求对应技术特征在专利技术方案中所起的作用基本上是相同的。基本相同的效果，一般是指被诉侵权技术方案中的替换手段所达到的效果与权利要求对应技术特征的技术效果无实质性差异，只要被诉侵权技术方案中的替换手段相对于权利要求对应技术特征在技术效果上不属于明显提高或者降低的，就应当认为属于无实质性差异。

等同侵权是为了弥补因相同侵权容易规避而产生的专利保护不足而出现的，是在相同侵权的基础上适度扩大专利权的保护范围，在性质上类似于专利的创造性，即将那些对所属技术领域的普通技术人员而言，与显而易见地替换权利要求对应的技术特征的被诉侵权技术方案中的替换手段纳入专利权的保护范围。

4. 禁止反悔原则。禁止反悔原则是指在专利审查、撤销或无效程序中，专利权人为确定其专利具备新颖性和创造性，通过书面声明或者修改专利文件的方式，对专利权利要求的保护范围作了限制承诺或者部分地放弃了保护，并因此获得了专利权，而在专利侵权诉讼中，法院适用等同原则确定专利权的保护范围时，应当禁止专利权人将已被限制、排除或者已经放弃的内容重新纳入专利权保护范围。适用禁止反悔原则通常应具备以下条件：第一，等同侵权的适用。在相同侵权认定时无须适用禁止反悔原则。第二，专利申请人或专利权人限制或者部分放弃的保护范围，应当是基于克服缺乏新颖性或创造性、缺少必要技术特征和权利要求得不到说明书的支持以及说明书未充分公开等不能获得授权的实质性缺陷的需要。第三，专利权人对权利要求保护范围所作的部分放弃必须是明示的，而且已经被记录在书面陈述、专利审查档案、生效的法律文书中。第四，禁止反悔的适用以被诉侵权人提出请求为前提，并由被诉侵权人提供专利申请人或专利权人反悔的相应证据。

（二）侵害外观设计专利权行为的认定

1. 侵害外观设计专利权行为的构成标准。在与外观设计专利产品相同或者相近种类产品上，采用与授权外观设计相同或者近似的外观设计的，构成侵害外观设计专利权的行为。

2. 产品相同或类似的认定。在外观设计专利侵权认定时，应当首先审查被控侵权产品与专利产品是否属于同类产品，只有属于同类或者类似产品的，才可能构成侵权，不属于同类或者类似产品的，不构成侵害外观设计专利权。认定产品相同或者类似应当根据外观设计产品的用途进行。

3. 外观设计相同或者近似的认定。判断外观设计是否相同或者近似，应当通过一般消费者的视觉进行直接观察对比。判断外观设计是否构成相同或相近似时以整体观察、综合判断为原则，即应当对授权外观设计、被诉侵权设计可视部分的全部设计特征进行观察、对能够影响产品外观设计整体视觉效果的所有因素进行综合考虑后作出判断。

第三节　侵害专利权行为的抗辩事由

专利权是一种独占权。但为了平衡各方的利益，专利法同样赋予被告针对原告的诉讼请求而提出的证明原告的诉讼请求不成立或不完全成立的抗辩事由。

一、不侵权抗辩

不侵权抗辩包括不构成侵害专利权的抗辩、专利法明确规定不视为侵害专利权行为的抗辩、现有技术抗辩和许可抗辩。

（一）不构成侵害专利权的抗辩

当被控侵权产品并未落入原告的专利权利要求的范围时，不构成侵害专利权。主要包括：被控侵权物（产品或方法）缺少原告的发明或者实用新型专利权利要求中记载的必要技术特征；被控侵权物（产品或方法）的技术特征与原告专利权利要求中对应必要技术特征相比，有一项或者一项以上的技术特征有了本质区别。另外，根据专利法所规定的侵害专利权行为的构成要件，非生产经营目的的制造、使用行为，不构成侵害专利权。

（二）不视为侵害专利权行为的抗辩

《专利权》第 69 条规定的专利权用尽，先用权，临时过境，科学研究与实验性使用，为提供行政审批所需要的信息，制造、使用、进口专利药品或者专利医疗器械，以及专门为其制造、进口专利药品或者专利医疗器械等，属于不视为侵害专利权的行为，这些事由也是侵害专利权的抗辩事由。另外，根据《专利法》第 70 条的规定，为生产经营目的，使用、许诺销售或者销售不知道是未经专利权人许可而制造并售出的专利侵权产品，但能证明其产品合法来源的，不承担赔偿责任。"合法来源"成为承担损害赔偿责任的抗辩事由。

（三）现有技术抗辩

《专利法》第 62 条规定，在专利侵权纠纷中，被控侵权人有证据证明其实施的技术或者设计属于现有技术或者现有设计的，不构成侵害专利权。这就是现有技术或现有设计抗辩。当被诉技术方案落入专利权保护范围的全部技术特征，与一项现有技术方案中的相应技术特征相同或者无实质性差异时，被诉侵权人就可以以现有技术进行抗辩。现有技术抗辩在外观设计专利权侵权中的表现形式就是现有设计抗辩。当被诉侵权设计与一个现有设计相同或者无实质性差异的，被诉侵权人可以以现有设计进行抗辩。

二、无效专利抗辩

如前所述，构成侵害专利权的行为以专利权有效为前提条件，当专利权无效时，便不能成立侵权行为。因此，专利权无效是侵害专利权行为的重要抗辩事由。专利权无效的事由主要包括专利权已经超过保护期、已经被权利人放弃、被生效法律文书宣告无效等。当然，被告以这些事由进行抗辩的，应当提供相应的证据。

需要注意的是，在侵害专利权诉讼中，被诉侵权人以专利权不符合专利授权条件、应当被宣告无效进行抗辩的，其无效宣告请求应当向专利复审委员会提出。

三、滥用专利权抗辩

当专利权人恶意取得专利权，并滥用专利权进行侵权诉讼的，被控侵权人可以进行抗辩。当然，被控侵权人以此进行抗辩的，应当提供相关的证据。需要注意的是，在侵犯专利权诉讼中，并非只要专利权被宣告无效，就能认定为滥用专利权。这里的恶意取得专利权，是指将明知不应当获得专利保护的发明创造，故意采取规避法律或者不正当手段获得了专利权，其目的在于获得不正当利益或制止他人的正当实施行为。其中可以被认定为恶意的情形包括：将申请日前已有的国家标准、行业标准等技术标准申请专利并取得专利权的；将明知为某一地区广为制造或使用的产品申请专利并取得专利权的。

第四节　侵害专利权行为法律责任的类型与后果

一、侵害专利权的民事责任

民事责任是侵害专利权行为要承担的最主要的法律责任类型，世界各国或地区专利立法中均规定有侵害专利权行为的民事责任。侵害专利权的民事责任主要有以下类型：

（一）停止侵权

停止侵权是指责令侵害专利权的行为人立即停止正在实施的侵权行为，这种责任方式的目的在于防止侵权人继续进行侵权活动，避免给权利人造成更大的损失。

（二）赔偿损失

赔偿损失是指侵权人在造成专利权人经济损失后，责令其赔偿的一种方式。根据《专利法》及相关司法解释，侵害专利权的赔偿数额的计算有三种方法：一是按照权利人因被侵权所受到的损失确定。权利人因被侵权所受到的损失可以根据专利权人的专利产品因侵权所造成销售量减少的总数乘以每件专利产品的合理利润所得之积计算。权利人销售量减少的总数难以确定的，侵权产品在市场上销售的总数乘以每件专利产品的合理利润所得之积，可以视为权利人因被侵权所受到的损失。二是按照侵权人侵害专利权所获得的利益确定。侵权人因侵权所获得的利益可以根据该侵权产品在市场上销售的总数乘以每件侵权产品的合理利润所得之积计算。侵权人因侵权所获得的利益，一般按照侵权人的营业利润计算，对于完全以侵权为业的侵权人，可以按照销售利润计算。三是被侵权人的损失或侵权人获得利益难以确定时，参照该专利许可使用费的1~3倍合理确定赔偿数额；没有专利许可使用费可以参照或者专利许可使用费明显不合理的，人民法院可以根据专利权的类别、侵权人侵权的性质和情节等因素，在人民币 1 元以上 100 万元以下确定赔偿数额。无论是以上述何种方式确定赔偿损失数额，该赔偿额都还应当包括权利人为制止侵权行为所支付的合理开支。

《专利法》第 60 条规定，未经专利权人许可，实施其专利，即侵害其专利权，引起纠纷的，由当事人协商解决；不愿协商或者协商不成的，专利权人或者利害关系人可以向人民法院起诉。

为了更有效地保护专利权，《专利法》第 66 条规定诉前禁令，即专利权人或者利害关系人有证据证明他人正在实施或者即将实施侵害专利权的行为，如不及时制止将会使其合法权益受到难以弥补的损害的，可以在起诉前向人民法院申请采取责令停止有关行为的措施。申请人提出申请时，应当提供担保；不提供担保的，驳回申请。人民法院应当自接受申请之时起 48 小时内作出裁定；有特殊情况需要延长的，可以延长 48 小时。裁定责令停止有关行为的，应当立即执行。当事人对裁定不服的，可以申请复议一次；复议期间不停止裁定的执行。申请人自人民法院采取责令停止有关行为的措施之日起 15 日内不起诉的，人民法院应当解除该措施。申请有错误的，申请人应当赔偿被申请人因停止有关行为所遭受的损失。

二、侵害专利权的其他后果

侵害专利权引起纠纷的，还可以请求专利管理部门处理。专利管理部门认定侵权行为成立的，可以责令侵权人立即停止侵权行为，当事人不服的，可以自收到处理通知之日起 15 日内依照《行政诉讼法》向人民法院起诉；侵权人期满不起诉又不停止侵权行为的，专利管理部门可以申请人民法院强制执行。专利管理部门应当事人的请求，可以就侵害专利权的赔偿数额进行调解；调解不成的，当事人可以依照《民事诉讼法》向人民法院起诉。

拓展阅读

苏州工业园区新海宜电信发展股份有限公司诉南京普天通信股份有限公司、苏州工业园区华发科技有限公司侵犯专利权纠纷案

思考题：

1. 如何确定专利权的保护范围？确定发明、实用新型专利权与外观设计专利权的保护范围有什么不同？

2. 侵害专利权行为的构成要件是什么？如何认定侵害专利权的行为？

3. 侵害专利权行为的抗辩事由有哪些？

4. 侵害专利权行为的法律责任有哪些？

第十四章　植物新品种权和集成电路布图设计权

植物新品种权和集成电路布图设计权是随着生物技术和信息技术发展而出现的新的技术成果。植物新品种权是为了鼓励人们向植物育种领域投入，促进植物新品种的育成和推广而创设的技术成果权，而集成电路布图设计权则是为了鼓励人们在集成电路布图设计领域进行创新而创设的技术成果权。本章主要介绍植物新品种权和集成电路布图设计权的基本知识。

第一节　植物新品种权

一、植物新品种法律保护概述

（一）植物新品种的概念与性质

植物新品种，是指经过人工培育的或者对发现的野生植物加以改良，具备新颖性、特异性、一致性和稳定性，并有适当命名的植物品种。从本质上说，植物新品种与其他发明创造一样，也是智力创造活动的成果，可以为人们所利用并带来经济效益。只是由于植物的生长离不开自然力，属于自然产物，植物新品种不容易满足专利法对发明的要求而难以获得专利保护，但这并不否认植物新品种的发明性质。经过人工培育的植物新品种，和专利法所保护的发明创造一样均具有"人造"的性质，和专利法上的发明创造无异。

（二）植物新品种知识产权保护模式

目前，植物新品种知识产权保护主要有两种模式，一种是以专门法对植物新品种给予保护，另一种是以专利制度来保护植物新品种。对植物新品种是否属于专利法意义上的发明国际上尚有争议，但对于生产植物的方法各国都给予专利保护。对于植物新品种本身，大多数国家是以品种权形式给予保护的，如欧洲专利局、德国、中国等，少数国家除以品种权形式给予保护外，也采取专利权形式对某种类型的植物品种进行保护，如美国、日本、法国、韩国等。

（三）植物新品种保护制度的起源与发展

1930 年，美国修改专利法，确立了植物专利制度。20 世纪四五十年代，欧洲荷兰、德国等国家陆续制定了本国的植物新品种保护法。1961 年 12 月，欧美一些国家在法国巴黎签订了《国际植物新品种保护公约》，并在此基础上成立了"国际植物新品种保护联盟"。《国际植物新品种保护公约》旨在保护育种者权益，它通过协调各成员国之间在植物新品种保护方面的法律和政策，保障育种者的合法权益，是国际上开展优良品种的研究开发、技术转让、合作交流和新产品贸易的基本框架。

（四）我国植物新品种保护制度

1997 年 3 月，我国颁布了《植物新品种保护条例》（于 2014 年 7 月 29 日进行了修改）。1999 年 3 月 23 日，由科技部、农业部和国家林业局组成的政府代表团在日内瓦递交了我国申请加入《国际植物新品种保护公约》的加入书。1999 年 4 月 23 日，我国成为《国际植物新品种保护公约》第 39 个成员国。在我国，植物品种法律保护的途径主要有两条：一是通过申请植物新品种权直接保护所申请的植物品种；二是通过申请生产植物品种方法的发明专利权，间接保护由所申请的方法直接得到的植物品种。鉴于本书已在前文详述专利制度，本节仅涉及有关植物新品种保护的专门法律制度。

二、植物新品种权的对象

植物新品种权的保护对象就是植物新品种。构成植物新品种应该符合以下条件：

（一）品种属于国家植物品种保护名录中列举的植物的属或者种

《植物新品种保护条例》第 13 条规定，申请品种权的植物新品种应当属于国家植物品种保护名录中列举的植物的属或者种，植物品种保护名录由审批机关确定和公布。这就意味着不是任何植物新品种都能成为植物新品种权的保护对象，只有属于审批机关确定和公布的植物品种保护名录中的属或者种才能够成为植物新品种权的保护对象。

（二）新颖性

《植物新品种保护条例》第 14 条规定，授予品种权的植物新品种应当具备新颖性。新颖性是指申请品种权的植物新品种在申请日前该品种繁殖材料未被销售，或者经育种者许可，在中国境内销售该品种繁殖材料未超过 1 年；在中国境外销售藤本植物、林木、果树和观赏树木品种繁殖材料未超过 6 年，销售其他植物品种繁殖材料未超过 4 年。和专利法中的发明创造的技术新颖性不同，植物新品种保护条件中的新颖性是一种商业新颖性，即只要其销售没有超过法律法规规定的时间，就具备新颖性，不管该品种实际上已经被培育出或者发现了多长时间。

（三）特异性

《植物新品种保护条例》第 15 条规定，授予品种权的植物新品种应当具备特异性。特异性是指申请品种权的植物新品种应当明显区别于在递交申请以前已知的植物品种。

（四）一致性和稳定性

《植物新品种保护条例》第 16 条规定，授予品种权的植物新品种应当具备一致性。一致性，是指申请品种权的植物新品种经过繁殖，除可以预见的变异外，其相关的特征或者特性一致。第 17 条规定，授予品种权的植物新品种应当具备稳定性。稳定性，是指申请品种权的植物新品种经过反复繁殖后或者在特定繁殖周期结束时，其相关的特征或者特性保持不变。一致性和稳定性是植物新品种保护的特有的条件。和工业生产领域的专利法中的发明创造不同，植物新品种的生产和运用不是标准化的，且需要借助自然的力量生长。没有一致性和稳定性的条件，植物新品种的保护对象的边界就无法确定，从而也就不可能保护。

（五）适当的命名

《植物新品种保护条例》第 18 条规定，授予品种权的植物新品种应当具备适当的名称，并与相同或者相近的植物属或者种中已知品种的名称相区别。该名称经注册登记后即为该植物新品种的通用名称。仅以数字组成的、违反社会公德的和对植物新品种的特征、特性或者育种者的身份等容易引起误解的名称不得用于新品种的命名。

三、植物新品种权的取得与归属

（一）植物新品种权的取得

1. 植物新品种权的审批机关。《植物新品种保护条例》第 3 条规定，国务院农业、林业行政部门（以下统称审批机关）按照职责分工共同负责植物新品种权申请的受理和审查，并对符合本条例规定的植物新品种授予植物新品种权。第 32 条规定，审批机关设立植物新品种复审委员会。根据这些规定，农业部和林业局分别设置有植物新品种保护办公室和植物新品种复审委员会，分别负责植物新品种的审批和复审工作。

2. 取得程序。植物新品种权的取得和专利的取得程序类似，同样包括申请、受理、审查、批准等程序。当事人不服审批机关决定的，同样可以向复审委员会申请复审。当事人不服复审决定的，同样可以向人民法院起诉。鉴于植物新品种权取得程序和专利取得程序相似，本书不再详细讲解其具体程序。

（二）植物新品种权的归属

植物新品种权的归属和专利权的归属类似，其归属的一般原则是：植物新品种权由完成育种的单位或者个人享有。除此之外，执行本单位的任务或者主要是利用本单位的物质条件所完成的职务育种，植物新品种的申请权属于该单位；非职务育种，植物新品种的申请权属于育种的个人。申请被批准后，品种权属于申请人。委托育种或者合作育种，品种权的归属由当事人在合同中约定；没有合同约定的，品种权属于受委托完成或者共同完成育种的单位或者个人。一个植物新品种只能授予一项品种权。两个以上的申请人分别就同一个植物新品种申请品种权的，品种权授予最先申请的人；同时申请的，品种权授予最先完成该植物新品种育种的人。

四、植物新品种权的内容与限制

（一）植物新品种权的内容

完成育种的单位或者个人对其授权品种，享有排他的独占权。除法律另有规定外，任何单位或者个人未经品种权所有人许可，不得为商业目的生产或者销售该授权品种的繁殖材料，不得为商业目的将该授权品种的繁殖材料重复使用于生产另一品种的繁殖材料。

植物新品种的申请权和品种权可以依法转让。中国的单位或者个人就其在国内培育的植物新品种向外国人转让申请权或者品种权的，应当经审批机关批准。国有单位在国内转让申请权或者品种权的，应当按照国家有关规定报经有关行政主管部门批准。转让申请权或者品种权的，当事人应当订立书面合同，并向审批机关登记，由审批机关予以公告。

（二）植物新品种权的期限和终止

植物新品种权的保护期限，自授权之日起，藤本植物、林木、果树和观赏树木为20年，其他植物为15年。品种权人应当自被授予品种权的当年开始缴纳年费，并且按照审批机关的要求提供用于检测的该授权品种的繁殖材料。

有下列情形之一的，品种权在保护期限届满前终止：（1）品种权人以书面声明放弃品种权的；（2）品种权人未按照规定缴纳年费的；（3）品种权人未按照审批机关的要求提供检测所需的该授权品种的繁殖材料的；（4）经检测该授权品种不再符合被授予品种权时的特征和特性的。品种权的终止，由审批机关登记和公告。

（三）植物新品种权的限制

根据《植物新品种保护条例》的规定，植物新品种权受到的限制主要有以下两方面：

1. 合理使用。在下列情况下使用授权品种的，可以不经品种权人许可，不向其支付使用费，但是不得侵害品种权人依法享有的其他权利：（1）利用授权品种进行育种及其他科研活动；（2）农民自繁自用授权品种的繁殖材料。

2. 强制许可。为了国家利益或者公共利益，审批机关可以作出实施植物新品种强制许可的决定，并予以登记和公告。取得实施强制许可的单位或者个人应当付给品种权人合理的使用费，其数额由双方商定；双方不能达成协议的，由审批机关裁决。品种权人对强制许可决定或者强制许可使用费的裁决不服的，可以自收到通知之日起 3 个月内向人民法院提起诉讼。

五、侵害植物新品种权的法律责任

根据《植物新品种保护条例》的规定，侵犯植物新品种权的，行为人应当根据具体情况承担民事责任、刑事责任和行政后果，具体的救济程序也包括行政机关的调处、向人民法院起诉等。具体分以下两种情况：

（一）非法生产或者销售授权品种的繁殖材料的行为

未经品种权人许可，以商业目的生产或者销售授权品种的繁殖材料的，品种权人或者利害关系人可以请求省级以上人民政府农业、林业行政部门依据各自的职权进行处理，也可以直接向人民法院提起诉讼。省级以上人民政府农业、林业行政部门依据各自的职权，根据当事人自愿的原则，对侵权所造成的损害赔偿可以进行调解。调解达成协议的，当事人应当履行；调解未达成协议的，品种权人或者利害关系人可以依照民事诉讼程序向人民法院提起诉讼。省级以上人民政府农业、林业行政部门依据各自的职权处理品种权侵权案件时，为维护社会公共利益，可以责令侵权人停止侵权行为，没收违法所得和植物品种繁殖材料；货值金额 5 万元以上的，可处货值金额 1 倍以上 5 倍以下的罚款；没有货值金额或者货值金额 5 万元以下的，根据情节轻重，可处 25 万元以下的罚款。

（二）假冒授权品种的行为

根据《植物新品种保护条例》，假冒授权品种的，由县级以上人民政府农业、林业行政部门依据各自的职权责令停止假冒行为，没收违法所得和植物品种繁

殖材料，并处违法所得 1 倍以上 5 倍以下的罚款；没有货值金额或者货值金额 5 万元以下的，根据情节轻重，处 25 万元以下的罚款；情节严重，构成犯罪的，依法追究刑事责任。值得注意的是，刑法采用罪刑法定原则，而《刑法》并未设置植物新品种方面的罪名，因此我国事实上并不会追究植物新品种方面的刑事责任。

第二节　集成电路布图设计权

一、集成电路布图设计保护概述

信息技术已经渗透到日常生活的细节中，而且无不以计算机技术为基础。计算机技术可分为软件和硬件技术。其中硬件的核心即为集成电路。几十年来，为研发集成电路产品有关国家投入了大量人力、物力。与此同时，也有一些厂商以各种方式获取他人的技术。到 20 世纪 70 年代至 90 年代，保护集成电路知识产权逐渐成为全球产业界的共识。我国对集成电路知识产权的保护一直采取积极态度，早在 20 世纪 80 年代中期就积极参与起草世界知识产权组织《关于集成电路的知识产权条约》，并促成该条约草案于 1989 年 5 月在华盛顿通过。为了配合加入世界贸易组织的谈判，我国政府在 2001 年年初颁布了《集成电路布图设计保护条例》，进而建立了中国的集成电路布图设计权保护制度。

集成电路是一种产品。原则上新产品可申请专利。但由于集成电路产品技术的进步往往以集成度，即集成规模的大小为指标，致使很多最先进的集成电路产品无法达到专利法所要求的创造性条件，因为创造性条件并不简单地考虑规模大小，而是专注于发明创造的实质性特点。这种不协调，导致集成电路产品在 20 世纪 70 年代无法在原有的知识产权法律体系中寻求到适当的保护途径。

1979 年，美国国会首次提出了以著作权法保护集成电路的议案，即通过著作权法保护集成电路布图设计进而保护集成电路产品本身。然而，著作权法中禁止为商业目的复制他人作品的规定，致使实施反向工程的行为成为非法，因为反向工程实施中必定会复制集成电路布图设计。这一议案因此而被否决，但这一议案中关于通过保护布图设计来保护集成电路产品的思路为后来美国 1984 年颁布《半导体芯片保护法》所采纳。世界各国后续颁布的有关集成电路知识产权的立法无不承袭了这一模式。

从 20 世纪 80 年代中期到 90 年代中期约 10 年时间里，据不完全统计，欧洲及东亚就已经有约 20 个国家和地区以及国际组织颁布了保护集成电路的专门立法。在世界贸易组织的 TRIPs 协定生效之后，所有成员均需遵守 TRIPs 协定关于布图设计的相关规定。

二、集成电路布图设计权的对象

集成电路的布图设计是指一种在半导体材料（如硅、砷化镓等）中的体现各种电子元件（包括有源元件和无源元件）的电路连接三维配置的图形。集成电路的设计过程通常分为版图设计和工艺设计。所谓版图设计，是将电子线路中的各个元器件及其相互连线转化为按一定方向排列的多层平面图形的过程。将所述各层图形按一定的顺序沿图形的垂直方向逐次排列，即构成一种三维图形配置，这种三维图形配置就是布图设计。工艺设计即为将前述三维图形配置"固化"到半导体材料中所采用的工艺方法的安排。制造集成电路的过程就是采取特定的工艺方法将各层图形结构"固化"在半导体材料中的过程。每一种特定的集成电路一定有其特定的布图设计；反之，每一套布图设计一定对应特定的集成电路产品。二者往往一一对应，这就是为什么可以通过保护特定布图设计进而实现对特定集成电路产品的保护。

布图设计是为制造集成电路产品而设计的一种中间品。它以图形的方式存在，但只有将这一系列图形固化在特定的半导体材料（比如硅）中，才可能产生特定的电子功能。从这种意义上看，布图设计图形与作品不同。作品不会因为其载体的变化而改变作品的功能。比如，一部小说无论是以纸质出版成书，还是上载于网络上，都是文字作品，其功能都是供人阅读。而布图设计虽然形态上是一种图形，但其电子功能的实现有赖于特定的载体。不仅如此，每个图形的形状往往还与特定电子功能相关。

目前，各国的立法对布图设计的称谓各不相同。美国法称之为"掩模作品"（Mask Work），日本则称之为"线路布局"（Circuit Layout），而欧盟及其大部分成员国的立法称布图设计为"形貌结构"（Topography，也译作拓扑图）。世界知识产权组织《关于集成电路的知识产权条约》将其定名为布图设计。"掩模作品"一词取意于早期工艺中的掩模版。今天"掩模作品"的称谓已有过时落后之嫌。而"线路布局"一词又难免与印刷线路板的布线设计相混淆。至于"形貌结构"一词，原为地理学术语，意指地貌、地形，集成电路界的使用显然属于借用。相比之下，"布图设计"一词不仅避免了其他名词的缺陷，同时也早已在产业界及有关学术界广泛使用。我国 20 世纪 80 年代出版的《中国大百科全书》

中就有"布图设计"的专门词条①。

与其他知识产权对象比较，布图设计具有如下属性：第一，布图设计作为一组图形，具备与作品相同的可复制性。布图设计在外在形态上表现为一组平面图形沿其垂直方向的组合。图形的复制方式与著作权法中的复制完全相同，即不涉及产品的实用功能，而是非实用意义的符号形态上的复制。

第二，布图设计的图形受电路功能的局限具有非任意性。布图设计虽然以图形的方式存在，但是布图设计图形的形状及其大小等均受集成电路参数要求的限制。比如，为减小高频分布参数的影响，就必须缩小图形尺寸；为提高 p-n 结的击穿电压往往采用圆形图案等。可见，完成布图设计不可能像创作作品，任由作者随意挥洒。所以布图设计的表达不是随意的。不考虑电路功能、自由挥洒出来的图形，不可能成为真正的布图设计，称其为一种"抽象作品"或许更为恰当。布图设计形状受集成电路产品功能的限制，与工业产权保护对象相似。

第三，布图设计具有工业实用性。实用性在专利法中是指某一产品或方法能够制造或者使用并能产生积极的效果。布图设计作为集成电路设计制造过程中的中间品，专门用于集成电路的制造，当然满足实用性的要求。这种实用性具体表现在直接和间接两个方面。在直接方面，布图设计在集成电路生产过程中是不可或缺的。集成电路产品中包含了布图设计。至于间接方面，布图设计本身就与一定的电子功能相联系。事实上，布图设计就是各种电子器件和连线在芯片中形状的反映。

基于上述分析可知，布图设计兼具著作权保护对象和工业产权保护对象的属性。既具备作品的外在特征，即以图形为其构成，又具备实用功能，即该图形就是电子器件在半导体材料中的形态。通俗地说，这是一种披着作品外衣的工业产权保护对象。布图设计的这种特质直接影响了其保护制度的构成。

三、集成电路布图设计权的取得与归属

关于布图设计权取得的实质条件，各国法律规定完全相同。它既不同于专利法所规定的新颖性、创造性和实用性条件，也没有全盘照搬著作权法中的独创性要求，而是取折中方案，即在著作权法独创性原则的基础上，辅之以一定的创造性要求。具体地讲，受法律保护的布图设计不仅必须是设计人独立创作；同时这

---

① 参见《中国大百科全书·电子学与计算机》第一卷，中国大百科全书出版社 2009 年版，第 55 页。

种布图设计在集成电路行业中还应是非普通或者非常规的设计。当然，这种非普通或非常规明显低于专利法的创造性条件，但显然高于著作权法中的独创性。美国的《半导体芯片保护法》第 902 条明确规定，对于"在半导体工业中司空见惯、普通的或熟知的设计，或者从整体组合上无独创性的布图设计"不给予保护。

关于布图设计权取得的形式条件，包括我国在内的一些国家规定了登记要件，即未经登记的布图设计不享有布图设计权。已颁布的各国法律中大多有此要求。在登记时还要求当事人交存集成电路芯片样品或布图设计图本身，以便日后用作解决纠纷的证据。同时，我国还规定布图设计自其首次商业利用之日起 2 年内未办理登记的，不再予以登记。

关于布图设计的权利归属，原则上属于布图设计创作者。但在我国，如果布图设计是由法人或者其他组织主持，依据法人或者其他组织的意志而创作，并由法人或者其他组织承担责任的布图设计，该法人或者其他组织是创作者。这一规定显然参考了现行著作权法。对于合作完成的布图设计，原则上其权利的归属由合作者共有。但当事人间可就合作完成的布图设计权利归属通过合同进行约定。如果未在合同中约定或者约定不明的，其专有权由合作者共同享有。此外，接受他人委托创作的布图设计，其权利归属由委托人和受托人双方约定；若未作约定或者约定不明的，则由受托人享有。这一规定承袭了专利法关于委托发明和合同法中关于委托开发合同的做法。

四、集成电路布图设计权的内容和属性

（一）布图设计权的内容

在总体上，布图设计权可以划分为复制权和商业实施权两大部分。

1. 复制权是指权利人禁止他人复制其布图设计之一部或全部的权利。由此可以推知，未经许可而复制受保护的布图设计，无论是复制了局部或者全部，均属侵权行为。这里的复制权与著作权法中的复制权在效力上存在差别。在集成电路产业界，各厂商为了解他人技术发展水平，以便开发出更新的产品，无不采用反向剖析的方法，分析他人产品功能、逻辑、结构等。这种通过产品解剖了解其原理和设计的方法被称为反向工程方法。实施反向工程的行为或过程必然涉及复制被解剖的集成电路的布图设计。长期以来，这种做法已成为产业界的惯例，并且这一方法对集成电路产业的发展起到了重要的促进作用。如果简单地禁止反向工程，必将抑制集成电路技术的发展。所以，这里的复制权不能完全比照著作权中的复制权进行规定，需要对其加以适当限制。因此国际条约和有关国家的国内法

均规定，单纯为分析、研究或者教学目的而复制他人受保护的布图设计不视为侵权。不仅如此，为了鼓励技术改进，对根据反向工程分析、研究结果再设计出具有独创性的布图设计也不视为侵权。理论上讲，布图设计权作为一种对世权应当有一个渠道公开其保护的对象。在制度设计上，布图设计权保护公开渠道远不如专利法通畅。反向工程的例外在一定程度上起到了专利法公开程序的作用。

2. 商业实施权是指布图设计权人可以自己或者授权他人将其受保护的布图设计投入商业实施，也就是说，布图设计权人有权禁止他人未经其许可将其受保护的布图设计投入商业实施。商业实施的最为重要的情形就是将布图设计用作制造集成电路产品。很显然，这是实现布图设计价值最主要的方式。但是，现实中也还存在着另外一种实现布图设计价值的情形，即布图设计的占有人直接将布图设计转让他人。在这种转让行为中，布图设计的占有人是可以获利的。在法理上，这种行为也属于前述商业实施行为。应当说，他人受让布图设计的最终目的是将相关布图设计用于制造集成电路产品。

布图设计的最终价值实现方式是将其用于集成电路产品的制造。由此推知，只需规定商业实施权就可以控制整个布图设计的利益实现链条了。为什么各国法还单独设置一项布图设计的复制权？20 世纪 70 年代后，集成电路产业已逐渐分化成为三大组成部分，即设计行业、芯片制造行业和后道封装行业。设计逐渐独立出来成为专门的一个行当。这种分化是集成电路产业走向成熟的表现，它有利于集成电路技术的进步和发展。在这里，设计公司自己并不流片制造集成电路产品。因此，在法律上应当对这种分工精细化予以肯定。为了充分地保护设计人的权益，有必要专门规定布图设计的复制权。

（二）布图设计权的性质

概括各国布图设计权的规定，布图设计权具有如下属性：

1. 布图设计权具备知识产权的共同属性。这主要表现在以下方面：第一，这种权利并不以占有作为其正当性的基础，而是以法律手段拟制的一种专有关系。第二，这种权利在一定程度上受到限制，即法律在赋予权利的同时，又在其授权规范所确定的范围内划出一些公共区域，以维护社会公众的权益。第三，这种权利的对象是一种智力成果。此外，布图设计权还具备知识产权所具有的其他共同属性。

2. 布图设计权相对于著作权和工业产权还具有其独特的个性：第一，布图设计权中的复制权比著作权中的复制权受到更多的限制。这在前面关于复制权的内容中已经提到。第二，与其他工业产权相比，取得布图设计权的实质性条件有所不同。专利法中"创造性"条件要求申请专利的技术方案具备"实质性特点",而大多数集成电路达不到这一要求。因此集成电路保护法在创造性方面的要求没有专利法要求那么严。在各国相关法律中均使用了原创性或独创性这一术语以示与专利法中的创造性不同,同时也明确规定其独创性与著作权法中的独创性不同,即不能像著作权法那样不考虑设计在行业中的客观水平或先进性。

(三)布图设计权的效力

布图设计权的效力仅仅及于布图设计本身,或者集成电路产品,还是可以更进一步延伸到用集成电路产品组装出的二次产品(如仪器、设备等整机)?国际上对此曾有争论。这主要有两种观点,即无限延伸论和有限延伸论。在 1989 年世界知识产权组织的《关于集成电路的知识产权条约》中,其前后条款分别采用两种说法,故而存在一定矛盾。但在 1994 年 TRIPs 协定中明确采用了无限延伸论。

集成电路保护法所保护的直接对象是布图设计。因为布图设计兼有作品的特征,因此在保护方式中参考了一些著作权法诸如独创性原则等,这使布图设计作为一种技术方案,比其他技术获得专利的保护要容易得多。因此在理论上,布图设计权的效力或专有性程度就应当比专利权低。这是一种利益的平衡。相应地,与著作权法相比,布图设计受保护的条件高于著作权法对作品的要求。因此,布图设计权的专有性效力就高于著作权,这也是一种利益平衡。从这种意义来看,对布图设计权的效力把握应当适度,否则可能影响产业发展。

在外国人待遇问题上,绝大多数已经颁布集成电路保护法的国家均采取国民待遇原则。至于集成电路布图设计权的保护期一般不低于 8 年。这是世界知识产权组织《关于集成电路的知识产权条约》的最低要求。目前包括我国在内的各国立法多规定为 10 年,因为 TRIPs 协定中关于集成电路布图设计的保护期规定的最低要求为 10 年。

五、侵害布图设计权的法律责任

在各国相关法律中,侵犯布图设计权应当承担相应的民事责任。我国的《集成电路布图设计保护条例》明确规定了两类侵权行为:(1)复制受保护的布图设计的全部或者其中任何具有独创性的部分的行为;(2)为商业目的进口、销售或者以其他方式提供受保护的布图设计、含有该布图设计的集成电路或者含有该集成电路的物品的行为。可以看出,未经权利人许可,无论是将受保护的布图设计,或者包含受保护布图设计的集成电路产品,还是将组装有该集成电路产品的设备投入商业利用,均属于侵权行为。依照法律法规,权利人都可以向人民法院提起诉讼，要求侵权人承担相应的民事法律责任，具体包括停止侵害和赔偿损失。

在我国，布图设计权利人还可以请求国务院知识产权行政部门对侵犯布图设计权的案件予以处理。如果认定侵权行为成立的，国务院知识产权行政部门可以责令侵权人停止侵权，没收、销毁侵权产品或者物品。当事人不服的，可以依照《行政诉讼法》向人民法院起诉；侵权人期满不起诉又不停止侵权行为的，国务院知识产权行政部门可以请求人民法院强制执行。在这里，国务院知识产权行政部门不能就损害赔偿作出裁决，只能根据当事人的请求，就赔偿数额进行调解。

总而言之，布图设计权是知识产权中的新成员。它的诞生是技术进步和社会发展的必然。尽管我国现阶段集成电路技术的总体水平尚低于发达国家，但这类案件数量却高于发达国家。布图设计与计算机程序一样，促使知识产权的传统分类相互渗透、融合。这一发展趋势将打破传统的著作权和工业产权的二分法体系。这是对传统知识产权法律体系的挑战，需要我们认真对待。

思考题：

1. 简述植物新品种权的特点。
2. 简述布图设计权的内容与性质。
3. 简述植物品种权的产生方式。
4. 比较布图设计权与著作权的异同。

第三编 | 商标权与其他商业标记权

第十五章　商标权的对象

商标权的对象是商标。商标是经营者为了使自己的商品或服务与他人的商品或服务相区别而使用的识别标记。商标是市场的产物，不同于专利权和著作权的对象。商标的功能是为了区别，因此商标注册需要具备显著性、合法性、非功能性以及不与他人在先权利相冲突等条件。本章首先介绍商标的概念和种类，然后讨论商标的注册条件。

第一节　商标概述

当今社会，商标无处不在。很难想象，离开商标，我们将如何在这个商品的汪洋大海中生活。对于经营者来说，商标则是其宣传自己的商品和服务，吸引消费者的"商战利器"，企业信誉的最重要载体。商标在市场经济中的重要性决定了法律必须对其进行规范。

一、商标的概念

（一）商标的定义

商标俗称牌子，是经营者①为了使自己的商品或服务与他人的商品或服务相区别而使用的识别标记。商标由以下三项要素构成：其一，使用商标的主体，即经营者；其二，商标标志，如文字、图形、声音等；其三，使用商标标识的商品或服务。三者结合在一起，构成一个商标。离开了使用主体和使用对象的标识不能称其为商标。

商标由上述三项要素组成，体现在商标注册和保护的各个环节中，如申请商标注册，要提交商标图样（标志），指明申请使用的商品或服务类别，以及申请人主体资格证明文件。审查申请注册的商标是否与他人在先注册的商标相同或者近似，首先要判定两个商标指定使用的商品或服务是否相同或者类似，如果相同或者近似，再判定两个商标标识是否相同或者近似。判断某人使用的商标是否构成

① 此处经营者指从事商业活动的人，包括我国《商标法》第 8 条所规定的自然人、法人和其他组织。

侵权，也要从标识所使用的商品或服务是否相同或类似，被控侵权的商标标识与权利人的商标标识是否相同或近似两个方面进行分析认定。

（二）商标与其他商业标志的区别

使用于商品和服务上的商业标志，除商标外，还有企业名称、商号、包装、装潢等。这些标志也有一定的识别作用，但与商标区别明显。

1. 企业名称表彰的是企业，一个企业只能有一个名称，可以使用于其所有的商品和服务；商标表彰的是商品和服务，一个企业可以有多个商标，分别使用于不同的商品和服务上。商号是企业名称中最具有显著性和识别性的部分，是企业信誉的重要载体，其与商标的关系和企业名称与商标的关系相同。

2. 商品的包装、装潢是反不正当竞争法使用的概念。包装属于装潢的一种，不应与装潢并列。装潢是使用于商品外表或其包装上，用于美化商品，吸引消费者购买的平面或立体造型。新颖独特的装潢也会产生识别商品来源的作用，因此，模仿他人装潢的行为也就屡见不鲜。符合条件的装潢可受著作权保护或申请外观设计专利。装潢与商标的主要区别在于，注册商标不能直接宣传商品或服务的内容、质量、主要原材料等特点，而装潢没有这样的禁忌。仿冒有一定影响的装潢构成不正当竞争行为，应承担相应的法律责任。

二、商标的功能

（一）基本功能

商标最主要、最基本的功能是来源识别功能。经营者将商标使用于自己的商品或服务上，使消费者通过商标认识、记住自己的商品或服务，了解自己商品或服务的质量、品质特点，建立自己的信誉。消费者则通过商标选购自己心仪的商品或服务。在贸易全球化的当今世界，离开商标，人们几乎无法选购商品，商标的来源识别功能越来越重要。来源识别功能是商标的基本功能，商标的其他功能都是在来源识别功能的基础上派生出来的。

商标的识别功能决定了申请注册的商标必须具备显著性，缺乏显著性的商标不能注册；决定了损害商标的显著性是侵害商标权行为的本质特征和判定标准。

（二）派生功能

经营者将商标使用于商品或服务上进行交易，通过交易使消费者认识、记住自己的商标和使用该商标的商品或服务的品质特点。这是最直接的广告宣传，即商标的派生功能之一。由于商标具有显著性特征，容易呼叫和记忆，商家在宣传推介自己的商品或服务时，也都突出宣传自己的商标。正是由于商标具有的广告宣传功能，商标被誉为"无声的推销员"。

商标的来源识别功能促使商标使用人努力保持、提高商品和服务的质量，因此，商标就具有了另一派生功能，即质量担保功能。商标的质量担保功能是市场竞争和商标识别功能相结合所产生的作用，而不是指商标管理部门通过商标管理监督商品和服务质量。

正是由于商标的商品或服务来源识别功能和质量担保功能，使商标成为保护商标所有人利益、消费者利益和维护市场经济秩序的积极因素，成为法律的保护对象。

三、商标的种类

研究商标的分类，可以帮助我们深入认识商标的特点、用途，有利于对各项具体商标制度的学习。根据不同的标准，可以将商标分为不同的种类。

（一）商品商标和服务商标

商品商标是使用于商品上，用于识别经营者提供的商品的商标。使用于商品上，是指将商标贴附在商品上或者商品的包装、容器、交易文书、标签等之上。将商标用于广告宣传、商品展销以及其他商业活动中，也属于商标使用。

服务商标是经营者为将自己提供的服务与他人的服务相区别而使用的商标。服务商标的使用方式包括：（1）直接使用于服务，如使用于服务介绍手册、服务场所的招牌、店堂装饰、工作人员服饰、招贴、与服务相关的配套用具以及与服务有联系的文件资料上。（2）将商标使用在广告中。随着经济技术的发展，第三产业如餐饮住宿、教育培训、金融保险、交通运输、信息传输、房地产经营、各种咨询服务、家政服务等迅速发展，服务商标的使用将会越来越广泛，在经济生活中的作用也越来越重要。

（二）集体商标、证明商标和普通商标

集体商标是指以团体、协会或其他组织的名义注册，供本组织成员在商事活动中使用，用以表明使用者在该组织中的成员资格的商标。凡该集体组织的成员皆可申请使用该集体商标，商标注册人不得拒绝，但使用人必须保证其产品或服务符合规定的质量。集体商标的意义在于向消费者表明使用该商标的企业生产的商品、提供的服务具有相同的质量和规格，如"镇江香醋"。集体商标有利于农民联合起来闯市场。日本为了发展农村经济，近年亦大力发展集体商标。

证明商标是指用以证明使用该商标的商品或服务的原产地、原材料、制作方法、质量或其他特定品质的商标。例如国际羊毛局的纯羊毛证明商标，我国的"安溪铁观音""库尔勒香梨"等。证明商标只能由具备对使用证明商标的商品或服务的质量具有监督能力的组织注册。证明商标注册人自己不能使用该证明商标，其他产品或服务符合证明商标要求条件的经营者都可以申请使用。证明商标的意义在于向消费者表明其产品符合规定的条件或标准。

我国商标法规定，地理标志可以作为集体商标或者证明商标申请注册。

相对于集体商标和证明商标，由法人、自然人和其他组织申请注册供自己使用的商标是普通商标。普通商标与证明商标、集体商标的主要区别在于，普通商标可以自由转让和许可他人使用，集体商标和证明商标的转让有主体资格的限制。

（三）联合商标和防御商标

联合商标是指同一民事主体在同一种或类似商品上注册的一组近似商标，在这些近似商标中，首先或者主要使用的商标为主商标，其他商标为联合商标。例如杭州娃哈哈集团拥有"娃哈哈"驰名商标，为防止他人仿冒，又注册了"哇哈哈""哈娃哈""娃娃哈""Wahaha"等商标。这些商标中，"娃哈哈"是主商标，其他商标是联合商标。注册联合商标不是为了使用，而是为了防止他人仿冒。因此，从理论上说，允许注册联合商标，应豁免对联合商标的使用要求，即只要主商标符合使用要求，就不能以连续3年不使用为由撤销联合商标。

防御商标是指同一民事主体在不同类别的若干商品上注册的相同的商标。原先注册的商标是主商标，其他商标是防御商标。例如海尔集团不仅在洗衣机、冰箱等家电产品上注册了"海尔"商标，还在其他类别的商品上也注册了"海尔"商标。家电以外的其他商品上的"海尔"商标就是防御商标。注册防御商标不是为了使用，而是为了防止他人抢注。从理论上说，允许注册防御商标，应豁免对防御商标的使用要求，即只要主商标符合使用要求，就不能以连续3年不使用撤销防御商标。一般来说，只有知名度高的商标才可以注册防御商标保护其主商标，普通商标不应允许注册防御商标。

主商标转让时，联合商标和防御商标应一并转让，以免造成消费者混淆。我国商标法规定，转让注册商标的，商标注册人对其在同一种商品上注册的近似的商标，或者在类似商品上注册的相同或者近似的商标，应当一并转让。未一并转让的，由商标局通知其限期改正；期满未改正的，视为放弃转让该注册商标的申请。通过转让以外的其他方式移转商标权的，应遵守同一原则。

有观点认为，在承认驰名商标跨类保护的情况下，没有注册联合商标和防御商标的必要，法律也没有承认联合商标和防御商标的必要。但是，驰名商标跨类保护首先要认定寻求保护的商标是驰名商标，其次要根据该驰名商标的驰名程度确定跨类保护的范围，这都具有很大的不确定性。相对而言，承认联合商标和防御商标制度，让权利人自己根据需要通过申请注册联合商标和防御商标，具有保护范围清楚明确的优点。由于注册联合商标和防御商标不是为了使用，因此应对其豁免 3 年不使用撤销的要求。

（四）视觉商标和非视觉商标

视觉商标是指商标标识是由可视性标识，如文字、图形、颜色、三维标志等组成的商标。又可分为平面商标、立体商标和动态商标。

非视觉商标主要有声音商标、味觉商标和触觉商标。我国 2013 年修改《商标法》时增加声音作为商标构成要素，同时删除了对商标标识"可视性"的要求。但是，我国目前尚未准许味觉商标、触觉商标和动态商标注册。

（五）注册商标和未注册商标

注册商标是依法经核准注册的商标。注册商标享有专用权，受法律保护。《商标法》第 56 条规定，注册商标的专用权，以核准注册的商标和核定使用的商品为限。注册人要在超出注册核定的商品或服务上取得商标权，需要另行申请注册。

未注册商标是经营者在经营活动中使用的未经商标局核准注册的商标。未注册商标不享有商标专用权，但是可以使用，并可基于使用所产生的影响和信誉，受商标法和反不正当竞争法提供的相应保护，如提出异议、阻止他人抢注的权利，提出宣告他人商标注册无效申请的权利，在商标被他人注册以后，在原有范围内继续使用其商标的权利（先用权），制止他人假冒的权利等。未注册商标不享有商标权，不能对他人提起侵权之诉，除未注册驰名商标外。商标被他人抢先注册满 5 年后，未注册商标使用人不能再申请宣告注册无效，未注册商标驰名且抢注人属于恶意注册的除外。

第二节　商标注册条件

注册商标享有商标专用权，受法律保护。商标要获得注册必须符合法律规定的条件。我国商标法不仅从正面对商标构成要素和注册条件、申请商标注册应遵循的原则作了原则性、概括性规定，而且从反面对不能作为商标使用的标志、不能作为商标注册的标志作了具体的列举规定。商标注册应当具备合法性、显著性、非功能性及不与他人在先权利和权益相冲突四个要件。

一、合法性

合法性包括两方面的要求。一是指商标标识的构成要素应当符合法律的规定。

《商标法》第 8 条规定："任何能够将自然人、法人或者其他组织的商品与他人的商品区别开的标志，包括文字、图形、字母、数字、三维标志、颜色组合和声音等，以及上述要素的组合，均可以作为商标申请注册。"申请注册的商标标识如果不符合该条规定，则不予受理。

商标标识的构成要素是各国商标法都要规定的事项，而且构成要素的范围与一个国家经济、科技的发展水平有关。我国 1982 年和 1993 年《商标法》规定的商标标识构成要素是"文字、图形或者其组合"。2001 年《商标法》规定，可视性标志，"包括文字、图形、字母、数字、三维标志和颜色组合，以及上述要素的组合"可以作为商标申请注册。2013 年《商标法》增加了"声音"作为商标构成要素，相应地取消了对商标构成要素"可视性"的要求。可见，我国商标构成要素的范围是逐步扩大的，这与我国市场经济的发展历程是相适应的。但是，我国目前仍然没有承认气味、动态标志、触摸标志可以作为商标注册。

合法性的另一个要求是，作为商标使用的标志不得是法律规定不得作为商标的标志。例如《商标法》第 10 条规定，下列标志不得作为商标使用：（1）同中华人民共和国的国家名称、国旗、国徽、国歌、军旗、军徽、军歌、勋章等相同或者近似的，以及同中央国家机关的名称、标志、所在地特定地点的名称或者标志性建筑物的名称、图形相同的；（2）同外国的国家名称、国旗、国徽、军旗等相同或者近似的，但经该国政府同意的除外；（3）同政府间国际组织的名称、旗帜、徽记等相同或者近似的，但经该组织同意或者不易误导公众的除外；（4）与表明实施控制、予以保证的官方标志、检验印记相同或者近似的，但经授权的除外；（5）同"红十字""红新月"的名称、标志相同或者近似的；（6）带有民族歧视性的；（7）带有欺骗性，容易使公众对商品的质量等特点或者产地产生误认的；（8）有害于社会主义道德风尚或者有其他不良影响的。县级以上行政区划的地名或者公众知晓的外国地名，不得作为商标。但是，地名具有其他含义或者作为集体商标、证明商标组成部分的除外；已经注册的使用地名的商标继续有效。

该条规定的不得作为商标使用的标志可分为以下几种类型：一类是出于尊重而不能作为商标使用的标志，如同我国国家名称、国旗、国徽、国歌、军旗、军徽、军歌、勋章，外国的国家名称、国旗、国徽，政府间国际组织的名称、旗帜、徽记，红十字、红新月等标志相同或近似的标志；一类是不能由个别民事主体独占的标志，如表明实施控制、予以保证的官方标志、检验印记等，县级以上行政区划的名称；一类是违反社会主义道德风尚或者有其他不良影响的。以上标志不仅不能作为商标使用，当然更不能注册。

二、显著性

商标的显著性是指商标标识具有显著特征，能够将使用人的商品或服务与他人的商品或服务区别开来。《商标法》第9条规定："申请注册的商标，应当有显著特征，便于识别，并不得与他人在先取得的合法权利相冲突。"这是法律对商标显著性的明确要求。

显著性要求是由商标的基本功能决定的。如前所述，商标的基本功能是识别商品或服务的来源，不能识别商品或服务的来源的标志不能作商标。例如《商标法》第11条规定："仅有本商品的通用名称、图形、型号的；仅直接表示商品的质量、主要原料、功能、用途、重量、数量及其他特点的"的标志，不能作为商标注册。由此可见，显著性要求将标识和使用标识的商品或服务结合起来进行判断。

商标显著性分为固有显著性和获得显著性。固有显著性是指一个标志使用在特定的商品或服务上，具有识别来源的作用。获得显著性是指一个标志使用于特定的商品或服务上本来不能起到识别来源的作用，不具有显著性，但经过使用，产生了识别作用，获得了显著性。获得显著性通常是指缺乏显著性的描述性标志通过使用获得的显著性。《商标法》第11条第2款规定："前款所列标志经过使用取得显著特征，并便于识别的，可以作为商标注册。"如"冷酸灵""两面针"本来属于描述所标识商品牙膏的质量特点和原材料的，缺乏显著性的标志，但是，由于长期的使用和广泛宣传，消费者已经将其视为特定牙膏的商标，取得了显著性，因此被核准注册。

三、非功能性

非功能性要求是指具有功能性的标志不能注册为商标。商标法保护的是商标的识别功能，通过对商标识别功能的保护，达到保护商标使用人利益，维护市场竞争秩序，保护消费者利益的目的。基于商标的功能和商标保护的目的，商标法对商标保护的期限可以通过续展注册无限延长。因此，要防止通过商标注册保护商品的功能性，从而达到保护商品的目的。商品的功能应当申请专利保护，而专利保护是有期限的。美国、欧盟等都明确规定禁止功能性标志注册为商标。

我国商标法明确禁止功能性三维标志注册为商标。《商标法》第12条规定，仅由商品自身的性质产生的形状、为获得技术效果而需有的商品形状或者使商品具有实质性价值的形状，不得注册。

除立体形状外，颜色等要素也可能具有功能性。美国商标审查实践中还出现过禁止具有美学功能性标志注册的判例。功能性标志不能注册为商标是原则，但该原则的适用范围还需要司法实践的探索和立法表态。

四、不与他人在先权利和权益相冲突

商标权是具有排他效力的绝对权，当发生冲突时，保护在先权利是原则。当申请注册的商标与他人在先权利相冲突，或者与他人在先的其他标识利益相冲突时，该商标不能注册。《商标法》第 9 条规定："申请注册的商标，应当有显著特征，便于识别，并不得与他人在先取得的合法权利相冲突。"第 32 条规定："申请商标注册不得损害他人现有的在先权利，也不得以不正当手段抢先注册他人已经使用并有一定影响的商标。"

在先权利包括《商标法》规定的在先权利和《民法通则》、其他法律规定的在先权利，如他人的姓名权、肖像权、著作权、外观设计专利权、商号权等。侵害他人在先权利的商标不但不能注册，如果擅自使用，还要承担侵权责任。《商标法》第 30 条规定："申请注册的商标，凡不符合本法有关规定或者同他人在同一种商品或者类似商品上已经注册的或者初步审定的商标相同或者近似的，由商标局驳回申请，不予公告。"已经初步审定公告的，在先权利人和其他标识利益所有人及其利害关系人可以在规定期限内提出异议，已经注册的，可以在注册之日起 5 年内申请宣告注册无效。

与他人在先的其他标识利益冲突的情况，商标法明确规定了以下几种：

1. 申请注册的商标与他人在相同或类似商品或服务上在先使用并有一定影响的标识相同或者近似的；

2. 在不相同也不类似商品或服务上申请注册的商标标识与他人已经在中国注册的驰名商标标识相同或者近似，误导公众，可能使该驰名商标所有人的利益受到损害的；

3. 在相同或者类似商品或服务上申请注册的商标标识与他人未在中国注册的驰名商标标识相同或者近似的；

4. 代理人、代表人未经授权以自己的名义将被代理人、被代表人的商标申请注册的；

5. 代理人、代表人以外的人因为合同、业务往来或者其他关系，明知他人商

标存在，以自己的名义在相同或者类似商品或服务上申请注册的。

思考题：

1. 简述商标的概念。

2. 简述商标注册的积极条件和消极条件及其理由。

3. 如何判断商标的显著性？

4. 为什么具有功能性的三维标志不能注册为商标？

5. 某著名酒厂因其产品历史悠久且品质出众，在消费者中拥有极高的声誉。为进一步扩大其市场份额，该厂向商标局申请注册"国酒"商标。问该注册申请能否得到核准？

第十六章　商标权的取得和消灭

我国商标法采商标权注册取得原则。经营者要想取得商标权，需按规定提出注册申请，由商标局进行审查后公告。为保证注册审查的质量，商标法提供了异议、无效、复审和司法审查等一系列救济程序。商标权可能因期限届满而消灭，还可能因其他事由被宣告无效或者撤销。本章第一节将介绍商标权取得的基本原则，第二节将介绍商标注册的程序，第三节将介绍商标权的消灭。

第一节　商标权取得的基本原则

商标权，我国商标法称之为注册商标专用权，是商标所有人依法享有的在商业活动中自己专有使用的商标，并禁止他人侵害的权利。目前，世界上有三种取得商标权的制度：使用取得商标权，注册取得商标权，注册和使用都可以取得商标权。相应地，学理上概括为三项商标权取得原则，即使用取得原则、注册取得原则和混合原则。

一、使用取得商标权的原则

使用取得商标权的原则是指商标在商业活动中的真实使用是取得商标权的根据，注册仅是享有商标权的初步证据。

商标的基本功能是识别商品或服务的来源，而只有通过在商业活动中真实的使用，即将特定的商标标识使用在特定的商品或服务上进行流通，才能使消费者将该标识与特定的商品或服务联系起来，商标才能发挥识别作用。进而言之，只有通过真实的商业使用，商标的识别作用才能建立并不断增强。商标不在商业活动中使用，无从发挥识别作用，法律没有保护的必要。从这个意义上说，使用取得原则是最合理的。

美国是采取商标权使用取得原则的国家。1988 年之前，美国商标法规定未实际使用的商标注册申请不被接受。1988 年修改《商标法》以后，未实际使用的商标只要声明使用意图也可以接受申请，但申请人必须在规定的期限内提交实际使用的证据，专利商标局才进行审查，超过期限没有提交实际使用证据的，申请失效。注册申请构成对该商标的推定使用，授予其在申请注册的商品或服务上全国有效的优先权。如果发生抵触申请，商标权归最先使用商标的人。注册具有推定通知的效力。已经取得注册的商标，在先使用人自注册之日起5年内可以申请宣告注册无效，超过5年，注册便不可争议，除非该注册是恶意取得的。因此，在采使用取得原则的美国，注册仍然非常重要。

二、注册取得商标权的原则

注册取得商标权的原则是指注册机关的核准注册是取得商标权的根据，未注册的商标，即使是驰名商标，也不能取得商标权。采注册取得原则的立法，对于相同或近似申请，通常采先申请原则，核准先申请的商标注册。

采注册取得原则的立法，有的不要求申请人声明使用意图，有的要求申请人在申请时声明使用意图，但并不要求申请人提交使用证据。

注册取得原则将商标权的取得系于注册，特别是如果再采取先申请原则，极易诱发抢注他人在先使用的商标的问题。因此，采注册取得原则的立法，都采取各种制度性措施，努力克服注册取得原则的这一固有缺陷。其主要思路是，一方面强化对注册商标的使用要求，另一方面加强对未注册商标的保护。

尽管注册取得原则存在以上固有缺陷，但是，在贸易全球化的当今世界，注册取得原则相对于使用取得原则，在安全和效率方面具有比较优势，所以目前世界上绝大多数国家采取注册取得原则。我国商标法属于这一类型。

此外，还有少数国家商标法采混合取得原则。混合取得原则是指注册和使用都可以取得商标权的原则。1994年德国《商标法》采这一原则。该法第4条规定了取得商标权的三种情况：（1）一个标志在注册簿上作为商标注册；（2）通过在商业中使用，一个标志在相关商业圈内获得商标的第二含义；（3）已成为《巴黎公约》第6条之二意义上的驰名商标。丹麦、芬兰、瑞典等北欧国家也采用混合取得原则。

有些著述认为，英国是采取混合原则的典型。但是，现行英国《商标法》第2条明确规定，商标权通过注册取得。英国商标法没有对侵害未注册商标作出制止或赔偿的规定，未注册商标受到侵害，可以按照假冒的法律寻求救济。所以，英国应属于采注册取得原则的国家。

第二节　商标权的取得程序

我国采取商标权注册取得原则和自愿申请原则，强制注册是例外。目前我国只有《烟草专卖法》要求烟草制品必须使用注册商标，其他商品和服务是否申请商标注册，由经营者根据需要自主决定。经营者要想取得商标权，需按规定的格式提出申请，经过注册机关审查核准，依法注册，自注册之日起取得商标权。

一、商标注册申请

（一）申请主体

《商标法》第4条规定，自然人、法人或者其他组织在生产经营活动中，对其商品或者服务需要取得商标专用权的，应当向商标局申请商标注册。根据该条规定，申请商标注册的主体须具备以下条件：

1. 注册商标的申请人是自然人、法人或者其他组织。其他组织指依法能够取得权利、承担责任的组织，如合伙。

2. 申请人从事生产经营活动。商标是商事活动中使用的标志，不从事生产经营活动的人，如政府、党委机关，不能申请商标注册。我国《商标法》第4条明确规定了申请人须是"从事生产经营活动"的人，而且需在其生产经营的商品或服务上申请商标注册。针对不从事生产经营活动的自然人申请商标注册待价而沽的问题，2007年商标局专门发布了《自然人办理商标注册申请注意事项》，规定我国自然人申请商标注册、转让等，应当限于个体工商户、农村承包经营户和其他依法获准从事经营活动的自然人，且其申请注册的商品和服务的范围应以其营业执照或有关登记文件核准的经营范围为限，或者以其自营的农副产品为限。

外国人或者外国企业在中国申请商标注册的，应当按其所属国和中华人民共和国签订的协议或者共同参加的国际条约办理，或者按对等原则办理。

（二）申请文件

1. 申请文件的意义。申请文件是商标局审查的对象。申请文件的质量不仅影响申请是否能够得到批准以及批准的速度，而且会影响商标权的效力范围。因此，申请人应充分重视申请文件的撰写。为了提高申请的质量和获得批准的概率，申请前应认真进行市场调查和商标查询。市场调查是指对市场上同类商品或服务的商标、装潢和消费者偏好的调查，这种调查是为了帮助经营者选择一个好的、可能受消费者喜爱的商标。商标查询，就是到商标局的商标数据库中查看自己拟申请注册的商标与他人已经注册或在先申请的商标是否相同或者近似。申请人可通过国家知识产权局商标局网站查询。

2. 申请文件。申请商标注册需向商标局提交以下申请文件：

（1）商标注册申请书。我国实行一件商标一份申请的原则，每一件商标注册申请应当向商标局提交《商标注册申请书》1份、商标图样1份。申请书应当按照商标局公布的商品和服务分类表填报指定使用的商品或服务。商品或者服务项目名称应当按照商品和服务分类表中的类别号、名称填写；商品或者服务项目名称未列入商品和服务分类表的，应当附送对该商品或者服务的说明。以颜色组合或者着色图样申请商标注册的，应当提交着色图样，并提交黑白稿1份；不指定颜色的，提交黑白图样。以三维标志申请商标注册的，应当在申请书中予以声明，说明商标的使用方式，并提交能够确定三维形状的图样，提交的商标图样应当至少包含三面视图。以声音标志申请商标注册的，应当在申请书中予以声明，提交符合要求的声音样本，说明商标的使用方式，并提交以五线谱或者简谱对该声音的描述并附加文字说明；无法以五线谱或者简谱描述的，应当以文字加以描述。商标为外文或者包含外文的，应当说明含义。

商标注册申请可以以纸质方式提交，也可以用数据电文方式提交。

（2）申请人主体资格证明文件复印件1份。

（3）委托代理组织申请的，应提交《商标代理委托书》1份。直接办理的，应提交经办人员身份证明的复印件1份。

申请集体商标注册的，还应提交申请人主体资格的文件和复印件，集体商标使用管理规则，集体组织成员名单。申请证明商标注册的，还应提交申请人主体资格的文件和复印件，并详细说明其具有的或者其委托的机构具有的专业技术人员、专业检测设备等情况，以证明其具有监督该证明商标所证明的特定商品品质的能力。此外，还要提交证明商标使用管理规则。

外国人和我国台湾地区申请人要求优先权的，应当在提交申请书时声明，并在同时或者自申请之日起3个月之内提交优先权证明文件。

二、商标注册申请的审查

（一）审查原则

目前世界上有两种商标审查制度，一种是不审查原则，即商标局只进行形式审查和对商标不得注册的绝对事由的审查，不主动审查申请注册的商标是否与在先权利相冲突（相对事由），与在先权利冲突的问题通过异议程序处理。欧共体商标条例和法国、德国、英国、意大利、比荷卢经济联盟、西班牙等欧盟成员国以及韩国，采不审查原则。一种是全面审查原则，即对于申请注册的商标标识是否属于法律规定不能作为商标注册的标志，包括绝对不能作为商标注册的和因为与在先注册或者初步审定商标权利相冲突（商标不得注册的相对事由）而不能注册的，都由商标局主动进行审查，并作出是否核准注册的决定。

我国在第三次商标法修改过程中，对是否应当采取不审查原则进行过一些讨论。认为应当采取不审查原则的理由主要有：（1）相对事由属于私权之间的冲突，私权的保护应当由权利人主张；（2）相对事由留待在先权利人提出异议时再进行审查，可以更准确地判断是否存在权利冲突；（3）不主动审查相对事由可以避免注册簿中的"死亡"商标阻碍他人的商标注册；（4）有利于提高审查效率，降低行政成本。反对的意见认为，不审查原则不符合我国当前的国情，会带来更多问题：（1）将会导致冲突商标并存注册的数量增加，使纠纷处理成本增大；（2）不利于保护消费者权益和维护正常的社会经济秩序；（3）可能助长恶意注册；（4）增加注册人的维权成本。争论的结果，认为目前我国采不审查原则的时机尚不成熟，所以，2013 年商标法仍采全面审查原则。

（二）审查方式

我国对商标注册申请的审查分为形式审查和实质审查。

1. 形式审查。形式审查的事项包括：申请人是否具备申请商标注册的主体资格；申请文件的填写是否符合要求；申请手续是否齐备；是否已经缴纳申请费。申请手续齐备并按照规定填写申请文件，且缴纳了申请费的，商标局予以受理，给予申请日。申请日以商标局收到申请文件的日期为准。申请手续不齐备、未按照规定填写申请文件或者未缴纳费用的，商标局不予受理。申请手续基本齐备或者申请文件基本符合规定，但是需要补正的，通知申请人，限其自收到通知之日起 30 日内按照指定内容补正。在规定期限内补正并交回商标局的，保留申请日；期满未补正或补正后仍不符合要求的，不予受理并书面通知申请人。

2. 实质审查。实质审查是对申请注册的商标是否符合商标法规定的注册条件的审查。分为以下两种情形：

（1）对商标不得注册的绝对事由的审查。《商标法》第 10 条规定的不能作为商标使用的标志和第 11 条、第 12 条规定的不能作为商标注册的标志，都属于绝对不得注册的标志，又称为商标不得注册的绝对事由。第 11 条规定的是缺乏显著性的标志，如本商品的通用名称、图形、型号，直接表示商品的质量、主要原料、功能、用途、重量、数量和其他特点的，以及其他缺乏显著特征的。这些标志经过使用获得显著特征，并便于识别的，可以申请注册。商标审查实践中对显著性的审查遵循五个原则，即结合商品和服务审查的原则，结合相关公众审查的原则，结合实际使用审查的原则，整体审查的原则和考虑公共利益的原则。第 12 条规定由商品自身的性质产生的形状、为获得技术效果需有的形状或者使商品具有实质性价值的形状，不得作为商标注册。禁止此类三维标志注册，是为了防止借商标注册垄断产品或技术，维护竞争自由。

申请注册的商标有上述情况之一的，商标局应驳回申请，不予公告，并通知申请人。申请人不服的，可以申请复审。

（2）对商标不得注册的相对事由的审查。《商标法》第 32 条规定，申请商标注册不得损害他人现有的在先权利，也不得以不正当手段抢先注册他人已经使用并有一定影响的商标。对申请注册的商标是否与他人在先权利或权益相冲突的审查，是商标注册审查中最主要、最复杂的工作，涉及在先权利的种类，标志相同、近似和商品或服务类似的判定标准和方法等技术性很强的问题。申请注册的商标与在先权利或权益的冲突属于民事主体之间的利益冲突，因此被称为拒绝注册的相对事由。

影响商标注册的在先权利包括他人的注册商标专用权、著作权、肖像权、姓名权、外观设计专利权、商号权等。此外，知名商品特有名称、包装、装潢，他人初步审定公告的商标，他人在先使用的驰名商标以及在先使用并有一定影响的商标等，都是阻止商标注册的在先权益。显然，商标局不可能将所有在先权利或权益都纳入审查范围，因为这实际上无法做到。商标局对相对事由的审查，实际上限于依据《商标法》第 30 条的规定，对申请注册的商标是否与他人的注册商标或在先申请并初步审定的商标相冲突，即是否相同或者近似的审查。

商标相同是指两个商标标识在视觉上基本无差别，使用在同一种或者类似的商品或服务上容易使相关公众对商品或服务的来源产生误认。商标近似是指作为商标标识的文字字形、读音、含义近似，作为商标标识的图形的构图、着色、外观近似，或者文字和图形组合的整体排列组合方式和外观近似，立体商标的三维标志的形状和外观近似，颜色商标的颜色或颜色组合近似，使用在同一种或者类似商品或服务上容易使相关公众对商品或服务的来源产生误认。同一种商品或服务包括名称不同但指同一事物或者内容的商品或服务。类似商品是指在功能、用途、生产部门、销售渠道、消费对象等方面相同或基本相同的商品。类似服务是指在服务的目的、内容、方式、对象等方面基本相同的服务。同一种或类似商品或服务的认定以《商标注册用商品和服务国际分类表》和《类似商品和服务区分表》作参考。审查时，应先判断两个商标指定使用的商品或服务是否属于同一种或者类似的商品或服务。如果属于同一种或类似的商品或服务，再进一步从商标标识的音、形、义和整体表现形式等方面，以相关公众的一般注意力为标准，采取整体观察和隔离观察的方法，判断两个商标是否相同或者近似。

　　如果判定申请注册的商标同他人在同一种商品或服务或者类似商品或服务上已经注册的或者初步审定的商标相同或者近似的，由商标局驳回申请，不予公告。申请人不服的，可以申请复审。没有发现驳回理由的，给予初步审定并公告。两个或两个以上的申请人在同一种商品或服务或类似商品或服务上，以相同或近似的商标申请注册的，初步审定公告申请在先的商标；同一天申请的，初步审定公告使用在先的商标。与其他在先权利或权益是否存在冲突，需通过异议程序解决。

　　商标局对注册申请的审查时限为自商标局收到申请文件之日起9个月。商标局在审查过程中认为申请内容需要说明或修正的，可以要求申请人作出说明或者修正。申请人未作出说明或者修正的，不影响商标局作出审查决定。

三、异议

　　异议是由在先权利人或者利害关系人和公众对商标局初步审定公告的商标注册申请提出反对意见，以保护自己的在先权益和公共利益的程序。各国商标法都有异议程序，主要的区别在于，有的国家先异议后注册，有的国家先注册后异议。我国属于前者。

　　（一）异议理由

　　根据商标法的规定，提出异议的理由分为两类，一类是申请注册的商标损害他人的在先权利或权益，包括损害他人驰名商标权益的；代理人、代表人未经授权以自己名义将被代理人、被代表人的商标进行注册的；申请人与在先商标使用人具有上述关系以外的合同、业务往来关系或者其他关系，明知为他人的商标而申请注册的；商标标志中包含有商品的地理标志，但该商品并非来源于该标志所标示的地区，误导公众的；申请注册的商标与他人在同一种或者类似商品或服务上已经注册或初步审定公告的商标相同或者近似的；其他损害他人在先权利的以及以不正当手段抢先注册他人已经使用并有一定影响的商标的；等等。违反《商标法》第13条第2款和第3款、第15条、第16条第1款、第30、31、32条规定的，基于上述理由的异议，只能由在先权利人或者利害关系人提起申请。

　　另一类是申请注册的商标标识是《商标法》第10条规定的不得作为商标使用的标志和第11条、第12条规定的因缺乏显著性而不得作为商标注册的标志。这类商标注册申请，事关公共利益，任何人都可以提出异议。

　　（二）异议程序

　　2013年《商标法》修改前，对于初步审定公告的商标，任何单位和个人都可以提出异议，因而，实践中有人钻法律的空子，将申请异议作为敲申请人竹杠，牟取不义之财，或者延迟他人商标注册，进行不正当竞争的手段。2013 年《商标法》对异议制度引进了改革，规定只有在先权利人、利害关系人才可以以初步审定公告的商标损害自己的在先权利或权益为由，自公告之日起 3 个月内，向商标局提出异议申请。任何单位和个人认为初步审定公告的商标违反《商标法》第 10—12 条规定的，可以向商标局提出异议。提出异议的期限为自公告之日起 3 个月内。

异议人应向商标局提交商标异议申请书、异议人身份证明和作为在先权利人、利害关系人的证明，并缴纳异议费。异议申请书应有明确的请求和事实依据，并附送有关证据。商标局应将异议材料副本及时送被异议人，限其自收到异议材料之日起 30 日内答辩。被异议人不答辩的，不影响商标局作出决定。

对于异议申请，商标局应自公告期满之日起 12 个月内作出是否准予注册的决定，有特殊情况需要延长的，经批准，可以延长 6 个月。商标局经审查认为异议成立，即应驳回注册申请，不予公告，并通知异议人。注册申请人不服的，可以自收到通知之日起 15 日内申请复审。商标局认为异议不成立的，即作出准予注册决定，发给注册证，并公告。异议人不服的，不能申请复审，只能在商标注册后申请宣告注册无效。

初步审定公告期满无异议的，予以核准注册，发给商标注册证，并予公告。

四、复审

（一）复审的受案范围的意义

复审在商标法上称为商标评审。按照商标法的规定，复审案件包括以下几种：（1）注册申请人对商标局在注册审查阶段作出的驳回注册申请的决定不服的，简称为驳回申请复审。（2）被异议人（注册申请人）对商标局在异议程序中作出的不予注册决定不服的，简称为不予注册决定复审。（3）当事人对商标局依职权作出的商标注册无效决定不服的，简称为无效决定复审。（4）当事人对商标局作出的撤销或不撤销注册商标决定不服的，简称为撤销决定复审。作为商标注册程序的复审，仅指（1）（2）两种。

复审是向商标申请人、注册人提供的一种救济程序，是由复审机构根据当事人的申请，对商标局的相关决定进行审查，对于提高商标注册质量、保护当事人和相关公众的利益，具有重要的意义。

（二）复审程序

当事人向商评委申请复审的时限是自收到相关通知之日起 15 日。申请复审，应当提交申请书，并按照对方当事人的数量提交相应份数的副本；基于商标局的决定书申请复审的，还应当同时附送商标局的决定书副本。申请书应当有明确的复审请求和所根据的事实、理由以及法律依据，并提供相应的证据。申请人还应按规定缴纳复审费。

复审机构收到申请书后，经审查符合受理条件的，予以受理；不符合受理条件的，不予受理，书面通知申请人并说明理由；需要补正的，通知申请人自收到通知之日起30日内补正。期满未补正的，视为撤回申请，并书面通知申请人。经补正仍不符合规定的，不予受理，书面通知申请人并说明理由。

复审机构受理申请后，应及时将申请书副本送对方当事人，限其自收到申请书副本之日起30日内答辩，期满未答辩的，不影响复审机构的评审。审理不服商标局不予注册决定的复审案件，应当通知原异议人参加并提出意见。原异议人不参加或不提出意见的，不影响案件的审理。

复审机构根据当事人的请求或者实际需要，可以决定对评审申请进行口头审理。决定进行口头审理的，应当在口头审理15日前书面通知当事人，当事人应当在通知书指定的期限内作出答复。申请人不答复也不参加口头审理的，其评审申请视为撤回，复审机构应书面通知申请人；被申请人不答复也不参加口头审理的，可以缺席审理。

申请人在复审机构作出决定、裁定前，可以书面要求撤回申请并说明理由，复审机构认为可以撤回的，评审程序终止。申请人撤回商标评审申请的，不得以相同的事实和理由再次提出评审申请。

复审机构对商标评审申请已经作出裁定或者决定的，任何人不得以相同的事实和理由再次提出评审申请。但是，经不予注册复审程序核准注册后向复审机构提起宣告注册商标无效的除外。

复审机构应当在规定的时限内作出评审决定。对驳回注册申请不服的复审申请，评审时限是自收到申请之日起9个月，有特殊情况需要延长的，经批准可以延长3个月。对不予注册决定不服提出的复审申请，评审时限是自收到申请之日起12个月，有特殊情况需要延长的，经批准可以延长6个月。复审所涉及的在先权利的确定必须以人民法院正在审理或者行政机关正在处理的另一案件的结果为依据的，可以中止复审程序。

五、司法审查

按照法治原则，任何人都有获得司法保护的权利，商标注册申请人和有关当事人也不例外。1982年《商标法》和1993年修订的《商标法》规定，对于当事人之间的商标争议，商评委的决定、裁定是终局决定、裁定，当事人不能向法院起诉。为了适应加入世界贸易组织，全面履行 TRIPs 协定义务的需要，2001 年修订的《商标法》取消了商评委终局决定、裁定的权力，赋予当事人向人民法院起诉的权利。当事人对商评委驳回注册申请复审裁定和不予注册决定复审裁定不服的，可以自接到通知之日起 30 日内向北京知识产权法院起诉。

综上所述，一件商标注册，从申请到最终核准注册，要经过申请、初步审定公告、异议、复审和司法审查 5 道程序，是为原始取得。当然，大多数申请不需要走完全部程序。即便这样，我国的商标注册审查程序仍然过于复杂冗长，不能适应市场经济发展的需要，有改革、简化的必要。

除注册取得外，商标还可以通过转让、继承、企业兼并、执行法院生效判决等方式取得，是为继受取得。

第三节　商标权消灭

注册商标可因届满未办理续展手续，或者注销、撤销，或者被宣告无效，从而使注册商标专用权消灭。

一、注册商标的注销

（一）注册商标的有效期和续展注册

商标专用权可以通过对商标注册的续展一直获得保护，这是因为《商标法》的立法目的是保护经营者的商业信誉，以及防止消费者受到欺诈；只要经营活动在继续，相应的商业信誉就能通过商标得以体现，而避免消费者受骗上当的需要始终存在。这就要求对仍在使用的注册商标进行持续的保护。假如注册商标专用权也像著作权、专利权那样有保护期限，则一旦保护期届满，昨天还是商标注册人享有专用权的商标，今天就可以被任何人随意使用在相同商品或服务上，这必然导致消费者对商品或服务来源产生混淆，同时引起市场的混乱，从而背离了《商标法》的立法目的。

《商标法》第 39 条和第 40 条规定：注册商标的有效期为 10 年，自核准注册之日起计算。注册商标有效期满，需要继续使用的，应当在期满前 12 个月内按照规定办理续展手续；在此期间未能办理的，可以给予 6 个月的宽展期。宽展期满仍未办理的，注销其注册商标。每次续展注册的有效期为 10 年。

如果商标注册人未能在注册商标的有效期届满前 12 个月内申请续展注册，而是在宽展期内提出申请的，在未获得核准之前，他人未经许可在相同或类似商品上使用相同或近似商标，容易导致混淆的，商标注册人仍然可以起诉他人侵权。[①]这是因为商标局并不对续展申请进行实质审查，续展申请基本上都会被核准。因此，一旦商标注册人在宽展期内提出了续展申请，就可以预期其又可以享有 10 年的商标专用权。当然，如果商标注册人未提出续展申请，或者提出续展申请但未被核准的，该商标专用权自有效期届满后就不再受法律保护了。

（二）注册商标的注销

注销是指商标局基于法定原因行使职权而使注册商标专用权归于消灭的行为。在下列两种情况下，商标局可以注销注册商标：（1）商标注册人可以申请注销其注册商标。商标注册人可能基于某些原因不愿再维持其商标的注册。由于商标专用权本质上是私权，法律是允许权利人自行放弃的，商标注册人可以向商标局申请注销其注册商标，或者注销其商标在部分指定商品上的注册。（2）未及时办理续展手续会导致注册商标被注销。注册商标的有效期为 10 年。如果商标注册人未在注册商标有效期满前 12 个月内及 6 个月的宽展期办理续展手续，注册商标将会被商标局注销。

二、注册商标的无效

注册商标的无效是指商标在注册时就存在不得注册的绝对理由或相对理由，本来不应获得注册，依具体事由在商标局主动发现或经他人申请之后，由商标局宣告该注册商标无效，使商标专用权归于无效。

（一）无效事由

1. 不得注册的绝对理由。如果注册商标在注册时，就存在拒绝注册的绝对理由，也即违反《商标法》第 10 条（禁止特定内容违法的商标注册）、第 11 条（禁止缺乏显著性的商标注册）和第 12 条（禁止特定三维标志注册），或者是以欺骗手段或者其他不正当手段取得注册的，商标局可以依职权随时宣告该注册商标无效，没有时间限制。商标局作出宣告注册商标无效的决定后，当事人对决定不服的，可以自收到通知之日起 15 日内向商标评审部门申请复审，商标评审部门应当自收到申请之日起 9 个月内作出决定。除商标局主动宣告注册商标无效之外，其他任何人均可随时请求商标评审部门宣告该注册商标无效，没有时间限制。商标评

---

① 最高人民法院《关于审理商标民事纠纷案件适用法律若干问题的解释》第 5 条。

审部门应当自收到申请之日起 9 个月内作出维持商标注册或者宣告注册商标无效的裁定。当事人对商标评审部门的决定或裁定不服的,可以自收到通知之日起 30 日内向北京市知识产权法院提起行政诉讼。

2. 不得注册的相对理由。在先权利人或利害关系人如果认为注册商标在注册时就存在不得注册的相对理由,损害了自己的民事权利,也即认为商标注册违反了《商标法》第 13 条(禁止抢注驰名商标)、第 15 条(禁止代理人和代表人抢注)、第 16 条(禁止注册误导公众的地理标志)、第 30 条(禁止在相同或类似商品上注册与他人已注册商标或已初步审定的商标相同或近似的商标)、第 31 条(先申请原则)和第 32 条(禁止商标注册损害其他在先权利,禁止抢注特定未注册商标),可以请求商标评审部门宣告该注册商标无效。由于在先权利人或利害关系人请求宣告注册商标无效是基于不得注册的相对理由,也即其与商标注册人之间存在民事争议,一般不涉及公共利益,故不能由商标局主动宣告无效。除了恶意注册他人驰名商标的情形,在先权利人或利害关系人只能自商标注册之日起 5 年内请求商标评审部门宣告该注册商标无效。商标评审部门应当自收到申请之日起 12 个月内作出维持注册商标或者宣告注册商标无效的裁定,并书面通知当事人。当事人不服的,可以在 30 日内向北京市知识产权法院提起行政诉讼。

之所以设置 5 年的时间限制,是因为商标在注册时已通过《商标公告》向社会公开,该公告具有推定在先权利人或利害关系人知晓商标已获得注册的效力。同时,在接下来 5 年内,商标通过使用也能使在先权利人或利害关系人有机会知晓。如果在先权利人或利害关系人未能及时请求宣告该注册商标无效,则可推定其已经默许该商标的注册。当然,"推定知晓"未必等于"实际知晓"。一些国家规定,只要商标注册是出于侵害他人在先权利的恶意,在先权利人请求宣告该注册商标无效便不受 5 年时间的限制,以此防止恶意注册人侥幸获得商标专用权。[①]但包括我国在内的一些国家为了维持商标注册的相对稳定,仅规定在恶意注册驰名商标的情形下,驰名商标所有人请求宣告该商标注册无效不受 5 年争议期限的限制。

(二)无效的效力

《商标法》第 47 条规定了注册商标被宣告无效的效力,注册商标被宣告无效后,该注册商标专用权视为自始即不存在。有关宣告注册商标无效的决定或者裁定,对于宣告无效前人民法院作出并已执行的商标侵权案件的判决、裁定、调解

---

① 参见《英国商标法》第 48 条第 1 款。

书和工商行政管理部门作出并已执行的商标侵权案件的处理决定，以及已经履行的商标转让或者使用许可合同不具有追溯力。之所以作出这样的规定，一是为了保持社会关系的相对稳定，避免在注册商标被宣告无效之后，将之前一切已执行的各种法律文件全盘推翻，导致司法、行政资源的过度消耗；二是因为在注册商标被宣告无效之前，未经许可使用人向注册人支付了赔偿金、转让费或许可费，与其自身过错也可能有一定关系，如未及时利用法律提供的救济途径请求宣告该注册商标无效，因此对由此引起的不利后果应承担一定责任。

但是，《商标法》第 47 条也规定了两种例外情形。一是因商标注册人的恶意给他人造成的损失，应当给予赔偿。二是如果不返还商标侵权赔偿金、商标转让费、商标使用费，明显违反公平原则的，应当全部或者部分返还。例如，注册人明知自己的注册是违法的，却仍然申请注册，并在注册后起诉他人侵权并获得赔偿。这就属于注册人恶意给他人造成损失。再如，商标被许可人刚向商标注册人全额支付了商标许可费，尚未开始使用商标，该注册商标就被宣告无效。此时不向被许可人返还许可费就是明显违反公平原则的。

三、注册商标的撤销

商标在获得注册之后，如果无正当理由连续 3 年不使用，或显著性退化，或注册人擅自改变注册商标或注册事项，该注册商标可以被撤销。需要注意的是，"宣告无效"与"撤销"针对的情形不同。对前者而言，商标在申请注册时就存在不得注册的绝对理由或相对理由，本来就不应当获得注册。而对后者而言，商标注册是没有问题的，但在使用注册商标的过程中，发生了可导致撤销的法定情形。对于商标局撤销或不予撤销注册商标的决定，当事人不服的，可以自收到通知之日起 15 日内向商标评审部门申请复审。商标评审部门应在收到申请之日起 9 个月内作出决定。当事人对商标评审部门的决定仍然不服的，可以自收到通知之日起 30 日内向北京知识产权法院起诉。

（一）因连续 3 年不使用而撤销

虽然我国实行通过注册取得商标专用权的制度，但商标注册之后如果不使用，就不可能在商标与其指定的商品或服务之间建立联系，商标识别商品或服务来源的功能就无从实现，对这种商标的专用权加以保护缺乏必要性；同时，他人也无法在相同或类似的商品或服务上注册相同或近似的商标，造成了资源的浪费。我国《商标法》第 49 条第 2 款规定：没有正当理由连续 3 年不使用的，任何单位或者个人可以向商标局申请撤销该注册商标。

为维持商标注册所需要的"使用"应当是真实的、善意的和具有一定商业规模的使用，仅仅为了维持注册而进行的象征性使用是不够的。仅仅在报纸杂志、广播电视或互联网上做广告而没有实际销售商品的，一般不构成为维持注册所需要的"使用"。最高人民法院《关于审理商标授权确权行政案件若干问题的规定》第26条第3款规定："没有实际使用注册商标，仅有转让或许可行为，或者仅是公布商标注册信息、声明享有注册商标专用权的，不认定为商标使用。"

（二）因商标成为通用名称而撤销

显著性是一个标志构成商标的基本条件。如果一个标志对某一类商品或服务最初具有显著性并被注册为了此类商品或服务的商标，但经过使用逐渐成为此类商品或服务的通用名称，就会丧失识别来源的功能，也即发生显著性的退化。既然此时该注册商标已无法发挥商标的识别功能，就没有必要再维持注册商标专用权了，否则，会影响他人对商品或服务通用名称的正当使用。《商标法》第49条第2款规定：注册商标成为其核定使用的商品的通用名称的，任何单位或者个人可以向商标局申请撤销该注册商标。

（三）擅自改变注册商标或注册事项

《商标法》第49条规定：自行改变注册商标的，自行改变注册商标的注册人名义、地址或者其他注册事项的，由地方工商行政管理部门责令限期改正，期满不改正的，由商标局撤销其注册商标。

首先，自行改变注册商标可能导致注册商标被撤销。根据《商标法》第56条的规定，注册商标的专用权，以核准注册的商标和核定使用的商品或服务为限。一旦改变注册商标的文字、图形、字母、数字、三维标志和颜色组合以及上述要素的组合，等同于改变了经核准注册的商标本身，因此，应当重新提出商标注册申请。在实务中，将商标文字从手写体改为印刷体或从楷体改为黑体等细微改变，并不被认为是"自行改变注册商标"。实际上，商标在商业使用中根据商品包装等具体情况，往往会与核准注册的有所不同。只要没有改变与注册核准商标标识的同一性，不会导致消费者误认，就不宜认定为"自行改变注册商标"而予以撤销。

其次，自行改变注册商标人名义、地址或者其他注册事项也可能导致注册商标被撤销。根据《商标法》第41条的规定，注册商标需要变更注册人的名义、地址或者其他注册事项的，应当提出变更申请。而自行改变将可能导致商标被撤销。

《商标法》第50条规定：注册商标被撤销、被宣告无效或者期满不再续展的，自撤销、宣告无效或者注销之日起1年内，商标局对与该商标相同或者近似的商标注册申请，不予核准。注册商标被撤销、被宣告无效或者期满不再续展的，原商标注册人对其已不再享有商标专用权，其他人本来是可以用相同的商标申请注册的。但在实践中，当注册商标被撤销、被宣告无效或者期满不再续展时，市场上可能仍然有载有注册商标的商品或服务在向公众提供。即使市场上已无注册商标在使用，如果该注册商标以往的影响力较大，相关公众仍然会对其留有较深印象。只有注册商标连续不再使用一定时间之后，其对相关公众的影响才会逐渐消失。因此，如果在注册商标被注销的同时，立刻核准其他人注册与之相同或者近似的商标，就有可能导致市场上同时出现载有相同或近似注册商标，但来源不同的商品或服务，或是使消费者无从区分印象中原商标注册人的商品和新注册人新进入市场的商品，从而造成误认和误购。为了维持市场秩序，防止消费者对商品或服务的来源产生混淆。《商标法》规定了 1 年的过渡期。只有在过渡期过后，商标局才可能核准相同或者近似商标的注册申请。

思考题：

1. 简述我国商标注册程序。

2. 异议制度在商标注册中有何意义？

3. 宣告注册商标无效的理由有哪些？为什么 5 年内申请宣告注册商标无效？

第十七章 商标权的内容与利用

本章讲解商标权的内容和效力，具体包括商标专用权的概念、内容、续展和消灭，以及商标专用权的转让和许可。商标注册人享有商标专用权，即在核定使用的商品或服务上使用核准注册商标的专有权利。如果他人以容易导致混淆的方式在相同商品上使用近似商标，在类似商品上使用相同商标，或在类似商品上使用近似商标，商标注册人有权阻止。对注册专用权可以进行转让和许可，但应遵守《商标法》的规定。

第一节 商标权的内容

商标经核准注册之后，注册人就取得了"商标专用权"。就注册商标而言，"商标专用权"就是商标权。

一、商标专用权的概念

商标专用权，是指注册人对其注册商标在核定使用的商品或服务上享有的专用权，即在一定范围内排斥他人使用的权利。《商标法》第 56 条规定，注册商标的专用权，以核准注册的商标和核定使用的商品或服务为限。"核准注册的商标"是指登载在商标注册簿上的商标，即商标局注册在案的组成商标的文字、图形、字母、数字、三维标志、颜色组合和声音，以及上述要素的组合。"核定使用的商品或服务"是指注册时核准使用的指定商品类别中的具体商品或服务。

在"核定使用的商品或服务"上，商标注册人得以专有地使用核准注册的商标，使注册商标与其商品或服务的特定来源之间建立起固定的、唯一的联系，以便消费者实现"认牌购物"，避免对商品或服务来源产生混淆。如果他人未经许可在同一种商品上使用与注册商标相同的商标，一般情况下会导致相关公众误认为该商品来源于商标注册人，因此构成商标侵权。此外，商标法还规定了商标的另行申请与重新申请制度。《商标法》第 23 条规定，注册商标需要在核定使用范围之外的商品上取得商标专用权的，应当另行提出注册申请；第 24 条规定，注册商标需要改变其标志的，应当重新提出注册申请。

二、商标权的效力

"商标专用权"并非是指商标权人有在核定使用的商品或服务上使用注册商标的绝对自由，而是指注册商标在此范围内具有很强的排他效力，商标权人可以排斥他人未经许可的使用，也可以基于这种排他效力要求他人在获取许可后才能使用。而商标权人自己对注册商标的使用，并不是商标专用权的体现。因为即使该商标没有注册，只要对该商标的使用没有侵犯他人的权利或因其他原因受法律禁止，经营者就可以使用该商标。相反，即使商标已经注册，如果对该注册商标的使用侵犯了他人的权利或因其他原因受法律禁止，商标权人仍有可能无法使用该注册商标。

商标专用权的排他效力有两个层次。在这两个层次中，商标专用权的排他效力有所区别。商标专用权排他效力的第一个层次，是排斥他人在同一种商品上使用与注册商标相同的商标。使用与注册商标相同的商标，容易导致混淆，从而破坏注册商标的识别功能，构成对商标专用权的侵害。商标专用权排他效力的第二个层次，是排斥他人在同一种商品上使用与注册商标近似的商标，或者在类似商品上使用与注册商标相同或者近似的商标。这类行为是否容易导致混淆，与注册商标的显著性、知名度等一系列因素相关。因此，只有能够证明此类行为容易导致混淆时，商标专用权才予以排斥，实施此类行为才会构成对商标专用权的侵害。

最高人民法院《关于审理注册商标、企业名称与在先权利冲突的民事纠纷案件若干问题的规定》第 1 条明确规定：原告以他人注册商标使用的文字、图形等侵犯其著作权、外观设计专利权、企业名称权等在先权利为由提起诉讼，符合《民事诉讼法》第 108 条①规定的，人民法院应当受理。该条规定具有十分重要的意义。据此，商标权人使用注册商标的行为如果侵犯了他人的在先权利，他人仍然可以直接提起民事诉讼，并非必须先通过商标争议程序宣告该注册商标无效。

第二节　商标权的利用

商标权作为一种财产权，可以被转让、许可、质押、信托，还可作为遗产以

---

① 2012 年《民事诉讼法》修改后，该条已变更为第 119 条。

及破产财产等。由于其中一些问题与前文著作权法的相关制度基本相同，故本章着重介绍商标权的转让和许可。

一、转让

《商标法》第42条规定："转让注册商标的，转让人和受让人应当签订转让协议，并共同向商标局提出申请。受让人应当保证使用该注册商标的商品质量……转让注册商标经核准后，予以公告。受让人自公告之日起享有商标专用权。"根据此条规定，注册商标转让只有经过商标局核准并公告之后才能生效，仅仅签订商标转让合同还不能产生转让商标专用权的法律效力。

商标的基本功能是识别来源。使用同一商标的商品或服务应当出自同一经营者，否则，就会导致消费者的误认和误购。因此，如果注册人在相同或类似商品上注册了相同或近似的数个商标，应当一并进行转让。假如某饮料厂同时在第30类的冰茶饮料和第32类的果汁饮料上注册了同一商标，就不能仅转让前一商标而不转让后一商标。虽然冰茶和果汁在商品和服务分类表上并不属于同一类别，但相关公众很可能认为它们之间有密切关联，从而构成类似商品。如果两个饮料厂同时销售带有相同商标的冰茶饮料和果汁饮料，消费者就容易误认为它们来自同一个厂商。对此，《商标法》第42条规定："转让注册商标的，商标注册人对其在同一种商品上注册的近似的商标，或者在类似商品上注册的相同或者近似的商标，应当一并转让。"

二、许可

既然商标专用权是一种财产性私权，权利人当然可以许可他人行使。但商标的首要功能在于识别来源，如果允许商标注册人许可他人使用商标，就会形成使用相同商标的商品或服务来源不一致的情况。但消费者更为关心的并非商品或服务的直接提供者，而是使用相同商标的商品或服务是否具有相同的品质。因此，只要在经过许可后，来源于被许可人的商品或服务与商标注册人自己提供的商品或服务品质同一，商标仍然能够起到保障商誉和保护消费者利益的作用。

《商标法》第43条规定，商标注册人可以通过签订商标使用许可合同，许可他人使用其注册商标。商标使用许可合同应当报商标局备案，并由商标局公告。可见，我国对商标许可采取的是登记对抗主义，即商标使用许可合同未经备案的，不影响该许可合同的效力，但不得对抗善意第三人。

注册商标使用许可分为三种类型，即独占使用许可、排他使用许可和普通使用许可。这与著作权法、专利法中的内容相同。

独占许可使被许可人获得在约定的时间和地域范围内使用商标的垄断优势，因为在此范围内无人可以合法地以同样方式使用被许可的商标，与被许可人展开竞争；同时，如果他人在同一范围内以相同的方式使用商标，独占许可的被许可人可以单独起诉或申请采取诉前措施。排他许可的被许可人的竞争优势不如独占许可的被许可人，因为在约定的时间和地域范围内，商标注册人和被许可人都可以使用商标，互相之间存在竞争；如果其他人在同一范围内以相同的方式使用商标，排他许可的被许可人只能和商标注册人共同起诉或申请采取诉前措施，或在商标注册人不起诉或进行申请的情况下，自行起诉或提出申请。普通许可的被许可人在同一市场上则需要面对较多的竞争，因为商标注册人不但自己可以使用，还能许可其他人使用注册商标；如果其他人未经商标注册人许可在同一范围内以相同的方式使用商标，普通许可的被许可人只有在有商标注册人明确授权的情况下才能起诉或申请采取诉前措施。

《商标法》第 43 条规定："许可人应当监督被许可人使用其注册商标的商品质量。被许可人应当保证使用该注册商标的商品质量。经许可使用他人注册商标的，必须在使用该注册商标的商品上标明被许可人的名称和商品产地。"在商标被许可给他人使用的情况下，使用同一商标的商品会有不同的提供者。如果被许可人提供的商品质量低劣，而消费者因为对商标注册人自己提供的商品具有良好印象，而购买了被许可人贴有相同商标的商品，就会因商标许可而受骗上当。为了防止这种情况的发生，《商标法》一方面要求被许可人必须在使用该注册商标的商品上标明被许可人的名称和商品产地，以使消费者知晓该商品并非由商标注册人自己提供；另一方面要求商标注册人监督被许可人使用其注册商标的商品质量，以防被许可人的商品质量低劣。

思考题：

1. 简述商标权的内容。
2. 简述商标权转让与许可的区别。
3. 简述商标权人使用商标的义务。

第十八章　侵害商标权的法律责任

商标法要确保商标发挥识别功能，防止消费者产生混淆，因此以容易导致混淆的方式在相同或类似商品上使用相同或近似商标构成侵害商标权的行为。同时，商标法对驰名商标有更高的保护水平，包括提供反淡化保护。但是，利用与商标相同或近似的文字或图形描述商品或服务的特征或说明其用途等基于正当目的或理由的使用不构成侵权行为。侵害商标权的行为会导致民事责任和行政责任，严重的还会导致刑事责任。

第一节　侵害商标权的行为

《商标法》规定商标权人"在核定使用的商品上使用核准注册的商标"享有"商标专用权"，但并非只有未经许可在与核定使用商品相同的商品上使用与核准注册的商标相同的商标才构成侵权。为了防止对消费者的欺骗和对商标权人商业利益的损害，他人以可能导致混淆的方式，在相同商品上使用近似商标、在类似商品上使用相同商标和在类似商品上使用近似商标，也构成对商标权的侵害。

一、侵害商标权行为的判断标准

商标法不仅要保护商标权人，还要维护消费者的利益。为此，商标法要保证商标权人能够排他性地使用商标识别自己的商品或服务，以及消费者能够通过商标将商品或服务与其提供者正确地联系在一起。如果使用同一或近似商标的相同或类似商品或服务来源于完全没有联系的两个经营者，导致消费者对商品或服务的来源产生了混淆，则商标就失去了其应有的作用。

（一）直接混淆与间接混淆

根据混淆对象的不同，混淆可分为直接混淆和间接混淆。直接混淆是指使用特定商标的某商品或服务实际上来源于经营者乙，而消费者误以为其来源于经营者甲，也即消费者未能通过商标正确地将来源于不同经营者的商品或服务区分开。

间接混淆是指使用特定商标的某商品或服务由经营者乙提供，与经营者甲并无任何关系，而消费者误以为经营者甲与经营者乙之间存在着控制、许可或赞助等关联关系。例如，当消费者同时看到"华为手机特许专修"和深圳华为公司的图形商标时，并不会认为手机维修服务是深圳华为公司自己提供的，但可能以为是华为公司授权提供的，从而对其维修服务的品质产生信赖并前去维修华为品牌的手机。如果该维修服务提供者与华为公司实际上并无关系，其未经许可使用商标的行为就容易导致消费者产生间接混淆。

商标法的核心就是要防止消费者对商品或服务的来源发生混淆。因此，一种涉及商标使用的行为是否容易导致消费者对商品或服务来源产生混淆，是判断该行为是否侵害商标权的标准。不可能导致混淆的行为对于商标权人不会造成商标法所承认的损害。我国于 2013 年修订《商标法》时，在侵权认定的标准中明确纳入了"容易导致混淆"的条件。《商标法》第 57 条规定：有下列行为之一的，均属侵犯注册商标专用权：（1）未经商标注册人的许可，在同一种商品上使用与其注册商标相同的商标的；（2）未经商标注册人的许可，在同一种商品上使用与其注册商标近似的商标，或者在类似商品上使用与其注册商标相同或者近似的商标，容易导致混淆的。这就使混淆标准在立法中得到了明确体现。虽然我国《商标法》对于"在同一种商品上使用与注册商标相同的商标"（也称为"双重相同"）的行为，没有将"容易导致混淆"明确规定为构成侵权的条件，但这是由于在"双重相同"的情况下，混淆一般自然会发生，无须再作规定。

（二）相似商标和类似商品的认定

既然未经商标注册人的许可，在同一种商品上使用与其注册商标近似的商标，或者在类似商品上使用与其注册商标相同或者近似的商标，容易导致混淆的，原则上将构成侵害商标专用权的行为，那么，对"近似商标"和"类似商品"的认定，对于判断一种行为是否构成侵权就具有重要作用。

根据最高人民法院《关于审理商标民事纠纷案件适用法律若干问题的解释》，商标是否相同、近似，以及商品或服务是否相同或类似，都要以相关公众的一般注意力为标准。"相关公众"是指与商标所标识的某类商品或者服务有关的消费者和与这些商品或者服务的营销有密切关系的其他经营者。例如，对于实验室使用的精密仪器而言，这些仪器的经销者和使用者，如大学和科研院所的研究员、实验员和采购员构成"相关公众"。他们对申请注册商标与已注册商标是否相同或近似，以及所指定的商品或服务是否相同或类似的判断具有关键意义。相关公众的"一般注意力"既不是极高也不是极低的注意力。某些人购物经验丰富，而且在选购商品时会特别仔细、谨慎，对商品从各个角度进行反复观察之后才会决定购买，而另一些人特别粗心大意，看个大概就将商品放入购物车。"一般注意力"介于这两者之间，即具有普通知识与经验的一般购物人，在购物时运用的普通注意力。

"近似商标"是指两个商标在文字的字形、读音、含义或者图形的构图及颜色，或者其各要素组合后的整体结构相似，或者其立体形状、颜色组合近似，易使相关公众对商品的来源产生误认或者认为其来源与引证商标的商品有特定的联系。① 在认定商标相似时，应遵循以下方法。

首先，认定商标是否近似时应进行"隔离观察比较"，即不能将两个商标摆放在一起进行比较，而应分别观察后凭借印象进行比较。这是因为消费者在购物时，不大可能随身携带着上次购买的商品，并将其与欲选购的商品进行商标方面的比较，而只会依赖脑海中对商标不太精确的大致印象。因此，尽管两个商标存在差异，但在经过隔离观察后给人留下了近似印象的，就应当被认定为近似商标。

其次，认定商标是否近似时还应进行"显著部分比较"，即在"隔离观察"的前提下，比较两个商标之间最显著、给人留下最深印象的部分是否相同。商标可能由数个要素构成，而消费者往往只记住了其中最为突出和重要的部分，如果这部分也出现在了另一商标中，就容易认定两个商标近似。例如，文字标识"秋林"与"伊雅秋林"相比，考虑到文字的呼叫功能在商品流通中的重要作用，"秋林"为显著部分，该部分对消费者而言起到了主要认知作用，两标识应被认定为近似。

最后，还要进行"整体观察比较"，即在"隔离观察"的前提下，判断申请商标与引证商标是否在整体上给人留下了非常接近的印象，而不能仅对两个商标中相对应部位进行分别比较。② 有时两个商标均由数个要素构成，有些相对应的要素之间本身并不相似，但由于采用了相同的结构，致使两个商标在整体上接近，此时也构成商标相似。例如，一种瓶装饮料上使用了"雪珺"标志，与注册商标"雪碧"相比，虽然在第二个字上有差异，但"碧"与"珺"均含有"王"字偏旁，而且"碧"字下部的"石"与"珺"右下方的"口"相似；再加上"雪碧"与"雪珺"采用了相同的字体和颜色。在"隔离观察"时这两个标志显然在整体上是近似的，会导致消费者误将"雪珺"认为是"雪碧"。

在应用上述原则进行比对时，还要考虑到商标的显著性和知名度。③ 一般情况下，商标的显著性越强、知名度越大，给普通消费者留下的印象就越深刻，混淆就越有可能发生。反之，商标的显著性越弱、知名度越小，即使在后申请的商标与之在客观上的相似程度较大，引起消费者混淆的可能性也就越小。

"类似商品"，则是指在功能、用途、生产部门、销售渠道、消费对象等方面

---

① 最高人民法院《关于审理商标民事纠纷案件适用法律若干问题的解释》第9条。
② 最高人民法院《关于审理商标民事纠纷案件适用法律若干问题的解释》第10条第2项。
③ 最高人民法院《关于审理商标民事纠纷案件适用法律若干问题的解释》第10条第3项。

相同，或者相关公众一般认为其存在特定联系，容易造成混淆的商品。① 需要注意的是，《商标注册用商品和服务国际分类表》《类似商品和服务区分表》可以作为判断类似商品或者服务的参考，但不是最终依据。② 换言之，不能仅仅以商品或服务是否被列于同一类似群来判断它们是否是类似商品或服务，列在不同类别下的商品或服务也可能是类似的。例如，加奶的可可饮料（以可可为主）属于分类表中的第 30 类，而加可可的牛奶（以牛奶为主）属于第 29 类，但这两种饮料在用途、生产部门、销售渠道、消费对象等方面均相同，而且一般公众也会认为它们相同或相似，因此，这两种饮料应当属于类似商品。再如，"保健、理疗"服务与"按摩、推拿"服务虽然在《类似商品和服务区分表》中处于不同类似群组，但是二者的服务目的均为恢复或改善服务对象的身体健康状况，服务内容均为通过人工或仪器作用于服务对象的身体，达到保健的目的。生活实践中也存在"保健、理疗"的服务提供者同时提供"按摩、推拿"服务的现象，相关公众一般会认为二者存在特定联系，因此，二者属于类似服务。

二、侵害商标权行为的类型

根据《商标法》和其实施条例及司法解释的规定，侵害商标权的行为有以下几种类型。

第一类行为，是未经许可在相同或者类似商品或服务上使用与他人注册商标相同或者近似的商标，包括在相同或者类似商品或服务上将与他人注册商标相同或者近似的标志作为商品名称或者商品装潢使用，用以指示商品或服务的来源，容易导致混淆的行为。③ 其中，未经许可在同一种商品上使用与他人注册商标相同的商标，情节严重的，构成假冒注册商标罪。④ 由于《商标法》第 57 条将"销售侵犯注册商标专用权的商品"列为一种独立的侵权行为，因此第一类商标侵权行为中的"使用"并不包括销售带有侵权商标的商品，而只是指将与他人注册商标相同或近似的标志附着在产品、包装、容器、交易文书和广告之上，作为商标使用，并准备向公众提供带有该商标的商品或服务，容易导致消费者混淆的行为。

第二类行为，是销售侵犯注册商标专用权的商品。⑤ 销售侵权商品是最为常

---

① 最高人民法院《关于审理商标民事纠纷案件适用法律若干问题的解释》第 11 条。
② 最高人民法院《关于审理商标民事纠纷案件适用法律若干问题的解释》第 12 条第 2 款。
③ 《商标法》第 57 条第 1、2 项。《商标法实施条例》第 76 条。
④ 《刑法》第 213 条。
⑤ 《商标法》第 57 条第 3 项。

见，也是最严重的商标侵权行为。销售明知是假冒注册商标的商品，还可能构成"销售假冒注册商标的商品罪"。① 需要注意的是，销售构成侵权的前提是其损害了商标的识别功能，使消费者通过商标在商品与其提供者之间建立了错误的联系。如果销售行为与商标的功能无关，则不可能导致混淆并被认定为侵权。

第三类行为，是擅自更换他人商品上的注册商标，并将该更换商标的商品又投入市场。② 这种行为又被称为"反向假冒"。一般对商标的假冒是指那些不知名的厂商为了推销自己的产品，在商品上使用与他人的知名商标相同或近似的商标，使消费者误以为其商品为知名商标所有人提供的商品，即所谓的"傍名牌"。而"反向假冒"则相反，往往是知名商标的所有人将他人商品上的不知名商标撕下，贴上自己的知名商标出售，使消费者误认为该商品是出自知名商标所有人的。如新加坡鳄鱼公司的授权经销商曾在购入北京服装一厂生产的"枫叶"牌西裤之后，将西裤上的"枫叶"商标更换为"卡帝乐"商标进行销售。这种行为一方面导致消费者误认为该商品来自知名商标所有人；另一方面也会损害被撕去的商标所有人的利益，因为知名商标所有人之所以要在购买他人商品之后更换上自己的商标，往往是因为他人的商品质量上乘，而价格相对低廉。这种行为使被撕去的商标的所有人提供的优质商品无法为其带来应有的商业信誉，反而"为他人作嫁衣裳"，成为知名商标所有人积累商业信誉的工具。当然，"反向假冒"导致的混淆，并非是由使用他人注册商标造成的，因此将其定为不正当竞争行为似更为合理。

第四类行为，是将与他人注册商标相同或者相近似的文字作为企业的字号在相同或者类似商品上突出使用，容易导致混淆的行为。③ 例如，吴良材眼镜商店在"眼镜"等系列商品上获准注册了"吴良材"商标，经过长期使用具有较高知名度。某市的一家眼镜公司将企业名称变更为"吴良材眼镜公司观前店"，并在网站、店面招牌、眼镜盒、眼镜布等相关产品和服务上突出使用了"吴良材"字号，容易引起混淆，侵害了"吴良材"注册商标专用权。

第五类行为，是将与他人注册商标相同或者相近似的文字注册为域名，并且通过该域名进行相关商品交易的电子商务，容易导致混淆的行为④。将注册商标中的文字作为域名注册，是商标权人在网络时代常见的经营策略，因为商标中的文字一般短小、精悍、便于消费者记忆和在网络中搜寻，如海尔集团的域名http：//

---

① 《刑法》第 214 条。
② 《商标法》第 57 条第 5 项。
③ 最高人民法院《关于审理商标民事纠纷案件适用法律若干问题的解释》第 1 条第 1 项。
④ 最高人民法院《关于审理商标民事纠纷案件适用法律若干问题的解释》第 1 条第 3 项。

www. haier. com 就是以其注册商标作为域名的。如果将他人的注册商标用作域名并进行相关商品交易的电子商务，容易使相关公众误认为这是商标注册人的网站，并在该网站进行电子商务交易，从而受骗上当。例如，"SWAROVSKI（施华洛世奇）"是著名的水晶饰品商标。某公司注册了 chinaswarovski. com、chinaswarovski. cn、swarovski-shop. cn 和 swarovski8. cn 四个域名，并在相应的网站上销售自称为施华洛世奇品牌的商品。法院认为：该公司在注册域名时应当知晓施华洛世奇公司的注册商标具有较高的市场知名度，但仍为商业目的使用上述域名，建立相应的网站从事网上经营活动，其意在于利用施华洛世奇公司注册商标的知名度，引起相关消费者的混淆，构成对施华洛世奇公司注册商标专用权的侵犯。

第六类行为，是伪造、擅自制造他人注册商标标识或者销售伪造、擅自制造的注册商标标识[1]。此类行为的实施者并没有直接在商品或服务上使用商标以造成混淆，因此该行为原本不属于对商标权的直接侵害，只有在行为人明知或应知他人准备利用注册商标标识侵害他人商标权时，仍然实施上述行为的，才与他人的侵权行为构成共同侵权行为。但《商标法》为了加强对商标权的保护，将其列为一种独立的侵害商标权的行为。此外，此类行为还可能构成"非法制造、销售非法制造的注册商标标识罪"。[2]

第七类行为，是故意为侵犯他人商标专用权行为提供便利条件，帮助他人实施侵犯商标专用权行为。[3] 这类行为与他人直接实施的侵权行为构成共同侵权行为。例如，经营场所提供者明知其中的商户有出售假冒商品的侵权行为，但却置若罔闻，不采取合理措施加以制止，仍然继续向其提供场所和其他辅助服务。这无异于在纵容和帮助商户实施侵权行为，应当承担共同侵权的法律责任。

三、侵害商标权行为的例外

商标法对注册商标的保护不是绝对的，商标并非语言或图形的禁区，有些利用与注册商标相同或近似的文字或图形的行为并不属于商标法意义上的使用行为。《商标法》第 48 条规定："本法所称商标的使用，是指将商标……用于识别商品来源的行为。"这就意味着如果他人未将与商标相同或近似的内容用于识别商品来源，就不属于对商标的使用，自然不可能构成侵权。有些行为虽然涉及利用商标的识别功能，却基于正当的理由或目的，也不构成侵权。

---

[1] 《商标法》第 57 条第 4 项。
[2] 《刑法》第 215 条。
[3] 《商标法》第 57 条第 6 项。

（一）描述商品或服务的特征

"描述性使用"是指虽然利用了商标中的文字或图形，但并非用其指示商品或服务的特定来源，而是对商品或服务的特征本身进行描述。描述商品或服务的质量、原料、功能、用途、重量、数量等特点的标志缺乏固有显著性，只有经过长期使用取得"第二含义"、获得了显著性之后，才能被注册为商标。即使如此，商标权人也不能阻止他人利用商标中的描述性文字或图形善意地说明其商品或服务的特征，因为这些文字或图形毕竟不是商标权人臆造出来的，它们本来就处在公有领域之中，只不过通过商标权人长期将其与特定商品或服务联系在一起使用，使其被赋予了第二种含义。商标法对描述性标志的保护，也局限于这种由商标权人的商誉带来的"第二含义"，而该标志的"第一含义"仍然保留在公共领域，供公众自由使用；而且他人只要善意地使用标志的"第一含义"，也不会引起消费者对商品或服务来源的混淆。例如，中草药名称"两面针"经过长期使用之后，被注册为商标，他人在牙膏产品上使用"本牙膏含有两面针成分"并不侵权。再如，国内某电视机制造商曾在电视机上注册了"CHDTV"商标，但在国家技术监督局发布的设备名称术语规范中，"HDTV"是"高清晰度电视（High Definition Television）"的意思。商标注册人无权禁止其他电视制造商将"HDTV"作为直接标识商品特点的技术术语的英语缩写加以使用。《商标法》第 59 条对此明确规定：注册商标中含有的本商品的通用名称、图形、型号，或者直接表示商品的质量、主要原料、功能、用途、重量、数量及其他特点，或者含有的地名，注册商标专用权人无权禁止他人正当使用。三维标志注册商标中含有的商品自身的性质产生的形状、为获得技术效果而需有的商品形状，或者使商品具有实质性价值的形状，注册商标专用权人无权禁止他人正当使用。

有些标志虽然原本不属于描述性标志，但利用和标志相同或近似的文字或图形善意地说明商品或服务的特征，仍然可能在商标法的允许范围内。例如，在"美国教育考试服务中心（ETS）诉新东方学校案"中，ETS 作为 GRE 考试的主持开发者，在中国注册了 GRE 商标，核定使用的范围包括盒式录音带和出版物等。北京新东方学校在其出版的"GRE 听力磁带"和"GRE 系列教材"的封面及包装上均突出使用了"GRE"字样。法院认为：新东方学校在磁带和教材上突出使用"GRE"字样，是在进行描述性或者叙述性的使用。其目的是说明和强调磁带和出版物的内容与 GRE 考试有关，而不是为了表明来源，并不会造成读者对商品来源的误认和混淆，因此不构成侵权。

（二）说明商品或服务的用途

如果利用他人商标中的文字或图形，是为了说明自己提供的商品或服务能够与使用该商标的商品或服务配套，或是为了传递商品或服务来源于商标权人这一真实信息，也即指示自己提供的商品或服务的用途、服务对象和真实来源，而非为了让消费者产生混淆，则构成"指示性使用"，不属于侵权行为。

法律对商标的保护是为了防止对消费者的欺骗和维护商标权人的商誉，并不是为了让商标权人垄断相关的商品或服务，因此，商标权人虽然可以阻止他人以容易导致混淆的方式在相同或类似的商品或服务上使用相同或近似的标志，但无权禁止他人提供与自己的商品或服务相配套的商品或服务，也不能阻止他人使用该商标说明其商品或服务与商标权人的商品或服务配套或者说明商品与服务的真实来源。例如，在淘宝网上开设出售油漆的商铺，展示"立邦""多乐士"等知名品牌的文字和图形，只要其出售的是正品而非假货，且其使用油漆注册商标的方式不会误导消费者相信该商铺是商标权人自己或经许可开设的专卖店，则这种未经许可使用注册商标文字和图形的行为就是在指示商品的真实来源，不构成侵权。

（三）商标权用尽

"商标权用尽"，又称"商标权穷竭"是指对于经商标权人许可或以其他方式合法投放市场的商品，他人在购买之后无须经过商标权人许可，就可将该带有商标的商品再次售出或以其他方式提供给公众。这一原则在前面著作权法和专利法的相关章节中已有介绍，此处不再赘述。

（四）基于其他正当目的或理由的使用

商标法的立法目的之一是防止他人"搭便车"——无偿利用注册商标所体现的商誉牟取不当利益，以实现公平的商业竞争。如果在一个商标获得注册之前，他人就已经善意地在相同或类似商品上使用了与注册商标相同或近似的商标，自然谈不上"搭便车"。对他人在原有范围内继续使用其商标的行为，商标法应当予以容忍，否则，就会剥夺在先使用人通过诚实经营所积累的商誉，对于在先使用人是不公平的。《商标法》第59条第3款规定，"商标注册人申请商标注册前，他人已经在同一种商品或者类似商品上先于商标注册人使用与注册商标相同或者近似并有一定影响的商标的，注册商标专用权人无权禁止该使用人在原使用范围内继续使用该商标"。这就明确承认了"在先使用"可以作为抗辩事由。

当然，商标注册具有公示效力。在先使用人在改变使用方式、拓展使用范围和领域之前，应当查询是否存在可能与之冲突的注册商标。如果其没有尽到这一合理注意义务，或者在注册商标获得知名度后，为了"搭便车"而改变使用方式或拓展使用范围和领域，由此产生混淆可能的，商标法没有必要加以容忍。我国法院亦在司法实践中承认，当在相同服务上，在先使用的字号与他人在后注册的商标文字相同时，在先权利人"只能在原有范围内继续使用其使用在先的字号"。《商标法》第59条第3款也规定，注册商标专用权人虽然无权禁止在先使用人在原使用范围内继续使用该商标，但可以要求其附加适当区别标识。这一要求是合理的。

第二节　侵害商标权法律责任的类型及后果

侵害商标权的行为，一方面损害了商标权人的利益，导致其商品和服务的竞争力下降，因此，行为人应当承担民事责任；另一方面，侵害商标权的行为导致消费者对商品或服务的来源产生混淆，从而受骗上当，因此也损害了公共利益，行为人应当承担行政责任，严重的还要承担刑事责任。

一、侵害商标权的民事责任

如果在法院下达判决时侵害行为仍在继续，那么停止侵害将是法院要求行为人首先应当承担的民事责任。《商标法》第64条第2款规定："销售不知道是侵犯注册商标专用权的商品，能证明该商品是自己合法取得的并说明提供者的，不承担赔偿责任"。从该款用语可以推出：缺乏主观过错的销售者不承担赔偿责任，但仍然应当承担停止侵害的法律责任。

如果行为人有主观过错，即知道或应当知道自己从事了侵害他人商标权的行为，还应当承担赔偿责任。《商标法》第63条规定：侵犯商标专用权的赔偿数额，按照权利人因被侵权所受到的实际损失确定；实际损失难以确定的，可以按照侵权人因侵权所获得的利益确定；权利人的损失或者侵权人获得的利益难以确定的，参照该商标许可使用费的倍数合理确定。对于恶意侵犯商标专用权，情节严重的，可以在按照上述方法确定数额的1倍以上、5倍以下确定赔偿数额。赔偿数额应当包括权利人为制止侵权行为所支付的合理开支。人民法院为确定赔偿数额，在权利人已经尽力举证，而与侵权行为相关的账簿、资料主要由侵权人掌握的情况下，可以责令侵权人提供与侵权行为相关的账簿、资料；侵权人不提供或者提供虚假的账簿、资料的，人民法院可以参考权利人的主张和提供的证据判定赔偿数额。权利人因被侵权所受到的实际损失、侵权人因侵权所获得的利益、注册商标许可使用费难以确定的，由人民法院根据侵权行为的情节判决给予500万元以下的赔偿。人民法院审理商标纠纷案件，应权利人请求，对属于假冒注册商标的商品，除特殊情况外，责令销毁；对主要用于制造假冒注册商标的商品的材料、工具，责令销毁，且不予补偿；或者在特殊情况下，责令禁止前述材料、工具进入商业渠道，且不予补偿。

商标只有在实际使用中才能发挥识别作用并积累商誉。如果商标在注册后并未进行实际使用，则他人未经许可使用注册商标的行为就不可能导致消费者的混淆，也不涉及不正当地利用商誉和给商标权人造成经济损失。因此，《商标法》第64条第1款规定：注册商标专用权人请求赔偿，被控侵权人以注册商标专用权人未使用注册商标提出抗辩的，人民法院可以要求注册商标专用权人提供此前3年内实际使用该注册商标的证据。注册商标专用权人不能证明此前3年内实际使用过该注册商标，也不能证明因侵权行为受到其他损失的，被控侵权人不承担赔偿责任。

《商标法》第64条规定的民事责任是针对侵害注册商标专用权而言的。对于未在中国注册的驰名商标而言，尽管《商标法》第13条提供了特殊保护，但保护力度相对于注册商标而言仍然较低。根据最高人民法院《关于审理商标民事纠纷案件适用法律若干问题的解释》第2条的规定，复制、摹仿、翻译他人未在中国注册的驰名商标或其主要部分，在相同或者类似商品上作为商标使用，容易导致混淆的，应当承担停止侵害的民事法律责任。

二、侵害商标权的刑事责任

《刑法》第213条、第214条和第215条分别规定了"假冒注册商标罪""销售假冒注册商标的商品罪"和"非法制造、销售非法制造的注册商标标识罪"。第213条规定：未经注册商标所有人许可，在同一种商品上使用与其注册商标相同的商标，情节严重的，处3年以下有期徒刑或者拘役，并处或者单处罚金；情节特别严重的，处3年以上7年以下有期徒刑，并处罚金。最高人民法院和最高人民检察院2004年颁布的《关于办理侵犯知识产权刑事案件具体应用法律若干问题的解释》（下文简称《刑事司法解释》）第1条将以下两种情形规定为"情节严重"：（1）非法经营数额在5万元以上或者违法所得数额在3万元以上的；（2）假冒两种以上注册商标，非法经营数额在3万元以上或者违法所得数额在2万元以上的。同时，该《刑事司法解释》将以下两种情形解释为"情节特别严重"：（1）非法经营数额在25万元以上或者违法所得数额在15万元以上的；（2）假冒两种以上注册商标，非法经营数额在15万元以上或者违法所得数额在10万元以上的。其中"非法经营数额"，是指行为人在实施侵犯商标权行为过程中，制造、储存、运输、销售侵权产品的价值。已销售的侵权产品的价值，按照实际销售的价格计算。制造、储存、运输和未销售的侵权产品的价值，按照标价或者已经查清的侵权产品的实际销售平均价格计算。侵权产品没有标价或者无法查清其实际销售价格的，按照被侵权产品的市场中间价格计算。

《刑法》第 214 条规定：销售明知是假冒注册商标的商品，销售金额数额较大的，处 3 年以下有期徒刑或者拘役，并处或者单处罚金；销售金额数额巨大的，处 3 年以上 7 年以下有期徒刑，并处罚金。根据《刑事司法解释》，"销售金额"是指销售假冒注册商标的商品后所得和应得的全部违法收入。销售金额在 5 万元以上的，属于"数额较大"；销售金额在 25 万元以上的，属于"数额巨大"。具有下列情形之一的，就可以认定销售者"明知"销售的是假冒注册商标的商品：（1）知道自己销售的商品上的注册商标被涂改、调换或者覆盖的；（2）因销售假冒注册商标的商品受到过行政处罚或者承担过民事责任，又销售同一种假冒注册商标的商品的；（3）伪造、涂改商标注册人授权文件或者知道该文件被伪造、涂改的。《刑法》第 215 条规定：伪造、擅自制造他人注册商标标识或者销售伪造、擅自制造的注册商标标识，情节严重的，处 3 年以下有期徒刑、拘役或者管制，并处或者单处罚金；情节特别严重的，处 3 年以上 7 年以下有期徒刑，并处罚金。

三、侵害商标权的其他责任

商标侵权同时会使消费者受骗上当，涉及公共利益，因此，侵权人除了向商标权人承担民事责任之外，还应承担行政责任。《商标法》第 60 条规定：对于侵犯注册商标专用权的行为，商标注册人或者利害关系人可以请求工商行政管理部门处理。工商行政管理部门处理时，认定侵权行为成立的，责令立即停止侵权行为，没收、销毁侵权商品和主要用于制造侵权商品、伪造注册商标标识的工具，违法经营额 5 万元以上的，可以处违法经营额 5 倍以下的罚款，没有违法经营额或者违法经营额不足 5 万元的，可以处 25 万元以下的罚款。对 5 年内实施两次以上商标侵权行为或者有其他严重情节的，应当从重处罚。销售不知道是侵犯注册商标专用权的商品，能证明该商品是自己合法取得并说明提供者的，由工商行政管理部门责令停止销售。

第三节　驰名商标及其法律保护

驰名商标是指经过长期使用或大量商业推广与宣传，为相关公众所熟知的商标。许多驰名商标不仅发挥着商标识别出处的基本功能，而且具有表彰消费者身份和品位的功能。因此，法律对驰名商标提供了较高水平的保护。

一、对驰名商标的特殊保护

《商标法》对驰名商标提供的保护，不仅包括禁止他人以容易导致混淆的方式在相同或类似商品或服务上使用与已注册的驰名商标相同或近似的商标，还包括以下几方面的特殊保护。

（一）对未注册的驰名商标禁止"同类混淆"

《商标法》第 13 条第 2 款规定："就相同或者类似商品申请注册的商标是复制、摹仿或者翻译他人未在中国注册的驰名商标，容易导致混淆的，不予注册并禁止使用。"这意味着未在中国注册的商标只要已经在中国驰名，而他人对该驰名商标进行复制、摹仿或者翻译，并在相同或类似商品或服务上进行使用，容易导致混淆的，该驰名商标所有者有权阻止他人使用，商标局对他人在相同或类似商品或服务上的注册申请不予核准。这一特殊规定使得"驰名"成为商标除注册之外获得保护的第二条途径，可以有效地防止恶意利用未注册驰名商标的声誉牟利并欺骗消费者的行为。例如，在"苏富比案"中，法院认为：（英国）苏富比拍卖行虽然尚未在我国注册"苏富比"中文商标，但经过其对"苏富比"的持续宣传，"苏富比"在我国已经具有较高的知名度，构成拍卖服务的未注册驰名商标。四川苏富比公司在其拍卖活动、宣传材料、网站和名片中使用"苏富比"等商标标识，具有借助原告的商誉，使相关公众对（英国）苏富比拍卖行和四川苏富比公司的服务发生混淆的主观故意，客观上也会造成相关公众的混淆，使之误认为两者存在某种联系，侵犯了（英国）苏富比拍卖行的未注册商标权。

（二）对已注册的驰名商标禁止"跨类混淆"

《商标法》第 13 条第 3 款规定："就不相同或者不相类似商品申请注册的商标是复制、摹仿或者翻译他人已经在中国注册的驰名商标，误导公众，致使该驰名商标注册人的利益可能受到损害的，不予注册并禁止使用。"这样，已注册驰名商标权利人就可以阻止他人在不相同或不相类似商品上使用相同或近似的驰名商标，以免导致消费者发生混淆的可能，也即避免"跨类混淆"。

许多驰名商标的知名度已经超越了其核准注册的商品或服务类别，他人将相同或近似的已注册驰名商标用于不同类别的商品或服务时，只要两类商品或服务的消费者群体有所重合，就可能导致混淆。例如，"梦特娇"是服装类商品上的注册商标且已驰名，当有人在干洗服务上使用相同的商标时，消费者可能误认为

"梦特娇"的商标权人拓展了其经营业务，不仅销售服装，还自己或授权他人提供服装干洗这一相关服务。因此，法律禁止对这种容易导致混淆的跨类使用已注册驰名商标的行为。

（三）对已注册的驰名商标防止淡化

某些使用驰名商标的行为虽然不会导致混淆，但会削弱驰名商标的显著性，即妨碍其迅速地识别商品或服务来源的能力，这种行为被称为对驰名商标的"弱化"。例如，"华为"是电子产品的商标，如果有人出售"华为"牌皮鞋，消费者不大可能误认为该皮鞋的提供者与"华为"手机的制造商是一家。因此，在皮鞋上使用"华为"商品不容易导致混淆。然而，驰名商标之所以凝集了比普通商标更高的商誉，其中的重要原因在于驰名商标与商品或服务的特定来源之间存在独一无二的联系，消费者一看到驰名商标，只会想到一个特定的来源。在这种情况下，驰名商标的显著性，已经不仅表现在消费者看到驰名商标时，能够认识到它是一个用来识别商品或服务来源的商标（如知道"华为"是一个商标），还在于消费者能够立即与商品或服务的特定来源联系起来（如一看到"华为"，就知道相关商品出自我国深圳华为公司）。如果允许将驰名商标任意使用在不相同、不类似商品或服务上，就会削弱驰名商标迅速识别商品或服务唯一来源的能力。一些驰名商标的价值还往往来源于权利人长期专注于提供有限种类的特定商品或服务的努力，使该驰名商标成为一种身份、品位或生活方式的代名词。如果放任他人将驰名商标随意用于识别与原先类别商品或服务完全不相干的商品或服务，也会导致驰名商标丧失其原先具有的表现与彰显使用者身份和地位的功能。

将驰名商标用于明显低档次的商品或服务，甚至是不雅或有伤风化的商品或服务，往往也不会引起混淆，但会导致对商标声誉造成负面影响。这种行为被称为"商标丑化"。如果消费者看到"美加净"牌厕所强力除臭剂，不大可能相信它与"美加净"牌护肤品源于一个经营者，也即没有产生混淆。但法律如果放任这种行为，经过一段时间的使用之后，消费者再看到"美加净"这个品牌，可能首先想到的就不是清新的香气和柔美的肌肤，而是厕所中的异味了。这不但会破坏该品牌与护肤品来源之间独一无二的联系，还会给该品牌的声誉带来严重的负面影响，从而损害其原有的价值。上述对驰名商标的"弱化"和"丑化"统称为"淡化"。

由此可见，商标法对驰名商标的保护，不仅要防止混淆，还要防止淡化。最高人民法院颁布的《关于审理涉及驰名商标保护的民事纠纷案件应用法律若干问题的解释》第9条第2款规定，"足以使相关公众认为被诉商标与驰名商标具有相当程度的联系，而减弱驰名商标的显著性、贬损驰名商标的市场声誉，或者不正当利用驰名商标的市场声誉的"，属于《商标法》第 13 条第 3 款规定的"误导公众，致使该驰名商标注册人的利益可能受到损害"。这一司法解释扩大了"误导公众"的字面含义，从而使不可能导致相关公众混淆的"弱化"（减弱驰名商标的显著性）和"丑化"（贬损驰名商标的市场声誉）也被纳入"误导公众"的范围。实际上这是以司法解释的方式提供了对驰名商标的反淡化保护。在司法实践中，法院曾认定某市科达液压电梯有限公司制造、销售"柯达/KODAK"电梯的行为侵犯了"KODAK"（注册在照相机、胶卷商品上）注册商标权，也曾认定不应允许"YiLi 伊利"商标在水龙头和马桶等卫生设备上注册，因为这会减弱"伊利"作为驰名商标的显著性，在马桶上的使用也易使消费者将其与不洁物发生联想，贬损"伊利"商标的声誉。这就属于对驰名商标的反淡化保护。

（四）对恶意注册行为请求宣告无效不受期限限制

根据《商标法》第 45 条第 1 款的规定，驰名商标所有人对于他人恶意注册自己驰名商标的行为请求商标评审委员会宣告该注册商标不受 5 年期限限制。这条规定承认了驰名商标因凝集了较高的商誉，应当受到比普通商标更强的保护。而恶意抢注人是无法依靠争议期限将他人驰名商标据为己有的。

二、对驰名商标的认定、途径和效力

我国《驰名商标认定和保护规定》第 2 条规定：驰名商标是在中国为相关公众所熟知的商标。根据这一规定，仅在国外驰名但在中国尚不驰名的商标无法享受我国《商标法》对驰名商标的特别保护。《商标法》第 14 条规定，认定驰名商标应当考虑下列因素：（1）相关公众对该商标的知晓程度；（2）该商标使用的持续时间；（3）该商标的任何宣传工作的持续时间、程度和地理范围；（4）该商标作为驰名商标受保护的记录；（5）该商标驰名的其他因素。

目前，我国对驰名商标的认定采取"双轨制"，以及"被动认定"和"个案认定"的原则。"双轨制"是指商标行政机关和司法机关都可以认定驰名商标。商标局在商标注册、商标评审或者查处商标违法案件过程中，可以根据当事人的请求对所涉商标是否为驰名商标进行认定。同时，人民法院在审理商标纠纷案件中，可以根据当事人的请求对所涉商标是否为驰名商标进行认定。"被动认定"是指商标局和人民法院不能在当事人没有提出请求的情况下，主动依职权去认定驰名商标。《商标法》第 14 条明确规定："驰名商标应当根据当事人的请求，作为处理涉及商标案件需要认定的事实进行认定。""个案认定"是指对驰名商标的认定效力应仅限于个案，即认定驰名商标的目的是判断在具体案件中他人的使用是否构成侵权。如果在日后商标权人又对他人提起诉讼，之前法院或商标局对驰名商标的认定没有当然效力。只要对方当事人提出异议，商标局或法院就应当重新根据商标权人提出的证据对商标是否驰名进行认定。既然认定驰名商标的效力仅限于个案，经营者就不能在个案认定驰名商标之后，将其作为宣传手段使用。《商标法》第 14 条第 5 款和第 53 条对此明确规定：生产、经营者不得将"驰名商标"字样用于商品、商品包装或者容器上，或者用于广告宣传、展览以及其他商业活动中。违反上述规定的，由地方工商行政管理部门责令改正，处 10 万元罚款。该规定保障了驰名商标的"个案认定"效力。

拓展阅读

杭州啄木鸟鞋业有限公司与国家工商行政管理总局商标评审委员会商标争议行政纠纷案

思考题：

1. 简述侵犯商标权的构成要件。

2. 侵犯商标权行为的例外有哪些？

3. 简述侵犯商标权行为的表现方式。

第十九章 其他商业标志保护

除了商标以外，其他一些标志在商业活动中也起着区分经营者或商品来源的作用。这些标志对保护标志所有人的利益、维护市场秩序，具有重要作用，也受到法律的保护。这些标志主要有地理标志、商号、域名等。

第一节 地理标志保护

一、地理标志的概念与性质

（一）地理标志的概念

根据我国《商标法》第 16 条第 2 款的规定，地理标志是指标示某商品来源于某地区，该商品的特定质量、信誉或者其他特征，主要由该地区的自然因素或者人文因素所决定的标志。例如法国的香槟酒，墨西哥的龙舌兰酒，我国的绍兴黄酒，安溪铁观音茶，涪陵榨菜，章丘大葱，胶州大白菜等。

关于地理标志产品的品质是仅由自然因素所决定，还是必须也与人文因素有关，有不同的认识。1958 年里斯本外交会议通过的《原产地名称保护及其国际注册里斯本协定》将原产地名称定义为"指某个国家、地区或地方的地理名称，用于指示某项产品来源于该地，其质量或特征完全或主要取决于地理环境，包括自然和人文因素"，即原产地名称所标识的产品的特定品质取决于产地的自然因素和人文因素。1994 年通过的 TRIPs 协定没有采用"原产地名称"，而采用了"地理标志"的称谓，并且规定地理标志是指这样一种标记：其标示出某种商品来源于本协议某成员地域内，或来源于该地域中的某地区或某地方，该商品的特定质量、信誉或其他特征，实质上归因于其地理来源。由于 TRIPs 协定的巨大影响，目前大多数国家都采用地理标志的概念。我国商标法规定，地理标志产品的特定质量、信誉或者其他特征，主要由该地区的自然因素或者人文因素所决定，不要求必须由两种因素共同决定。

地理标志一般由该产品产地的地理名称加产品的名称组成，如绍兴+黄酒，章丘+大葱。也有用能够代表该地区的特定标志做地理标志的，如富士山可指代日本，宝塔山可指代延安。

地理标志产品有悠久的历史和良好的声誉，深受广大消费者的喜爱，地理标志产品也就意味着市场和财富。因此，做好地理标志保护工作，对于发展经济，特别是解决我国的三农问题，具有重要意义。

（二）地理标志的性质

保护地理标志首先要解决地理标志的性质问题，即地理标志是公共财产、集体财产还是个人财产？这涉及地理标志的保护方式。有人认为，地理标志是公共财产，因此不能用商标法来保护，因为商标权是私权。把地理标志定性为公共财产显然不符合我国的国情，一旦将地理标志放到公共领域，任何人都可以自由使用，这种方式必然发生"公地悲剧"。

当然，地理标志产品的特定品质通常是由两个方面的因素决定的，一个是该地方的自然因素，诸如土壤、水质、气候等，这是大自然对该地区居民的恩赐；一个是当地人祖祖辈辈摸索、创造、总结出来的生产方法、工艺等，这是祖先的恩赐。不管是大自然的恩赐还是祖先的恩赐，都属于该地区范围内全体居民的共同财富，即属于该地区居民的集体财产，它既不是某个人的个人财产，也不是全社会的公共财产。因此，法律对地理标志的保护，首先应当承认地理标志的集体财产性质。同时，地理标志是一种商业标志。按照其集体财产性质和作为商业活动标志的特点来设计地理标志保护制度。通过将地理标志申请注册为集体商标或证明商标的方式保护地理标志，符合地理标志集体财产的性质。

二、地理标志法律保护模式

目前世界各国保护地理标志的主要模式有三种：（1）反不正当竞争保护；（2）专门法保护；（3）商标法保护。《巴黎公约》第10条对地理标志规定了反不正当竞争保护。TRIPs协定将地理标志作为知识产权的一种列入保护范围，但是并没有规定成员采取何种具体的保护措施。各国都根据本国的实际情况选择符合本国利益的地理标志保护方式。

（一）反不正当竞争保护模式

通过反不正当竞争法保护地理标志是一种普遍接受的保护方式。这种保护在历史上是不断发展的。最初能够禁止的行为（《巴黎公约》最初的规定）限于与虚假商号一起使用虚假产地标记的行为，后来发展到禁止使用虚假或者欺骗性的产地标记（《巴黎公约》《里斯本协定》和《马德里协定》的规定），再发展到对使用地理标志构成《巴黎公约》第10条之二意义上的不正当竞争行为的一般性禁止。建立在反不正当竞争基础上的地理标志保护制度的主要特征之一，是不需要特别立法，也不需要办理地理标志注册、登记手续，即可依照反不正当竞争的一般原则寻求保护。但是，在寻求保护时原告要证明要求保护的地理标志客观存在，即要证明该地理标志具备一定程度的良好声誉，且该种声誉应为相关公众所了解，并对该种商品的声誉和地理标志的联系有某种程度的认识。同时要证明被告主观上有利用该地理标志的声誉获取不正当利益的意图。可见，反不正当竞争保护立法成本低但寻求保护的成本高，且具有不确定性。尽管如此，即使在采取注册集体商标和证明商标或者专门立法保护地理标志的国家，反不正当竞争法仍然是保护地理标志的一种补充手段。

（二）专门法保护模式

专门法保护模式即通过专门立法和专门的行业管理部门对地理标志进行保护。法国等国家采用专门法保护地理标志。这些国家拥有在世界上享有较高声誉的地理标志产品，相关的产业发达，地理标志产品对这些国家具有重要的经济意义。采专门法保护的国家，法律对有关地理标志规定了严格的质量标准和生产工艺，如地域范围、品种、种植工艺、采摘加工时间、工具使用、窖藏要求甚至橡木桶的尺寸、分装时间等，都有详细具体的规定。这种规范是强制性的。除专门立法外，这些国家还设立专门的管理机构对地理标志产品的认定、质量等进行监督管理。法国是用专门法保护原产地名称和地理标志的代表性国家，专门设立了原产地名称局（INAO），其主要职能就是确定使用"经检测"的原产地名称和"优质葡萄酒"名称的葡萄酒和烈性酒的条件，并对使用受保护名称的产品的质量进行检测和控制。除葡萄酒、烈性酒和奶酪以外的其他产品的原产地名称，则可以通过司法途径或者行政程序认定。欧盟1992年通过了《关于保护农产品和食品地理标记和原产地名称条例》，通过注册对地理标记和原产地名称进行保护。该条例只在欧盟内部实行，对非欧盟成员国不给予这种保护。该指令对欧盟成员国有约束力，因此，也可以将该条例看作是欧盟各成员国保护地理标志的制度。条例区分原产地名称和地理标志。原产地名称是指一个地区、一个特殊的地点或一个国家的名称，它被用以说明一种农产品或食品源于该地区、地点或国家，并且该产品的品质和特性实质上或完全取决于由该地区的自然和人文因素形成的独特的地理环境。该产品的生产、加工和制备都是在当地完成的。而地理标志则是指用以描述一种农产品或食品的直接标志，该产品因其产地而具有特别的品质、声誉或特性，只要产品的生产、加工或制备的任一工序是在当地完成的，即已足够。欧盟及其成员认为，专门的地理标志登记制度优于通过证明商标或集体商标保护地理标志的制度，前者对地理标志的保护力度大。

专门法保护模式与反不正当竞争保护模式相比，其重要的优点是在寻求救济方面具有较强的确定性和可预见性。但是，专门法的实施需有一套专门的行业管理机构进行管理，成本较高。

（三）商标法保护模式

商标法保护模式即在商标法框架下通过注册集体商标或证明商标保护地理标志。美国、澳大利亚、加拿大、智利等100多个国家采取这种保护模式。我国也属于这种类型。地理标志注册后，注册人可以依据商标权禁止他人假冒、仿冒，追究假冒等侵权行为的法律责任。

各国对地理标志的保护往往是以一种模式为主，几种模式并用。例如极力在全世界推行专门法保护模式的法国，也同时采用商标法来对地理标志进行保护。澳大利亚制定了专门的法律《澳大利亚葡萄酒和白兰地联合体法案1980》，对葡萄酒地理标志进行保护。葡萄酒以外产品的地理标志则依据《商标法案1995》通过注册证明商标保护。

三、我国对地理标志的法律保护

目前我国有三种保护地理标志的方式：商标法保护，地理标志产品保护和农产品地理标志保护。

（一）商标法保护

商标法保护即通过将地理标志注册为集体商标或者证明商标进行保护。1993年修订的《商标法实施细则》规定，经商标局核准注册的集体商标、证明商标受法律保护。1994年原国家工商局发布《集体商标、证明商标注册和管理办法》，1995年3月1日正式受理集体商标、证明商标注册申请，引起WIPO和各国的关注。2001年商标法明确将地理标志纳入保护范围，《商标法实施条例》则明确规定，地理标志可以依照商标法和实施条例申请注册为证明商标或集体商标。2003年原国家工商局发布的《集体商标、证明商标注册和管理办法》，对集体商标、证明商标的注册、使用和管理作出了详细的规定。自此开始，中国的地理标志商标注册有了明确的法律依据和具体的操作规程。

1. 申请注册集体商标和证明商标须提交的特别证明材料。申请注册集体商标或证明商标，除应当提交普通商标注册申请应当提交的申请文件外，还应当提交证明地理标志存在以及其地域范围等证明材料，包括：地理标志所标示的产品的特定质量、信誉或其他特征由该地理标志所标示地区的地理环境或人文因素所决定的说明；地理标志产品客观存在及信誉情况的证明材料，包括县志、农业志、产品志等；确定地理标志所标示的地域范围的相关文件、材料，包括县志、农业志、产品志所表述的地域范围或者省级以上主管部门出具的地域范围证明文件。此外，还应当提交地理标志标示地区的人民政府或者行业主管部门授权申请人申请注册并监督管理该地理标志的文件。

2. 地理标志的证明商标保护。将地理标志作为证明商标申请注册的，申请人应当是对该地理标志产品的特定品质具有监督能力的组织。申请证明商标注册除应提交前边所说的证明材料以外，还应提交其主体资格的证明文件和申请人自己或者委托的人具备监督地理标志产品质量的能力的证明材料，以及证明商标使用管理规则。使用管理规则应包括该证明商标证明的商品的特定品质；使用该证明商标的条件；使用人的权利、义务和违反管理规则应当承担的责任；注册人对使用该证明商标商品的检验监督制度等。证明商标注册后，商品符合使用该地理标志条件的自然人、法人或者其他组织可以要求使用该证明商标，控制该证明商标的组织应当允许。

3. 地理标志的集体商标保护。以地理标志作为集体商标申请注册，申请人应当是团体、协会或其他组织，如某地茶叶协会、某某合作社等，而不能是单一的企业或者个人。申请时，应提交申请人主体资格证明文件、集体商标使用管理规则和集体成员名单。使用管理规则应包括集体商标指定使用的商品的特定品质；使用集体商标的手续；使用集体商标的集体成员的名称、地址、法定代表人；集体成员的权利、义务和违反规则应承担的责任；注册人对使用该集体商标商品的检验监督制度等。商品符合使用该地理标志条件的自然人、法人或者其他组织，可以要求参加以该地理标志作为集体商标注册的团体、协会或者其他组织，该团体、协会或者其他组织应当依据其章程接纳为会员；不要求参加该团体、协会或者其他组织的，也可以正当使用该地理标志中的地名，该团体、协会或者其他组织无权禁止。

地理标志注册为证明商标或集体商标后，可与普通商标一样受商标法所赋予的商标权的保护，注册人可以利用商标权禁止他人假冒、仿冒，追究假冒、仿冒者的侵权责任。

（二）地理标志产品保护

地理标志产品保护是原国家质量监督检验检疫总局依据 2005 年通过的《地理标志产品保护规定》对地理标志产品进行的保护。该规定是在原国家质量技术监督局 1999 年制定的《原产地域产品保护规定》的基础上制定的。该规定所称地理标志产品，是指"产自特定地域，所具有的质量、声誉或其他特性本质上取决于该产地的自然因素和人文因素，经审核批准以地理名称进行命名的产品"。地理标志产品包括：（1）来自本地区的种植、养殖产品。（2）原材料全部来自本地区或部分来自其他地区，并在本地区按照特定工艺生产和加工的产品。地理标志产品保护的一个特点是拟保护的地理标志产品，应根据产品的类别、范围、知名度、产品的生产销售等因素，制定相应的国家标准或地方标准，或管理规范。地理标志保护产品由各地质检机构实施保护。

（三）农产品地理标志保护

农产品地理标志保护是原农业部根据其2007年制定的《农产品地理标志管理办法》对农产品地理标志提供的登记保护。该办法所称的农产品是指来源于农业的初级产品，即在农业活动中获得的植物、动物、微生物及其产品。所称农产品地理标志，是指标示农产品来源于特定地域、产品品质和相关特征主要取决于自然生态环境和历史人文因素，并以地域名称冠名的特有农产品标志。农产品地理标志经核准登记后由农业部保护。

地理标志产品保护和农产品地理标志保护是原国家质量监督检验检疫总局和农业部依据自己制定的部门规章对地理标志进行的保护。当遇有假冒、仿冒等行为时，该部门规章无法提供法律救济，只能寻求反不正当竞争法的保护。

第二节 商号保护

一、商号与企业名称

（一）商号概述

商号是随着商品经济的发展，经营者为了使自己的企业区别于其他经营者的企业而采用的一种标记，又称为字号。"老字号"企业就是那些经过长期经营，其字号具有较高知名度的企业。

虽然商号在古代已经被广泛使用，但现代意义上的商号则来自国际公约的直接规定。在《巴黎公约》中，商号即被列为保护对象，如今使用的"商号"这一概念亦来自《巴黎公约》中"Trade Dame"的直译。1966年11月通过的《发展中国家商标、商号和不正当竞争行为示范法》将"Trade Dame"界定为识别自然人或法人企业的名称或牌号。

关于商号，有广义和狭义两种定义。广义说认为，商号等同于企业名称与商业名称，商号与企业名称为同义语。在法律文本层面，《德国商法典》即采广义说。[①] 狭义说则认为，商号（字号）是企业名称、商业名称中具有识别性的部分。我国的立法采狭义说，《企业名称登记管理规定》规定："企业名称应当由以下部分依次组成：字号（或者商号）、行业或者经营特点、组织形式。"

本书采用狭义的商号概念，即认为商号是企业名称的一部分，并且发挥着区别不同经营者的作用。

（二）商号与企业名称

商号是企业名称的重要组成部分，而且是企业名称中具有识别性的部分。因此在商业活动中具有十分重要的作用。从企业名称的组成来看，行业或者经营特点、组织形式只能按照法律规定表述，因此不足以区分不同的经营者，只有商号是由企业所有人自己选择的，因此，企业名称中，只有商号能够发挥识别商品或服务来源的功能。以"深圳市腾讯计算机系统有限公司"这一企业名称为例，"计算机系统"是企业所属行业或者经营特点，"有限公司"属于组织形式，这些都不能由某一特定的经营者专属使用，因此不能起到识别作用，只有"腾讯"才是该公司的商号，也只有"腾讯"才具有识别作用。在互联网行业，提起"腾讯"，人们自然会将其与腾讯公司联系在一起，经由这一商号同样能联想到 QQ、微信等来自腾讯公司的产品。由于商号具有显著性，易于呼叫，容易被消费者记住，所以，消费者往往只注意企业的商号，而不太会注意企业名称。例如，人们大概都知道腾讯，但很少有人会准确地说出腾讯公司的全称。

商号虽然非常重要，但毕竟不是企业名称。在正式的法律文书如合同、企业登记等场合，必须使用企业名称，而不能只使用商号。而且，商号和企业的联系有时候也不是唯一的，如商号具有较高知名度以后，企业扩张发展时，往往会在关联企业名称中使用同一商号，所以，有时候相同的商号指代的企业（法人）并不相同。

（三）商号与商标

由于商号作为企业标志在一定程度上具有标明商品或服务来源的作用，因而可以发挥类似于商标的功能，商号与经营者的产品或服务之间会建立起一定的联系和影响，从而起到质量担保的功能，成为消费者在市场消费中进行选择的重要考量，也因此成为企业信誉的重要载体。但是，商号与商标存在着重要的区别：

[①] 《德国商法典》第 17 条规定：（1）商人的商号是一个名称，在商事活动中，商人以此名称从事其经营及署名；（2）商人可以以商号的名义起诉及应诉。

商号是标识企业的，商标标识的是特定企业的特定商品或服务。尽管企业可以在自己所有的商品或服务上使用其商号，但通常是作为企业名称的一部分使用的。与商标相比，商号的排他效力较弱。现行制度下，企业不能排除他人在不同地域注册相同商号的企业。因此，有专家建议企业在设计商标时最好将商标和商号相结合，如直接将商号注册为商标，这对建立和提高企业的信誉，推广新产品是有意义的。

二、商号保护制度

商号是在商品经济发展的过程中产生的，能够为经营者带来一定的经济效益，同时能够在保护消费者、维护市场秩序等方面发挥较为积极的作用。最初对于商号的保护一方面来自市场上仿冒商号的行为，另一方面则基于维护市场秩序的考量。作为商业标记的一种，商号仍然属于知识产权的保护对象，在知识产权保护国际一体化的背景之下，对商号的法律保护需从国际公约与我国立法两个层面进行分析。

（一）国际公约中有关商号的法律保护

对于商号的性质，国际公约中早有明确的界定，《成立世界知识产权组织公约》中明确规定商号名称和牌号属于知识产权的保护对象。[①]

《巴黎公约》较为细致地规定了对商号的法律保护。该公约将商号表述为"厂商名称"，并将之纳入工业产权的范畴之内，由于该公约同时确定了"国民待遇"原则，因而对于加入《巴黎公约》的各个国家的国民而言，其商号在这些国家中享受到与其本国国民同样的保护。除此之外，《巴黎公约》亦确定了保护商号的"使用原则"，即并不对经营者施加申请或注册商号的义务，其商号在公约成员国受到保护，同时明确将商号与商标区分开来，认为商号与商标的保护是可分的。[②]《巴黎公约》亦对商号提供了较为完整的救济渠道，首先，在海关层面，对于标有假冒、仿冒他人商号的商品，在进口时可申请海关予以扣押；其次，可以提出对不正当竞争行为进行处罚的要求；最后，对于侵犯商号的行为，权利人或利害关系人有权要求提供司法救济或行政救济。[③]

在商号的法律保护方面，《巴黎公约》是最有影响力的国际公约。除此之外，

---

① 《成立世界知识产权组织公约》第 2 条第 8 款。
② 《巴黎公约》第 8 条："厂商名称应在本联盟一切国家内受到保护，没有申请或注册的义务，也不论其是否为商标的一部分。"
③ 《巴黎公约》第 9 条、第 10 条。

《发展中国家商标、商号和不正当竞争示范法》以及《班吉协定》亦涉及对商号的法律保护，其内容接近于《巴黎公约》，但由于成员国的数量有限，在国际范围内的影响力并不显著。

（二）我国对商号的法律保护

目前我国对商号进行法律保护的法律文本主要是《企业名称登记管理规定》和《反不正当竞争法》。

1.《企业名称登记管理规定》对商号提供的保护。《企业名称登记管理规定》由国家工商行政管理局出台，系属行政规章，其对商号的保护主要体现在以下几个方面：（1）经核准登记的企业名称在规定的地域范围内享有专用权，这就意味着商号受到保护的前提亦是相关企业名称的核准登记；（2）企业名称的转让权，即企业名称可以随企业或者企业的一部分一并转让，这意味着商号必须随同企业名称转让；（3）对于企业名称的登记采取先申请原则，由于企业名称的核心是商号，即商号先申请原则；对于因企业名称发生的纠纷，按照保护在先权利的原则处理；（4）对于违规使用企业名称的行为规定了行政处罚责任，其指向的行为中包含了使用未经核准登记的商号、擅自改变商号等行为；（5）对擅自使用他人已经登记的企业名称或者侵犯他人企业名称专用权的行为，被侵权人有权要求行政主管机关进行处理或直接向人民法院起诉。这两类行为的实质都是对他人商号的擅自使用或侵犯。

2.《反不正当竞争法》保护。《反不正当竞争法》第6条明确将擅自使用他人有一定影响的企业名称（包括简称、字号等），引人误以为是他人商品或者与他人存在特定联系的行为，纳入不正当竞争行为的范畴，企业名称权人可以要求禁止使用，如果造成损失，还可以要求赔偿损失。

3.《商标法》对商号的保护。《商标法》第32条规定，"申请商标注册不得损害他人现有的在先权利"，在先权利包括商号权益。擅自将他人的企业名称中的商号作为商标申请注册，属于侵犯他人的在先权利。

第三节　域名保护

一、域名的概念与法律特征

（一）域名的概念

与知识产权中的许多问题一样，域名的出现及其保护都来源于科技的发展，随着互联网的发展与普及，域名在信息搜索与甄别中发挥着越来越重要的作用，在商业经营中扮演着越来越重要的角色。

域名这一概念可以从技术和功能两个方面进行概括。首先，从技术层面而言，域名是用来定位的，类似于互联网上的门牌号码，是用于定位互联网上计算机的层次结构式字符标识，与该计算机的互联网协议（IP）地址相呼应。其次，从功能层面而言，域名是为了便于记忆，是专门为互联网中的计算机定位而设计的方便人们记忆 IP 地址的名称。

与知识产权产生关联的主要是商业域名。单纯的普通域名只能体现为与 IP 地址的对应关系，具有较强的技术性，没有显著的商业价值。商业域名则与之不同，由于与商标、商号、企业名称之间往往能够形成一种对应关系，商业域名具有了识别性，发挥着类似于商标的功能。这种情形的出现一方面来自互联网的普及，另一方面源于商业经营向互联网领域的拓展。这就使得域名能够产生较为显著的经济效益，消费者的初始兴趣往往能够将其引向最终的市场交易，在网络环境下，消费者自然而然地会使用其熟知的商标、商号、企业名称进行检索，从而将其引向预计中的商家。在商业域名的组成部分中，起到区别或识别作用的是域名的主要部分，以新浪（http：//www.sina.com）和网易（http：//www.163.com）为例，其主要部分分别为 sina 和 163，其中凝结着这两个域名的商业价值与经济利益。从这个层面而言，域名的主要部分接近于商号，而域名则与企业名称类似。

在市场经济高度发展以及网络全民普及、电子商务快速发展的当代社会，任何一个域名都可能具有潜在的商业价值，因此也就具有法律保护的意义。

（二）域名的法律特征

域名在网络环境下的唯一性，使其在市场经济中成为一种识别标记，能够指向确定的主体，因而具有类似商标的功能，从而在法律特征层面也接近于商标。域名的法律特征主要有：（1）识别性。经营者将其商标或商号作为域名的主要部分注册之后，其目的就是要让消费者在网络检索中通过对其商标或商号的搜索引向其公司或企业的网站，因而域名就通过区分不同网站的方式发挥了识别不同经营者的作用。（2）价值性。由于域名能够与经营主体建立起一一对应的关系，使得域名从单纯的定位功能发展成为商誉的载体，商号、商标往往成为域名的重要组成部分，从而使域名本身具有了较强的经济价值。（3）稀缺性。由于域名在网络世界中具有唯一性，使得域名本身成为一种较为稀缺的资源。为此，使用相同或类似商标的不同经营者都致力于获得与该商标相同或接近的域名，域名的稀缺性进一步突显，增加了其在市场经济中的价值。但域名在互联网世界具有绝对唯一性，这就不可避免地会产生域名抢注和域名冲突，因而需要法律加以规范。

二、域名的法律保护

由于域名注册时只进行形式审查，采用先申请原则，这就极易导致域名与使用甚至注册在先的商标和商号产生冲突，并进一步诱发了抢注域名的不正当竞争行为。

正是因为域名具有的识别商品或服务来源的特性以及实践中产生的有关域名的纠纷，在国际层面确立了域名注册管理与纠纷解决机制，我国亦对域名的保护形成了相应的法律规范。

（一）国际域名注册管理与纠纷解决机制

20 世纪 90 年代，网络方案公司与美国国家科学基金会达成合作协议，由 NSI 主管国际互联网域名系统，拥有除部分军事根域名之外的域名协调和维护权。

针对域名抢注和滥用较为严重的事实，世界知识产权组织于 1999 年 4 月通过了《互联网络名称及地址的管理：知识产权议题》（简称 WIPO《最终报告》）。WIPO《最终报告》向 ICANN[①] 推荐了三个程序：域名的注册规范程序、统一争端解决程序、驰名商标排他性保护程序。较之于 NSI 规则，WIPO《最终报告》提出的建议更具操作性也更具系统性。

由于 NSI 的半官方背景和实践中发生的垄断嫌疑，美国政府决定对域名管理体系进行改革，引入竞争机制促进市场竞争和国际协作，并于 1998 年成立了互联网络名称与数字地址分配机构（ICANN），该组织不受任何国家、个人或组织的控制。在 WIPO《最终报告》的基础上，ICANN 形成了《统一域名争议解决政策》（UDRP）。根据 UDRP，所有的域名注册代理商要与域名注册申请人签订合同，同意将域名争议提交 ICANN 确认的域名争端裁决机构裁决。

UDRP 克服了 NSI 规则的诸多弊端，被使用到所有有关域名抢注的纠纷之中。ICANN 进一步将域名争议区分为抢注和非抢注两种类型。对于抢注型的域名争议，UDRP 提供一种准强制性的争议解决程序，而对于非抢注型域名争议，UDRP 则可

---

① ICANN（The Internet Corporation for Assigned Names and Numbers），即互联网名称与数字地址分配机构，成立于 1998 年 10 月，是一个集合了全球网络界商业、技术及学术各领域专家的非营利国际组织，负责在全球范围内对互联网唯一标识符系统及其安全稳定的运营进行协调，包括互联网协议（IP）地址的空间分配、协议标识符的指派、通用顶级域名（gTLD）以及国家和地区顶级域名（ccTLD）系统的管理，以及根服务器系统的管理。这些服务最初是在美国政府合同下由互联网号码分配当局（Internet Assigned Numbers Authority，IANA）以及其他一些组织提供。现在，ICANN 行使 IANA 的职能。参见百度百科"ICANN"词条。

以通过提交仲裁、法院诉讼、协商等其他方式解决。① 较之于 NSI 规则，UDRP 具有非常显著的进步，不再将域名争议的处理局限在商标权保护的框架之内，且提供了更具操作性的争议解决程序。目前，UDRP 在处理域名争议中发挥着重要的作用。

（二）我国对域名的法律保护

1. 域名注册管理机构对域名的保护。我国自 1995 年开通公用互联网，1997 年 6 月 3 日，中国互联网信息中心（CNNIC）经国务院主管部门批准，成为中国域名注册管理机构和域名根服务器运行机构。该机构是非营利管理和服务机构，负责运行和管理国家顶级域名（.cn）、中文域名系统及通用网址系统，以专业技术为全球用户提供不间断的域名注册、解析和 whois 查询服务。

1997 年我国颁布了《中国互联网络域名注册暂行管理办法》与《中国互联网络域名注册实施细则》，其中的具体规则与 NSI 规则大体相当，区别仅在于其仅适用于国家顶级域名（.cn）。这两部规范性文件对域名注册及转让施加了较大的限制，过于保守，因而受到越来越多的诟病。

2006 年《中国互联网络信息中心域名争议解决办法》②（以下简称《解决办法》）和《中国互联网络信息中心域名争议解决办法程序规则》的出台，为域名的注册管理与争议解决确立了全新的规则体系。《解决办法》系参照 ICANN 的 UDRP 制定，大部分内容直接来自 UDRP，其与 UDRP 的区别主要体现在以下方面：（1）将产生域名纠纷的对象扩展到了"民事权益"的范畴，对域名抢注行为的规范更为有力；③（2）列举了恶意注册或恶意使用域名的具体情形，从而在保护民事权益的同时，兼顾了域名持有人的合法利益。④

① 根据 UDRP 的规定，大多数与商标有关的域名争议必须经由协商、法院指令或者仲裁进行解决，然后注册商方可取消、暂停或者转让域名，涉嫌因滥用域名的注册而产生的争议可通过快速管理程序来解决，此程序由商标权人填写对争议解决服务提供商的投诉发起。
② 该解决办法在 2012 年进行了修订。
③ 《中国互联网络信息中心域名争议解决办法》第 8 条："符合下列条件的，投诉应当得到支持：（一）被投诉的域名与投诉人享有民事权益的名称或者标志相同，或者具有足以导致混淆的近似性；（二）被投诉的域名持有人对域名或者其主要部分不享有合法权益；（三）被投诉的域名持有人对域名的注册或者使用具有恶意。"
④ 《中国互联网络信息中心域名争议解决办法》第 9 条："具有下列情形之一的，其行为构成恶意注册或者使用域名：（一）注册或受让域名的目的是为了向作为民事权益所有人的投诉人或其竞争对手出售、出租或者以其他方式转让该域名，以获取不正当利益；（二）多次将他人享有合法权益的名称或者标志注册为自己的域名，以阻止他人以域名的形式在互联网上使用其享有合法权益的名称或者标志；（三）注册或者受让域名是为了损害投诉人的声誉，破坏投诉人正常的业务活动，或者混淆与投诉人之间的区别，误导公众；（四）其他恶意的情形。"

2. 域名的司法保护。在司法实践中，法院通过对《商标法》《反不正当竞争法》《民法通则》的阐释，以司法解释的方式形成了对涉及域名的民事纠纷的解决规则。

最高人民法院《关于审理商标民事纠纷案件适用法律若干问题的解释》第1条第3项把"将与他人注册商标相同或者相近似的文字注册为域名，并且通过该域名进行相关商品交易的电子商务，容易使相关公众产生误认的"行为界定为侵犯注册商标专用权的行为。最高人民法院《关于审理涉及计算机网络域名民事纠纷案件适用法律若干问题的解释》第4条进一步明确规定，对符合以下各项条件的，应当认定被告注册、使用域名等行为构成侵权或者不正当竞争：（1）原告请求保护的民事权益合法有效；（2）被告域名或其主要部分构成对原告驰名商标的复制、模仿、翻译或音译，或者与原告的注册商标、域名等相同或近似，足以造成相关公众的误认；（3）被告对该域名或其主要部分不享有权益，也无注册、使用该域名的正当理由；（4）被告对该域名的注册、使用具有恶意。对于恶意的认定，该解释第5条指出：被告的行为被证明具有下列情形之一的，应当认定其具有恶意：（1）为商业目的将他人驰名商标注册为域名的；（2）为商业目的注册、使用与原告的注册商标、域名等相同或近似的域名，故意造成与原告提供的产品、服务或者原告网站的混淆，误导网络用户访问其网站或其他在线站点的；（3）曾要约高价出售、出租或者以其他方式转让该域名获取不正当利益的；（4）注册域名后自己并不使用也未准备使用，而有意阻止权利人注册该域名的；（5）具有其他恶意情形的。被告举证证明在纠纷发生前其所持有的域名已经获得一定的知名度，且能与原告的注册商标、域名等相区别，或者具有其他情形足以证明其不具有恶意的，人民法院可以不认定被告具有恶意。

思考题：

1. 什么是地理标志？为什么要保护地理标志？
2. 商号与企业名称是什么关系？为何保护商号？
3. 简述网络域名的法律属性。

第四编 | 与知识产权有关的反不正当竞争法

第二十章　反不正当竞争法律制度概述

第一节　不正当竞争行为的概念和特征

一、不正当竞争行为的概念

（一）不正当竞争行为的含义

"不正当竞争"（Unfair Competition）是西方国家在 19 世纪提出的一个法律概念，是"正当竞争"的反称。德国 1909 年《制止不正当竞争法》称不正当竞争为"在营业中为竞争目的采取违反善良风俗的行为"。《巴黎公约》在第 10 条之二第 2 款规定："凡在工商业事务中违反诚实的习惯做法的竞争行为构成不正当竞争的行为。"可见，无论是国际公约还是有关国家立法，都将不正当竞争行为与违反"诚实""公平"原则联系在一起。因此，不正当竞争行为是一种违反公正、平等、诚实信用等竞争规则的非法行为。

我国《反不正当竞争法》第 2 条第 2 款规定："本法所称的不正当竞争行为，是指经营者在生产经营活动中，违反本法规定，扰乱市场竞争秩序，损害其他经营者或者消费者的合法权益的行为。"该规定为实践中判断不正当竞争行为提供了基本的法律依据。从该法的规定可以看出，我国法律规制的"不正当竞争行为"，是指在市场经济活动中，违反诚实信用原则，采取虚假、欺诈、损人利己等不正当手段谋取经济利益，以致损害国家、生产经营者和消费者利益，扰乱社会经济秩序的不法行为。

（二）不正当竞争行为与垄断行为的关系

不正当竞争行为和垄断行为具有十分密切的关系。垄断作为一种经济现象，一般是指独占，即少数企业通过自身经济增长或合并等形成对国内某一市场或某一行业的独占与控制，排斥市场有效竞争，并获得高额垄断利润。垄断是市场经济激烈竞争或过度竞争的结果，通常也是不正当竞争行为的追求目标和结果。垄断一旦形成，它会限制、阻碍正常竞争，加剧不正当竞争。垄断和不正当竞争行为都是发生于工商领域中损害其他经营者和消费者合法权益，违反法律和公认的商业道德，扰乱和破坏市场经济秩序的行为。从本质上说，垄断也是一种不正当竞争行为。有的国家就将垄断纳入统一的制止不正当竞争法律之中。在我国，对垄断行为的规制体现于专门的《反垄断法》中。

二、不正当竞争行为的特征

（一）不正当竞争行为的主体特定性

不正当竞争行为是在市场交易领域内发生的，行为主体具有特定性。如果不是发生在市场交易领域的不正当、不合法行为，就不能称其为具有民事法律规范意义上的不正当竞争行为。我国《反不正当竞争法》第 2 条限定的不正当竞争行为主体为"经营者"即是体现。该法规定的不正当竞争行为的主体是指在我国境内从事市场交易的经营者，包括从事商品经营或者营利服务的法人、其他经济组织和个人。这里的法人包括企业法人、实行企业化经营的事业单位法人，以及取得经营资格从事营利活动的社团法人。其他经济组织是不具备法人资格的从事经济活动的组织。个人指从事商品经营或服务的自然人，如个体工商户。

（二）不正当竞争行为的主观过错

行为人在主观上具有与竞争对手争夺顾客等动机与目的。不正当竞争行为的行为人主观上的过错，一般而言是故意，即在不正当竞争意识的支配下进行的故意损害其他经营者合法权益，扰乱社会经济秩序的行为。当然，"过失"并非总是不能构成不正当竞争行为。《反不正当竞争法》第 9 条第 2 款规定，侵犯商业秘密的不正当行为即可由过失构成。

（三）不正当竞争行为的过程或方式上的不当性、非诚实性

不正当竞争行为往往表现为不正当竞争者对特定或不特定经营者实施单方面妨碍公平竞争的行为。这种行为体现在以下两个方面：（1）盗用他人竞争优势，如假冒他人注册商标，擅自使用他人企业名称；（2）采取不正当手段使自己占据竞争优势，如欺骗性的价格表示，捏造、散布虚伪事实损害竞争对手的商业信誉和商品声誉等。在不正当竞争行为中，行为不仅具有不当性，而且违反了经营者从事经营活动所必须遵守的诚实信用原则，具有非诚实性。在不正当竞争行为中，行为人行为的非诚实性与不当性是互相关联的。

（四）不正当竞争行为的损害后果

不正当竞争会给其他经营者的合法权益造成损害，同时也会使国家、社会和消费者利益受到损害。这一特性反映了不正当竞争行为民事侵权的性质。

不正当竞争行为的损害结果可能是对竞争者的直接损害，也可能是间接损害，甚至可能只是"潜在损害"，因而在客观构成上，不正当竞争行为与损害结果之间既可以是必然因果关系，也可以是偶然因果关系。这也是不正当竞争行为与一般

侵权行为构成要件的不同之处。

从不正当竞争行为损害的具体表现形式来看，主要有以下几种：（1）损害其他经营者的商誉，败坏其商品声誉和商业形象，典型的如捏造、散布虚假事实诋毁或贬低竞争对手商誉的行为；（2）破坏正常的市场经济秩序，危害正当竞争秩序，如以假冒商标等形式出现的欺诈交易行为，造成消费者对商品或服务来源发生混淆，不仅危及商标权人的利益而且损害了消费者利益，破坏了国家商标管理秩序；（3）对公序良俗、社会主义道德风尚的破坏，如将一般产品夸大为名牌产品，做虚假和引人误解的宣传，不但会造成其他经营者和消费者的损害，而且扭曲了良好的社会道德风尚。

第二节　反不正当竞争法及其与知识产权法的关系

一、反不正当竞争法

（一）反不正当竞争立法概况

竞争是商品经济发展的客观要求，有竞争就会出现不正当竞争现象，这也是市场经济的规律。商品经济比较发达的国家，很早就通过立法来制止不正当竞争。最初是通过国王颁布特权证书来制止不正当竞争，这是不正当竞争的立法雏形。但封建特权时代并没有形成自由竞争的社会环境，也不会出现现代意义上的反不正当竞争法。现代意义上的反不正当竞争法是随着资本主义商品经济的发展而产生、发展起来的。

从时间跨度来看，19世纪是反不正当竞争法的孕育期，此时自由资本主义完成并向垄断资本主义过渡，为反不正当竞争法提供了社会环境。19世纪末到第二次世界大战前夕，是反不正当竞争制度的形成期。这一时期反不正当竞争法的发展具有以下几个特点：（1）反不正当竞争与保护工业产权紧密地结合，如一些国家对假冒商标、厂商名称、服务标志的行为的制裁以"不正当竞争"之诉来实现；（2）反不正当竞争行为的专项立法不断出现。从第二次世界大战后到现在则是反不正当竞争立法的发展和成熟阶段。这一阶段的特点是反不正当竞争立法数量日益增多，调整范围日益广泛。从立法体例来看，很多国家确立了反不正当竞争法和反垄断法并行的立法体例，如德国、日本、韩国和中国。

随着各国对外贸易的发展，不正当竞争行为日趋国际化，反不正当竞争的国际立法应运而生，主要有《巴黎公约》《制止商品来源虚假或欺骗性标记马德里协定》《保护原产地名称及其国际注册里斯本协定》等国际公约。其中《巴黎公约》的规定最为典型，它在1900年布鲁塞尔修订会议上补充了制止不正当竞争的内容。公约规定，本同盟成员国必须对各国国民保证予以取缔不正当竞争有效保护。这就使加入《巴黎公约》的100多个成员国，不仅在国家立法层面，而且在国际层面有了防止不正当竞争的法律依据。

中国古代没有形成大规模的商品经济，也就不具备产生反不正当竞争法的基础。但统治者为维护市场交易也曾制定一些规则。例如《唐律》规定：禁止买卖盐、铁等物品，禁止不合格的手工业品上市，严格管理物价等。在半殖民地半封建时期及国民党统治时期，西方商品经济渗入中国市场。政府对囤积居奇、假冒注册商标等行为开始重视，也曾颁布过一些规范市场竞争秩序的规章，如国民党统治时期曾发布《仿造已注册之商标应以违记令》等。

新中国成立后，曾长期实行排斥市场机制和市场竞争的计划体制。十一届三中全会后，我国商品经济得到很大发展，开始重视市场竞争机制。1980年10月17日，国务院发布《关于开展和保护社会主义竞争的暂行规定》，这是新中国第一部比较完整的涉及竞争规范的行政法规。它明确肯定了竞争对于现代化建设的重要作用。此后又陆续出台的一些专门规范性文件，对垄断和不正当竞争行为作了规定，但这些规定内容不系统，法律责任不明确，处罚普遍偏轻，现实中大量的不正当竞争行为得不到有效制止，因而迫切需要制定专门的反不正当竞争法律。1993年9月2日，我国第一部《反不正当竞争法》终于颁布。

（二）我国反不正当竞争法的特点与作用

我国《反不正当竞争法》是在充分研究中国国情基础上制定的一部规范市场经济运行的法律，是一部具有中国特色的竞争法律。《反不正当竞争法》的特点主要有：

1. 立法采用定义加列举式。各国反不正当竞争法对不正当竞争概念的界定有定义式、列举式、定义和列举相结合的模式，其中第三种是《巴黎公约》采用的模式。《反不正当竞争法》采用定义加列举式，既可以避免挂一漏万，又可以使一些突出、特定的不正当竞争行为有明确的含义，因而是一种较为科学的界定模式。

2. 调整对象具有广泛性。《反不正当竞争法》从我国市场经济发展的现状出发，对现实生活中比较典型的不正当竞争行为进行了规范，对以排挤竞争对手为目的，在一定交易领域内限制竞争的行为作出了禁止性规定。

3. 采取了政府主动干预的原则。我国《反不正当竞争法》实行政府主动干预原则，在赋予不正当竞争受害者司法救济权利的同时，通过行政手段进行干预。

《反不正当竞争法》没有设立查处不正当竞争行为的专门机构，而是赋予县级以上行政管理机关以监督检查权力。国家工商行政管理总局经国务院批准成立了公平交易局，作为监督检查和查处不正当竞争行为的职能机构。

我国《反不正当竞争法》是在建立社会主义市场经济体制的客观形势下产生的，对建立和完善社会主义市场经济体制具有重要的作用。主要体现为：（1）规范市场行为，维护市场秩序；（2）保护公平竞争，使竞争机制正常地发挥作用；（3）保护生产经营者和消费者的合法权益；（4）促进我国经济与世界经济的接轨，进一步实行对外开放。保护工业产权的《巴黎公约》把对竞争者的保护上升到"国民待遇"高度，现在反不正当竞争已成为国际贸易基本规则之一。我国经济要融入国际经济大循环中，必须制定良好的反不正当竞争规则。

二、反不正当竞争法与知识产权法的关系

（一）反不正当竞争法与知识产权法的一般关系

反不正当竞争法与知识产权法有着密切的关系。专利法、商标法和著作权法好比浮在海面上的三座冰山，反不正当竞争法则是托着这三座冰山的海水。反不正当竞争法与这三项知识产权法律的关系主要表现在：

第一，从制止不正当竞争的目标来看，知识产权法属于广义的反不正当竞争法的范畴。无论是商标法、专利法还是著作权法，都是通过禁止不正当竞争行为来实现对合法权利的保护。

第二，从调整范围来看，反不正当竞争法与知识产权法对某些行为共同予以规范，存在法条竞合。例如，知名商品的包装、装潢可同时成为专利法、著作权法及反不正当竞争法的保护对象，假冒商标行为同时在我国《商标法》和《反不正当竞争法》等法律中予以规定。在这种情况下，知识产权法的规定优先适用。

第三，从保护知识产权的作用来看，反不正当竞争法又是知识产权法的重要组成部分，对知识产权制度起着重要的补充作用。现有知识产权专项立法不能保护或者超出其保护范围的内容，只要涉及竞争关系的，均可由反不正当竞争法来调整。

但是，由于反不正当竞争法与知识产权法有着不同的立法目的，二者在保护方式和保护重点方面有所不同：

第一，知识产权法以确立主体所享有的权利的方式，保护权利人的有关知识产权在保护期内不受侵害；反不正当竞争法则通过确认竞争行为的公平性、正当性以及对市场竞争秩序的影响，制止不正当竞争行为，维护经营者与消费者利益，

确保公平竞争的目的。

第二，从保护对象的性质来看，知识产权专门法立足于法定化的权利，如著作权、专利权和商标权，而反不正当竞争法侧重于对受损害的法益的保护。

第三，从知识产权保护与制止不正当竞争行为来看，反不正当竞争法更突出了对知识产权专门法保护不到、不周之处的补充保护。从这个意义上讲，反不正当竞争法对知识产权的保护是不可或缺的。

（二）反不正当竞争法与知识产权专门法的特殊关系

以下将分别具体分析反不正当竞争法与商标法、专利法和著作权法之间的关系。

1. 反不正当竞争法与商标法。商标法与反不正当竞争法一样，可归入公平交易法范畴。商标法在维护竞争秩序方面占有极为重要的地位。商标法与反不正当竞争法通过不同的方式以维持公平的竞争秩序。具体地说，商标法是根据一定的注册程序赋予特定主体以具有财产权属性的商标专用权，并对这种权利提供保护；反不正当竞争法则通过禁止各种具体的涉及商标、商号、名称等的不正当竞争行为来保护经营者的合法权益，维持公平竞争秩序。因此，如果说商标法是通过确认权利，静态地制止不正当竞争的话，那么，反不正当竞争法则是动态地制止不正当竞争。

在对具体行为的规范上，反不正当竞争法与商标法的关系体现为以下两方面：一方面，二者共同规范某些行为，或者说，某些行为既构成商标法所禁止的商标侵权行为，又构成反不正当竞争法所禁止的不正当竞争行为，如假冒他人注册商标的行为；另一方面，反不正当竞争法对于商标法不能规范的某些侵犯经营者和消费者利益、妨害公平竞争秩序的行为，如冒用他人注册商标以外的商品或服务表征的行为，均予以补充规范，以弥补商标法规之欠缺与漏洞。这在各国及地区的反不正当竞争法中无不得到体现。

2. 反不正当竞争法与专利法。反不正当竞争法规范的不正当竞争行为包括仿冒、窃取他人的营业秘密等。其中，窃取他人的营业秘密属于盗用他人智力成果的行为。广义上的不正当竞争行为包括了盗用他人智力成果等侵犯他人专利权的行为。

反不正当竞争法与专利法有着交叉关系。这种关系体现在对"技术秘密的盗用行为"以及"专利权的滥用行为"的规范上。技术秘密又称技术诀窍（know-how），属于商业秘密范畴。技术秘密可能具备专利条件，但所有人未申请专利保护，故不能要求专利保护。这部分智力成果同样凝聚了专利创造人的心智和财力，应受到法律的保护。有关国际条约及各国或地区的反不正当竞争法均规定了商业秘密法律保护，盗用他人商业秘密是一种不正当竞争行为，应予禁止。

濫用专利权有两种情形：一是专利权人对竞争对手提起不正当的专利侵权诉讼或其他不当警告，构成侵害他人营业信誉的不正当竞争行为；二是专利权人滥用专利权，利用其优势地位在专利授权合同中提出限制条件。这些行为都受到反不正当竞争法的规制和调整。

3. 反不正当竞争法与著作权法。从防止作品来源混同（冒用他人成果）来看，反不正当竞争法与著作权法具有共同的功能。例如，著作权法通过规范各种盗版侵权行为，以使受著作权法保护的作品不受侵犯；反不正当竞争法则通过制止各种仿冒他人不受著作权法保护的智力成果的不正当竞争行为，以保障这类权利不受侵犯。

在防止作品来源混同方面，反不正当竞争法能够弥补著作权法保护的不足，这主要表现在对作品名称的保护上。目前，许多国家或地区的著作权法均未对作品名称提供保护。我国著作权法对此也未作规定。对这一问题，各国学者多认为，冒用他人著作名称是一种在书名上"搭便车"而引起市场混淆的行为，可适用不正当竞争假冒理论，因此，著作名称最有效的保护方式应为反不正当竞争法。

此外，反不正当竞争法还可对著作权保护期届满的作品提供保护。任何作品在其著作权保护期届满后，即进入公有领域，其作品名称及作品的表现形式可为任何人作自由使用。但若这种使用导致混同，则构成不正当竞争，因而为反不正当竞争法所规范。

第三节　反不正当竞争法一般条款的适用

一、一般条款的内涵及其意义

一般条款，是相对于具体条款而言的。一般条款也就是概括条款，它是在法律上构成不正当竞争行为的抽象概括。对于实践中执法机关或者司法机关处理不正当竞争纠纷案件而言，一般条款就是在反不正当竞争法明确列举的具体的不正当竞争行为以外的其他的不正当竞争行为构成要件的抽象的、概括性的规范，如关于不正当竞争行为内涵的界定、关于确立不正当竞争原则的规定。在反不正当竞争法列举式与概括式相结合的情况下，具体条款明文规定不正当竞争行为的表现形式，如我国《反不正当竞争法》第二章列举的若干具体的不正当竞争行为。

根据上述对一般条款的理解，反不正当竞争法中的一般条款具有抽象性和概括性的特点，揭示了不正当竞争行为的本质，对于认识和理解反不正当竞争法律制度具有重要作用。对于执法机关或者司法机关来说，则为其将不属于具体列举的不正当竞争行为纳入不正当竞争行为范畴，进而追究行为人的法律责任提供了法律依据。

一般条款在处理涉及不正当竞争纠纷案件时有其独特的意义。它提供了认定和处理不正当竞争纠纷的普遍条件，为执法机关或者司法机关认定不正当竞争行为提供了明确的指导和抽象的判断标准，因而有利于处理不正当竞争纠纷，维护公平竞争秩序。正如世界知识产权组织原总干事阿帕德·鲍格胥博士早在 1989 年反不正当竞争国际研讨会开幕式上所指出的：立法者试图寻求一种比较全面、综合的定义，如《巴黎公约》规定违背诚实惯例的任何竞争行为构成不正当竞争行为。该定义的适用面较广，能够适应市场规则的变化，且有灵活性。

一般条款和具体条款并不矛盾，而是相辅相成的。就处理特定的反不正当竞争纠纷案件而言，执法机关或司法机关能够根据具体条款确定涉案行为属于不正当竞争行为时，仍然可以同时适用一般条款的规定。在这种情况下，适用一般条款的意义在于对具体行为进行定性，有利于更加准确地认定涉案行为的性质。

二、反不正当竞争法关于一般条款的规定及其适用

一般认为，我国《反不正当竞争法》第 2 条的规定属于一般条款的规定，即"经营者在生产经营活动中，应当遵循自愿、平等、公平、诚信的原则，遵守法律和商业道德"。"本法所称的不正当竞争行为，是指经营者在生产经营活动中，违反本法规定，扰乱市场竞争秩序，损害其他经营者或者消费者的合法权益的行为。"上述两款，分别规定了竞争基本法则和不正当竞争行为的基本定义与内涵。规定这些内容具有非常重要的意义和作用。这是因为，在实践中，不正当竞争行为表现形式多样，现行法律的列举式规定难免挂一漏万，一般条款则起到漏洞补充的作用在某种行为没有被明确地列举在反不正当竞争法中时，如果缺乏一般条款，司法机关就难以找到直接的法律依据。

我国司法实践中处理不正当竞争纠纷案件，很多法院适用了反不正当竞争法一般条款，有力地制止了不正当竞争行为。例如，在上海伯特利阀门有限公司与伯特利阀门集团有限公司不正当竞争纠纷案中，上海市高级人民法院在二审判决中即作出了以下认定："《反不正当竞争法》第 2 条规定的是诚实信用的商业竞争原则，该原则是判定竞争行为是否正当的标准。由于不正当竞争行为无法一一在《反不正当竞争法》中列明，故对于无法穷尽的不正当竞争行为，被侵权人仍可以援引该基本原则予以救济……原审法院适用《反不正当竞争法》第 2 条确认上诉

人的行为违反了诚实信用原则，构成不正当竞争，并适用第 20 条规定确定上诉人的具体赔偿数额，并无不当。"[1] 实际上，在涉及不正当竞争纠纷中适用《反不正当竞争法》第 2 条规定，在有关知识产权司法保护政策中也得到了充分体现。

从实际情况来看，不正当竞争纠纷案件中适用该条的情况比较普遍。当然，在司法实践中适用《反不正当竞争法》一般条款，也应当从严掌握。其中尤其需要注意的几个问题是：明确涉案行为是否属于市场竞争行为；明确涉案行为是否会对市场竞争秩序产生破坏、对原告合法权益产生损害，以及被告主观状况等因素，并对其综合考虑。

第四节　不正当竞争行为的法律责任

经营者实施不正当竞争行为应当承担相应的法律责任。根据反不正当竞争法的规定，不正当竞争行为人承担法律责任的形式有民事责任、刑事责任与行政措施。

一、民事责任

不正当竞争行为具有民事侵权的性质，因此民事责任是不正当竞争行为的基本责任类型。它是经营者在市场竞争关系中，违法实施不正当竞争行为，损害其他经营者、消费者的合法权益而应承担的民事法律后果。在不正当竞争行为民事责任方面，我国《反不正当竞争法》突出了损害赔偿责任。该法第 17 条规定："因不正当竞争行为受到损害的经营者的赔偿数额，按照其因被侵权所受到的实际损失确定；实际损失难以计算的，按照侵权人因侵权所获得的利益确定。赔偿数额还应当包括经营者为制止侵权行为所支付的合理开支……权利人因被侵权所受到的实际损失、侵权人因侵权所获得的利益难以确定的，由人民法院根据侵权行为的情节判决给予权利人五百万元以下的赔偿。"最高人民法院《关于审理不正当竞争民事案件应用法律若干问题的解释》第 18 条对不正当竞争纠纷案件的级别管辖问题作了规定，即 1993 年《反不正当竞争法》第 5、9、10、14 条规定的不正当竞争民事第一审案件，一般由中级人民法院管辖。各高级人民法院根据本辖区的实际情况，经最高人民法院批准，可以确定若干基层人民法院受理不正当竞争

---

[1]　上海市高级人民法院（2006）沪高民三（知）字第 87 号民事判决。

民事第一审案件，已经批准可以审理知识产权民事案件的基层人民法院，可以继续受理。

关于不正当竞争行为损害赔偿的构成要件，需要把握以下几点：

1. 行为的违法性。行为违法性是指经营者的行为违反了反不正当竞争法的规定，实施了采取不正当竞争手段的违法行为。这种行为表现为行为人违反诚实信用原则、违背公认的商业道德，实施了为反不正当竞争法所禁止的行为。

2. 行为人主观上具有过错。从《反不正当竞争法》的规定来看，该法在第9、10条使用了"明知"或"应知"的限定条件。

3. 行为后果的损害性。行为的损害性表现为不正当竞争行为侵害其他经营者合法权益的后果。这种损害包括财产权利的损害和非财产权利的损害，如商业信誉、商品声誉的降低，既得利益的减少以及可得利益的丧失等。损害事实是不正当竞争行为损害赔偿责任的基础，因为按照民法理论，"无损害即无赔偿"。无疑，这种损害是针对合法经营者而言的。具体地说，行为人损害的合法权利有：（1）财产所有权，即实施不正当竞争行为给他人造成的财产损失；（2）人格权，如捏造、散布虚假事实、损害竞争对手的商誉；（3）知识产权，如假冒他人商业标志、侵犯商业秘密等。

4. 损害事实与致害行为之间具有因果关系。这一要件要求经营者的违法行为是造成不正当竞争损害后果的原因，从《反不正当竞争法》第17条规定也可以推论，只要经营者的违法行为造成了被侵害人的损失，就应承担损害赔偿责任。

从侵权行为法一般理论出发，侵权行为必然会产生相应的民事责任，而承担民事责任的目的是保障受害人的利益获得恢复与补偿。因此，这种因侵权产生的民事责任一般指的就是损害赔偿责任。损害赔偿是侵权行为的直接责任后果，也是侵权民事责任的承担方式。正因为如此，国内外民法学者对侵权行为的定义往往从损害赔偿责任方面界定。不正当竞争这种侵权行为也一样，在损害赔偿确定方面，主观过错应是考虑的重要因素之一。

二、刑事责任

为有效地维护市场竞争秩序，不少国家反不正当竞争法规定了刑事责任。这种责任适用于情节严重、构成犯罪的行为，其承担方式主要包括监禁和罚金。我国法律规定对假冒他人注册商标、侵犯商业秘密、商业贿赂和销售伪劣商品构成犯罪的行为依法追究刑事责任，不正当竞争行为适用刑事责任的情形较少。我国市场主体法律意识比较薄弱，当前广泛适用不正当竞争行为刑事责任调整商事关系还难以被人们普遍接受。

在具体使用刑事责任时，人民法院除依反不正当竞争法以外，还应依据刑法追究不正当竞争行为人的刑事责任。此外，《反不正当竞争法》第 31 条规定，"违反本法规定，构成犯罪的，依法追究刑事责任。"

三、行政措施

从法理学的角度来看，不同类型的法律责任的存在可以保障权利人获得必要的法律保护。西方国家将专门的反不正当竞争法视为私法范畴，侧重于以民事责任方式规制不正当竞争行为，但也不排除其他责任方式。例如一些国家的行政主管部门针对垄断和不正当竞争行为在法律救济选择和范围方面拥有广泛的自由裁量权。有些国家行政机构被授予类似于民事法庭所具有的司法权，如匈牙利的经济局和印度的垄断与限制贸易管理委员会。从我国反不正当竞争法的规定来看，不正当竞争行为属于违反《民法通则》自愿、平等、公平、诚实信用的行为。但是，很多不正当竞争行为不仅损害了其他经营者的合法权益，而且损害了消费者和社会公共利益，触犯了国家行政管理法规，因而可以采取行政措施进行处罚。我国反不正当竞争法强化了行政制裁对制止不正当竞争行为的作用，赋予了行政主管机关主动追究不正当竞争行为人行政责任的权力。

具体地说，我国反不正当竞争法规定的针对不正当竞争行为可以采取的行政措施有以下几种：

1. 责令停止违法行为。由于违法行为的存在会进一步损害经营者、消费者和社会公共利益，因此所有的不正当竞争行为人都应承担此法律后果。例如，《反不正当竞争法》第 20 条第 1 款规定："经营者违反本法第八条规定对其商品作虚假或者引人误解的商业宣传，或者通过组织虚假交易等方式帮助其他经营者进行虚假或者引人误解的商业宣传的，由监督检查部门责令停止违法行为，处二十万元以上一百万元以下的罚款；情节严重的，处一百万元以上二百万元以下的罚款，可以吊销营业执照。"

2. 没收非法所得。没收非法所得适用于不正当竞争行为人获得了非法收入的情况。《反不正当竞争法》第 18 条第 1 款规定："经营者违反本法第六条规定实施混淆行为的，由监督检查部门责令停止违法行为，没收违法商品。违法经营额五万元以上的，可以并处违法经营额五倍以下的罚款；没有违法经营额或者违法经营额不足五万元的，可以并处二十五万元以下的罚款。情节严重的，吊销营业执照。"

3. 行政罚款。行政罚款是承担行政责任的重要形式。它是行政主管机关对不正当竞争行为人给予的一种带有经济性质的金钱处罚。

关于行政罚款，在实践中有一个问题需要明确，即不正当竞争行为人在承担行政责任后，可否再追究损害赔偿的民事责任。本书认为，受害的经营者有权依法取得民事救济，不能因为不正当竞争行为人承担了行政责任而免除其民事责任。

4. 吊销营业执照。这是指行政主管机关对不正当竞争行为人登记注册的营业执照依法撤销的行为。由于这一行政处罚最为严厉，它只适用于严重的不正当竞争行为。

在以上行政处罚措施中，行政主管机关可以根据不正当竞争行为的性质、主观恶性、危害后果等情节决定适用何种责任类型。原则上讲，这些行政措施是相互独立的，行政主管机关可以单独适用其中的一种，也可以合并适用其中的几种。同时，为了保障行政主管机关依法行政，并保障当事人的合法权益不受侵犯，《反不正当竞争法》提供了相应的制度保障。该法第 29 条规定："当事人对监督检查部门作出的处罚决定不服的，可以依法申请行政复议或者提起行政诉讼。"

思考题：

1. 简述不正当竞争行为的构成要件。

2. 简述不正当竞争和知识产权的关系。

3. 简述不正当竞争行为的法律责任。

第二十一章 仿冒行为

在市场经济条件下，仿冒是利用他人商标标识抢占他人市场份额的一种不正当竞争行为。这些不仅损害了消费者和竞争对手的利益，而且还破坏了正常的竞争秩序。从法律规制的对象来看，这种不正当竞争行为均与知识产权，尤其是商业标识和商誉保护密切相关。在判别与认定仿冒行为时，应当注意其不正当竞争行为的性质及其与其他知识产权之间，尤其是与商标权的区别和联系。

第一节　仿冒行为概述

一、仿冒行为的概念

所谓仿冒行为，是指生产者、经营者使用与他人相同或者相似的商业标识，从而导致消费者混淆，引人误认为是他人商品或者与他人存在特定联系，侵害竞争者合法权益的行为。仿冒行为侵害竞争对手的商业标识，同时影响了消费者决策、增加了消费者的搜寻成本，因此构成不正当竞争行为。反不正当竞争法对仿冒行为的规制，是对商标保护的重要补充。

从历史上看，对仿冒行为的规制，可以追溯到16世纪普通法上的制止欺诈侵权之诉。普通法系通过制止欺诈之诉确立了任何人不得将自己的产品仿冒为他人产品进行销售的基本原则。19世纪以来，随着商业实践的发展，普通法系在制止欺诈原则基础之上发展出了商标侵权与仿冒之诉，由此奠定了现代商标法和反不正当竞争法的基本框架。因此，普通法系的商标法和反不正当竞争法均可以将其起源追溯至对仿冒行为的规制，其成为现代反不正当竞争法的主要任务之一。

从国际上来看，对于假冒侵权行为，许多国家和国际公约都对仿冒行为进行了规范。《巴黎公约》第10条规定，以任何方式与竞争对手的营业场所、商品或者工商业活动产生混淆的所有行为，构成仿冒行为。世界知识产权组织的《反不正当竞争示范条款》第2条作了进一步的阐述，"商标、商号和任何其他商业标志，在消费者眼里是与特定的商业来源和出处连在一起的，对来源和出处产生或者可能产生混淆的任何行为常常构成不正当竞争行为"。按照上述规定，凡是企业所使用的用于识别其经营活动的商业标识与其竞争者的商业标识相同或者近似，进而可能引起消费者混淆的，不论其商业标识的形态如何，均构成仿冒行为，仿冒者需要承担不正当竞争行为的责任。

关于仿冒行为，我国《反不正当竞争法》又将其称为混淆行为，该法第6条规定，经营者不得实施下列混淆行为，引人误认为是他人商品或者与他人存在特定联系：（一）擅自使用与他人有一定影响的商品名称、包装、装潢等相同或者近似的标识；（二）擅自使用他人有一定影响的企业名称（包括简称、字号等）、社会组织名称（包括简称等）、姓名（包括笔名、艺名、译名等）；（三）擅自使用他人有一定影响的域名主体部分、网站名称、网页等；（四）其他足以引人误认为是他人商品或者与他人存在特定联系的混淆行为。

二、仿冒行为的构成要件

（一）仿冒行为的侵害对象是竞争者的商业标识

仿冒行为侵害的对象是竞争者的商业标识。所谓商业标识，是指生产者、经营者在其产品或者服务上使用的，用以向消费者标明有关其产品或者服务的来源方面的特定信息的标记。反不正当竞争法规定，受仿冒行为侵害的商业标识主要包括有一定影响的商品名称、包装、装潢，企业名称、社会组织名称或者姓名，以及域名主体部分、网站名称、网页等。这些商业标识在市场经济活动中，能够起到标识产品或者服务来源的作用，也是进行广告宣传、塑造企业形象、增强市场竞争的重要手段，是企业商誉的重要载体。未经所有人同意而擅自使用相同或者近似标识会导致消费者误认，造成对市场主体在长期经营中投入资金、技术等逐渐积累形成的财产利益的侵害，从而构成不正当竞争行为。

需要注意的是，仿冒行为保护的商业标识与商标在功能上具有相似性，这表明商标法与反不正当竞争法之间存在着密切联系。根据司法解释的规定，如果商品名称、包装、装潢属于商标法规定的不得作为商标使用的标志，则不属于应受保护的商业标识。这充分说明商标法属于广义的反不正当竞争法的一个分支，在这一点上商标法与著作权法、专利法形成了鲜明的差异。

（二）仿冒行为表现为擅自使用他人商业标识

仿冒行为的行为方式表现为未经所有者同意而擅自使用与他人的商业标识相同或者近似的商业标识。所以，"使用"是仿冒在客观行为方面的要件。值得注意的是，这里的"使用"，与商标侵权意义上的"使用"的含义是一致的，须在广义的范围上加以理解，是指在中国境内使用他人商业标识以识别商品来源的情形。在行为方式上，使用他人商业标识不仅包括将与他人相同或者近似的商业标识用于自己的商品、商品包装以及商品交易文书上，而且还包括将上述商业标识用于自己的广告宣传、展览以及其他商业活动中。按照商标法的规定，将他人注册商标、未注册的驰名商标作为企业名称中的字号使用因而误导公众的，亦构成不正当竞争行为。但是，并非在商业标识的含义上进行使用的，则不构成仿冒行为。例如，他人商品名称、包装、装潢中含有本商品的通用名称、图形、型号，或者直接表示商品的质量、主要原料、功能、用途、重量、数量以及其他特点，或者含有地名，他人因客观叙述商品而正当使用上述标识的，不构成不正当竞争行为。

（三）仿冒行为导致消费者混淆误认

仿冒行为的本质在于利用商业标识导致消费者误认进而对标志的所有者造成损害，因此，导致消费者混淆误认是仿冒行为的结果要件。所谓导致消费者混淆误认，既包括对商品的来源产生的误认，也包括对与商业名称所有者具有许可使用、关联企业关系等特定联系的误认。可见，对于消费者混淆误认的认定，我国采取了较为宽泛的认定标准。相形之下，美国商标法和反不正当竞争法采用的是混淆可能性的表达方式。我国反不正当竞争法规定，混淆并非是仿冒侵权行为的结果要件，而是被作为判断误认的标准，一般来讲，混淆误认需要从普通消费者的视角进行认定。在相同商品上使用相同或者视觉上基本无差别的商业标识，应当视为足以造成和他人知名商品相混淆。而对于在相同商品上使用近似的标识、在类似商品上使用相同或者近似商业标识的，还需要结合商业标识的显著性强度、行为人的主观心态等因素认定是否足以造成混淆误认。从操作层面来看，判断被诉侵权人所使用的商业标识是否与他人商业标识相同或者近似，足以导致消费者混淆误认，可以参照商标侵权的判断原则和方法。

此外，是否构成仿冒行为，并不要求行为人主观上具有仿冒他人商业标识损害竞争对手的故意或者过失，只要满足使用他人商业标识导致消费者混淆误认的条件即可构成仿冒行为，行为人的主观状态只是损害赔偿的要件之一。

第二节　仿冒行为的类型

按照仿冒行为侵害对象的不同，可以将仿冒行为划分为仿冒他人的商品名称、包装、装潢，仿冒他人企业名称、社会组织名称或者姓名，以及仿冒他人域名、网站名称、网页等不同的类型。其中，仿冒企业名称和仿冒域名在本书其他章节已有叙述。本节主要介绍仿冒商品名称、包装、装潢和仿冒他人姓名两类仿冒行为。

一、仿冒商品名称、包装、装潢

仿冒商品名称、包装、装潢的不正当竞争行为，是指擅自使用与他人有一定影响的商品名称、包装、装潢相同或者近似的标识，造成消费者混淆，使消费者误认为是他人商品或者与他人存在特定联系的行为。从实质上讲，他人有一定影响的商品名称、包装、装潢是一种受法律保护的利益，并未被法律上升为一种专有的权利，在反不正当竞争法中对其进行保护构成了对未注册商标的主要保护手段。

所谓具有一定影响的商品名称、包装、装潢，是指具有区别商品来源的显著特征的商品的名称、包装、装潢。值得注意的是，由经营者营业场所的装饰、营业用具的式样、营业人员的服饰等构成的具有独特风格的整体营业形象可以作为装潢予以保护，从而将商业外观纳入反不正当竞争法保护的范围之中。对在相关市场上已经具有区别商品来源作用的商品名称、包装和装潢进行保护，赋予其制止他人搭车模仿的权利，其目的在于为知名品牌的培育和成长创造有利空间，避免因仿冒行为影响知名品牌的发展。商品名称、包装、装潢是否具有识别商品来源显著特征的判断标准，在于该商品名称、包装、装潢是否"具有一定影响"。所谓具有一定影响，是指商品名称、包装和装潢在中国境内具有一定的市场知名度而为相关公众所知悉，从而产生了区别商品来源的作用。当然，相关公众所知悉并不要求为相关公众广为知晓从而达到驰名商标的程度。认定是否为相关公众所知悉时，应当综合考虑该商品的销售时间、销售区域、销售额和销售对象等情况，以及所进行的任何宣传的持续时间、程度和地域范围等因素。需要注意的是，在考虑各种因素时，每种因素在具体案件中的作用取决于个案情况。

对于那些缺乏显著性特征的商品名称、包装或装潢，不能认定为具有一定影响的商品名称、包装或装潢。例如，商品的通用名称、图形或型号；仅仅直接表示商品的质量、主要原料、功能、用途、重量、数量及其他特点的商品名称；仅仅由商品自身的性质产生的形状，或者为获得技术效果而需有的商品形状，或者使商品具有实质性价值的形状；其他缺乏显著特征的商品名称、包装、装潢；等等。对于商品名称、包装或装潢中含有本商品的通用名称、图形、型号，或者直接表示商品的质量、主要原料、功能、用途、重量、数量以及其他特点，或者含有地名，他人因客观叙述商品而正当使用的情况，不构成不正当竞争行为。在经营者将不具有独创性的商品名称、包装和装潢在商业活动中的使用，从而使商品及其名称、包装和装潢具有了一定的知名度，该名称、包装和装潢成为相关公众区分商品来源的标识之一，则其同样应受法律保护。

> **拓展阅读**
>
> 广药集团诉加多宝公司擅用知名商品特有包装装潢纠纷案

二、仿冒他人姓名

根据《民法总则》的规定，自然人享有姓名权。但是反不正当竞争法关于禁止仿冒他人姓名的规定则是建立在将其定位于商业标识的基础之上的。在擅自使用他人姓名构成仿冒行为的场合，事实上自然人的姓名已经起到了标示产品来源的作用，因而成为商业标识。因此，对已经成为产品或者服务来源标识的姓名的仿冒不但构成对他人姓名权的侵害；而且只要使用上述姓名导致消费者误认，亦构成由反不正当竞争法规制的仿冒行为。而这里所谓的姓名，不仅包括在商品经营中使用的自然人的姓名，而且还应包括具有一定的市场知名度、为相关公众所知悉的自然人的笔名、艺名等。

第三节　仿冒行为的法律责任

一、民事责任

仿冒行为的民事责任主要表现为损害赔偿。反不正当竞争法规定，经营者给被侵害的经营者造成损害的，应当承担损害赔偿责任。因不正当竞争行为受到损害的经营者的赔偿数额，按照其因被侵权所受到的实际损失确定；被侵害的经营者的损失难以计算的，赔偿额为侵权人在侵权期间因侵权所获得的利润；实际损失、侵权人因侵权所获得的利益难以确定的，由法院根据侵权行为的情节判决给予权利人 500 万元以下的赔偿。此外，赔偿数额还应当包括被侵害的经营者因调查该经营者侵害其合法权益的不正当竞争行为所支付的合理开支费用。鉴于仿冒行为与商标侵权的同源性，司法解释规定，仿冒行为的损害赔偿责任可以参照确定侵犯注册商标专用权的损害赔偿额的方法进行。除此之外，受害人还可以依据

《民法总则》和《侵权责任法》的相关规定要求行为人承担停止侵害、消除影响等民事责任。经营者登记的企业名称构成仿冒行为的，应当及时办理名称变更登记；名称变更前，由原企业登记机关以统一社会信用代码代替其名称。

二、行政责任

经营者实施仿冒行为的，由监督检查部门责令停止违法行为，没收违法商品。违法经营额 5 万元以上的，可以并处违法经营额 5 倍以下的罚款；没有违法经营额或者违法经营额不足 5 万元的，可以并处 25 万元以下的罚款。情节严重的，吊销营业执照。

思考题：

1. 简述仿冒行为的构成要件。
2. 简述 1993 年《反不正当竞争法》对知名商品特有的名称、包装、装潢的保护。
3. 简述仿冒行为的法律责任。

第二十二章　商业秘密保护制度

商业秘密是知识产权中比较特殊的客体，纳入现代知识产权法律制度较晚。但是，人类对商业秘密的保护历史很长，它在很早时即已存在，所谓的"祖传秘方"就反映了对商业秘密的自我保护意识。现代意义上的商业秘密是随着商品经济的产生而发展，并作为法律保护的补充形式出现的。市场经济国家都建立了较为完善的商业秘密保护制度。当前，商业秘密已成为知识产权保护的重要内容。

第一节　商业秘密及其特点

一、商业秘密的概念与特征

商业秘密目前已成为国际上较为通行的法律术语，但国际上尚缺乏统一的定义。根据我国反不正当竞争法的规定，商业秘密是指不为公众知悉、具有商业价值并经权利人采取相应保密措施的技术信息、经营信息等商业信息。

商业秘密中的技术秘密，是指未公开的技术信息，它是以图纸、技术资料、试验数据、配方、技术情报等形式体现的制造某种产品或应用某项工艺相关的技术和知识。经营秘密是指技术信息之外的具有秘密性质的与经营者的采购、经营、销售、投资、分配、人事、财务等相关的信息、情报。例如，货源情报、客户名单、市场预测、财务资信情况、促销策略等信息和情报。

法律意义上的商业秘密具有以下特征：（1）商业秘密应当是一种信息，这种信息具有客观性和可确指性。信息本身是一种客观存在，商业秘密的信息特征反映了它必须是一种客观存在，而不能是尚存于人们头脑中未以一定形式体现或者反映出来的纯粹抽象的思想。（2）商业秘密应当是在实践中可以利用的信息，这也是其受到法律保护的前提。（3）商业秘密必须是一种未公开的信息，这可以说是其本质特征。在一般情况下，如果一个信息已经基于某种原因被公开，那么将不再作为商业秘密受到法律保护。

二、商业秘密的构成要件

受法律保护的商业秘密应当具备一定的条件，这就是商业秘密的构成要件。商业秘密构成要件包括以下几点：

1. 秘密性。秘密性是商业秘密构成要件最重要的一个。它是指商业秘密应当是非公开的、不为公众所知悉的信息。秘密性也是商业秘密具有价值的基础。如果一项商业秘密被公开，则无论其具有多大的技术或者经营上的价值，任何人都可以免费地、自由地使用。当然，如果商业秘密的公开是他人采取不合法手段造成的，则泄密者应依法承担相应的法律责任。

基于秘密性要件的重要性，无论是国际还是国内立法，都强调了其在商业秘密构成中的基础地位。例如，TRIPs 协定第 39 条第 2 款规定，受到保护的未公开信息应当是保密的，即无论作为一个整体还是就其各部分精确的排列和组合而言，该信息尚不为通常处理该信息的人所普遍知晓，或者不易被他人获得。值得注意的是，秘密性认定具有相对性，并不要求所有公众都不知悉该商业秘密，而只是要求与该信息有关的行业中的一般公众不知悉。这一点在 2007 年 2 月 1 日起施行的最高人民法院《关于审理不正当竞争民事案件应用法律若干问题的解释》中即有体现。其第 9 条第 1 款规定：有关信息不为其所属领域的相关人员普遍知悉和容易获得，应当认定为《反不正当竞争法》中规定的"不为公众所知悉"。为增加适用法律的可操作性，其第 2 款进一步规定了可以认定有关信息不构成"不为公众所知悉"的情形。

2. 价值性。价值性指的是商业秘密应当是能够在生产经营实践中被利用，如产品技术信息能够在制造产品中利用，经营信息能够在商业活动中利用，或者该商业秘密利用能够为权利人在市场竞争方面取得优势。《关于审理不正当竞争民事案件应用法律若干问题的解释》第 10 条即规定：有关信息具有现实的或者潜在的商业价值，能为权利人带来竞争优势的，应当认定为《反不正当竞争法》中规定的"能为权利人带来经济利益、具有实用性"。实用性和价值具有直接联系，价值是实用性的基础，实用性是价值的体现。商业秘密的价值性通常由其在实际中的应用性体现出来。商业秘密本身凝聚了在实践中付出的投资和辛劳，其付诸实施能够为权利人带来经济利益或取得市场竞争优势，增强在商业竞争中的实力。国家保护商业秘密的重要目的也在于维护权利人的经济利益和社会经济秩序。这一点在有关国际公约和有关国家的立法中也体现出来了。例如，前述 TRIPs 协定第 39 条要求商业秘密应当因其属于秘密而具有商业价值，美国《统一商业秘密法》认为，商业秘密应当具有实际或潜在的独立经济价值。

3. 保密性。这一要件指的是采取保密措施，即权利人不仅主观上有将某项信息作为商业秘密保护的愿望，而且在客观上采取了一定的防止该商业秘密被泄露的合理措施。根据最高人民法院在侵犯水泥立窑湿式除尘器商业秘密和财产损害赔偿上诉案中阐明的观点，采取保密措施是相关信息作为商业秘密受到法律保护的必要条件。这种措施应当是技术信息的合法拥有者根据有关情况采取的合理措施，在正常情况下可以使该信息得以保密。即这种措施至少应当能够使交易对方或者第三人知道权利人有对相关信息保密的意图，或者至少是能够使一般经营者以正常的注意力即可得出类似的结论。

值得注意的是，最高人民法院前述司法解释也明确了如何理解"采取保密措施"。根据其第 11 条规定，权利人为防止信息泄露所采取的与其商业价值等具体情况相适应的合理保护措施，应当认定为《反不正当竞争法》中规定的"保密措施"。人民法院应当根据所涉信息载体的特性、权利人保密的意愿、保密措施的可识别程度、他人通过正当方式获得的难易程度等因素，认定权利人是否采取了保密措施。为增强适用的可操作性，该条还以列举方式明确了采取保密措施的情况。具有下列情形之一，在正常情况下足以防止涉密信息泄露的，应当认定权利人采取了保密措施：（1）限定涉密信息的知悉范围，只对必须知悉的相关人员告知其内容；（2）对于涉密信息载体采取加锁等防范措施；（3）在涉密信息的载体上标有保密标志；（4）对于涉密信息采用密码或者代码等；（5）签订保密协议；（6）对于涉密的机器、厂房、车间等场所限制来访者或者提出保密要求；（7）确保信息秘密的其他合理措施。

三、商业秘密与相关概念之间的关系

商业秘密与同属于知识产权的专利权、与同属于"秘密信息"的国家秘密和个人隐私之间具有不同特点，但也存在一定联系。

如前所述，专利制度的本质特征是以技术公开换取国家赋予的专有权的保护，专利法律制度以保护专利权为核心。与商业秘密恰恰相反，充分公开是授予发明和实用新型专利的基本条件。同时，商业秘密中的技术秘密也可以转化成专利，这就是将符合专利授权条件的发明创造申请专利并取得专利权。

国家秘密和商业秘密虽然都具有秘密性，但无论是权利性质、权利客体、权利构成要件和法律责任均不相同。所谓国家秘密，根据《保守国家秘密法》第 2 条规定，是指"关系国家的安全和利益，依照法定程序确定，在一定时间内只限一定范围的人员知悉的事项"。从权利性质看，国家秘密保护具有强烈的公权色彩，而商业秘密作为知识产权，具有私权属性。从权利构成要件看，国家秘密强调关系国家安全和利益，并需要依照法定程序加以确定，而商业秘密强调的是商业上的实用性和保密性。从权利客体看，国家秘密的保护范围涉及国家的政治、

军事、科技、外交等领域，范围远比商业秘密要大。再从法律责任来看，基于国家秘密对国家安全和利益之重大利害关系，侵害国家秘密行为主要承担行政责任和刑事责任，而侵害商业秘密行为通常承担民事责任。当然，两者也存在特定的联系，如对于国家安全和利益具有重大利害关系的技术秘密，也可以升格为国家秘密，如云南白药配方等。

至于具有秘密属性的个人隐私，与商业秘密存在重要区别。从法律性质看，个人隐私是指私人生活安宁不受他人非法干扰、私人信息不受他人非法刺探、搜集和公开等方面的权利，属于人格权范畴，而商业秘密属于知识产权的范畴，是一种无形财产权。从权利主体看，自然人是个人隐私的主体，法人及其他组织不能成为隐私权主体，商业秘密的主体多为法人和其他组织，个人也可以成为主体。从权利客体看，个人生活的自由安宁及个人信息等是隐私权的客体，而商业秘密保护的是未公开的技术信息和经营信息。从权利构成要件看，个人隐私没有商业秘密所要求的能够在商业活动中使用或能为权利人带来竞争优势等内容。再从法律责任看，尽管都可以承担民事、行政或刑事责任，但具体责任构成条件不同。

第二节　侵害商业秘密行为

一、侵害商业秘密行为的构成要件

一项行为构成侵害商业秘密，可以从行为主体、行为表现、侵害客体和行为人主观要件等方面分析。

（一）行为主体

行为主体是侵害商业秘密行为的行为人，包括经营者和非经营者。我国《反不正当竞争法》第 9 条第 1 款规定了经营者侵犯商业秘密的行为该条第 2 款规定，"经营者以外的其他自然人、法人和非法人组织实施前款所列违法行为的，视为侵犯商业秘密。"可见，非经营者也可成为侵犯商业秘密的行为人。结合第 1 款中关于侵害商业秘密行为的规定，如违反约定披露或者允许他人使用其商业秘密，可解释出非经营者也可以成为侵害商业秘密行为的主体。在现实中，自然人，如企业的员工跳槽侵犯原单位商业秘密的情形较为普遍。正是基于此，《关于禁止侵犯商业秘密行为的若干规定》也规定了权利人的职工侵犯商业秘密的行为。

（二）行为表现

侵害行为表现是侵害商业秘密行为的客观要件，它是指行为人违反法律规定，以不正当手段侵害他人商业秘密的行为。通常，侵害商业秘密行为的表现由保护商业秘密的法律直接规定，关键是要界定不正当手段并排除合法行为。根据我国《反不正当竞争法》第9条规定，侵害商业秘密的行为包括：非法获取他人商业秘密，披露、使用或者允许他人使用其非法获取的商业秘密；教唆、引诱、帮助他人违反保密义务或者违反权利人有关保守商业秘密的要求，获取、披露、使用或者允许他人使用权利人的商业秘密；以及明知或者应知他人侵犯商业秘密的行为，而仍然获取、使用或者披露他人的商业秘密。

（三）侵害客体

侵害商业秘密的客体为商业秘密所有人对其商业秘密享有的权利以及基于商业保护形成的公平竞争秩序。

（四）行为人主观要件

行为人主观要件是指行为人侵害商业秘密行为的主观心理状态。侵害商业秘密行为的主观要件体现为行为人故意和过失。从我国反不正当竞争法对侵害商业秘密行为的规定看，有些行为属于故意侵害行为，如盗窃他人商业秘密，有些行为则属于过失行为，如在公共场合不经意泄露自身所掌握的企业商业秘密。从行为人的目的看，有的是出于不正当竞争目的，有的是为了获得财产利益，有的则是为了达到其他方面目的。

二、侵害商业秘密行为的类型

商业秘密涵盖的范围较广，现实中侵害商业秘密的行为也多种多样。侵害商业秘密行为的判断，可以根据行为人实施侵害行为的表现方式加以判断。以我国《反不正当竞争法》第9条为依据，阐述侵害商业秘密行为的类型。

（一）非法获取商业秘密的行为

非法获取商业秘密行为，是指出于私利或竞争目的，或存心损害竞争对手等不正当目的，采取盗窃、利诱、胁迫、贿赂、欺诈、电子侵入等不正当手段获取他人商业秘密的行为。其中，盗窃是指以秘密窃取的手段获得他人的商业秘密；利诱是指以向掌握、知悉商业秘密的人提供物质或者精神利益的手段，引诱其提供商业秘密的行为；胁迫是指以强制、威胁等方式强迫掌握、知悉商业秘密的人向其提供商业秘密的行为。欺骗、收买、派遣工业间谍、色情等手段也是不正当获取他人商业秘密的手段。非法获取他人商业秘密的危害在于，权利人的商业秘密会因为他人非法获取而随时处于被泄露或被使用的状态。因此，非法获取行为基于该行为本身的不正当性即应予以禁止。

（二）非法泄露商业秘密的行为

非法泄露商业秘密的行为是指通过合法或者非法途径掌握或知悉商业秘密后，

出于竞争或其他动机，未经授权泄露他人商业秘密的行为。具体地说，有以下几种情况：一是以盗窃、利诱、胁迫等不正当手段获取他人商业秘密的人将商业秘密泄露给他人；二是从合法途径掌握、知悉商业秘密的人，如因业务、职务、合同关系而知悉、持有商业秘密的人违反保密义务擅自披露商业秘密给他人；三是第三人明知或者应知其所掌握的商业秘密是以非法手段获取的，仍然将其泄露。

（三）擅自使用或允许他人使用以不正当手段获取商业秘密的行为

非法使用商业秘密是指没有合法依据擅自使用他人商业秘密的行为。根据《反不正当竞争法》第 9 条第 1 款第（2）（3）项规定，披露、使用或者允许他人使用以不正当手段获取的权利人的商业秘密，或者违反保密义务或者违反权利人有关保守商业秘密的要求，披露、使用或者允许他人使用其所掌握的商业秘密，均属于侵害商业秘密行为。具体包括：一是非法获取商业秘密的人自己使用或者允许他人使用。二是通过合法途径知悉、掌握商业秘密的人擅自使用或者允许他人使用不属于自己的商业秘密，如单位雇员使用或允许他人使用属于本单位的商业秘密，单位技术人员跳槽后将原单位商业秘密带到新单位使用，以及合同当事人违反合同约定擅自使用或者允许他人使用商业秘密。三是第三人明知或者应知商业秘密权利人的员工、前员工或者其他单位、个人实施了《反不正当竞争法》第 9 条第 1 款所列违法行为，仍使用或者允许他人使用该商业秘密的，视为侵犯商业秘密。

（四）其他侵害商业秘密的行为

教唆、引诱、帮助他人违反保密义务或者违反权利人有关保守商业秘密的要求，获取、披露、使用或者允许他人使用权利人的商业秘密的行为也是侵害商业秘密的行为。此外，根据我国《反不正当竞争法》第 9 条规定，经营者以外的其他自然人、法人和非法人组织实施前款所列违法行为的，视为侵犯商业秘密。

第三节　侵害商业秘密的抗辩事由

商业秘密保护制度与其他法律制度一样，追求公平正义的法律价值目标。这在权利与利益的分配上体现为兼顾商业秘密所有人的利益以及商业秘密保护中其他主体的利益，特别是商业秘密所有人的竞争者通过反向工程开发、独立开发以及从合法渠道获取等不能视为侵害商业秘密行为。因此，在商业秘密侵权案件中，被告在可能的情况下可以提出侵害商业秘密的抗辩事由，变被动为主动。以下对几种基本的抗辩事由加以介绍。

一、反向工程

"反向工程"是对从合法渠道取得的产品进行剖析、分析和研究，从而推知产品技术秘密的过程。由于它与平时从实施方案到产品的研制顺序相反，故而得名。例如，拆卸机械装置后对其进行测绘、研究而了解该装置的设计构造，或从市场购得某产品，然后运用化学分析方法了解其产品的成分配方，即是反向工程。

我国有关司法解释对反向工程的法律地位进行了明确的规定。根据《关于审理不正当竞争民事案件应用法律若干问题的解释》第 12 条规定，通过自行开发研制或者反向工程等方式获得的商业秘密，不应认定为《反不正当竞争法》规定的侵犯商业秘密行为。现实中，通过简单的反向工程即可获得的信息在法律上已经不具备秘密性，不构成商业秘密。

二、自主研发

在商业秘密保护中，保护范围限于制止他人非法泄露、披露、使用商业秘密等行为，而不能对独立研制开发的同样商业秘密的行为加以禁止。因此，自主研发也是商业秘密侵权抗辩的情形之一。从实际情况看，同一时间可能有很多人在进行同样的发明创造，或者拥有相同的经营秘密，这并不妨碍各自可以获得独立的商业秘密保护。这一特点反映了商业秘密保护的相对性，与专利保护有较大区别。基于商业秘密保护的相对性和专利保护较强的独占性，在独立的研制开发者申请专利并获得专利的情况下，原来的商业秘密所有人只能取得有限的先使用权利益。这种利益比专利权实现的利益明显要小。从这个角度看，商业秘密效力是受到很大的限制的。商业秘密保护的这种有限性确保了商业秘密所有人和社会公众，特别是商业秘密所有人的竞争者竞争性利益的平衡。

三、其他事由

除了前述反向工程和自主研发构成侵害商业秘密行为之例外情形外，还存在以下几种例外情形。

（一）通过合法受让或许可获得商业秘密而使用

商业秘密作为一种较为特殊的知识产权，也是一种无形财产权。当商业秘密所有人转让受让人或许可被许可人后，受让人或被许可人即可合法实施该商业秘密而不构成侵权。实际上，在国际技术贸易中，技术秘密方面的技术贸易是十分普遍的。当然，在许可使用的场合，如果被许可人不遵守许可协议约定的条件，则仍然可能在构成违约的同时构成侵害他人商业秘密行为。在这种情况下会发生违约责任和侵权责任的竞合。

（二）因商业秘密所有人的疏忽泄露而获取并使用

如前所述，商业秘密构成要件之一是采取保密措施。如果商业秘密所有人因为保密意识不强，或者因为疏忽而自行公开了商业秘密的内容，他人通过正常、合法途径能够获悉该商业秘密，则获悉并使用该商业秘密在一般情况下不构成侵害商业秘密。例如，由于商业秘密所有人的疏忽，在公共场所、交通工具上无意中透露商业秘密内容，而他人对该商业秘密并无明示的或默示的保密义务，此时他人获悉后使用该商业秘密，一般难以认定构成侵害商业秘密。

（三）基于公共利益原因而使用

从知识产权法的利益平衡理论看，商业秘密保护在充分实现商业秘密所有人利益的同时，应当服从公共利益需要。例如，在国家出现紧急情况或出现重大的涉及公共利益的非常情况时，对掌握具有重大价值的商业秘密的人来说，部分或者全部披露其商业秘密具有正当性。当然，这需要以立法形式加以确认，并且即使是在此种情况下也需要保障商业秘密所有人的必要利益，如支付使用费。还比如，国家行政机关或司法机关在依法执行职务的过程中可能获取和使用当事人包括商业秘密在内的信息，如环境行政管理部门依照环境保护法行使环境监督管理职权时，有权责令排污责任单位提供排放污水物的种类、数量、浓度、生产工艺、治理技术等技术资料或业务资料，有关部门不得以保护商业秘密为由加以拒绝。当然，在当前我国行政权力处于优势的情况下，对于公权介入方式和条件应当严格限制，比如应当以执行职务所必须为限，且负有保密义务，不得用于与职务无关的其他活动等。

拓展阅读
楚雄老拨云堂药业有限公司与云南龙发制药有限公司、楚雄彝族自治州中医院侵害技术秘密纠纷上诉案

拓展阅读
四川省广汉市三丰科技实业有限公司与四川省环保建设开发总公司等侵害技术秘密纠纷案

第四节　侵害商业秘密的法律责任

一、侵害商业秘密行为的救济方式

侵害商业秘密行为发生后，被侵害的商业秘密所有人可以采取一定方式予以救济，具体可分为私力救济与公力救济等途径。其中，前者体现为在法律允许范围内自行和解以救济自身被侵害的商业秘密，后者主要体现为商业秘密所有人或

利害关系人通过向人民法院提起诉讼的途径，请求司法机关保护其被侵害的商业秘密。此外，还有一种介于两者之间的形式，主要是调解和仲裁。其中，调解是由调解机构或者调解人出面处理当事人之间的商业秘密纠纷。不过，经调解达成的调解协议虽然具有合同意义上的效力，但并不具备法律上的强制执行力。仲裁也是解决当事人之间知识产权纠纷的通常形式之一。就商业秘密侵权纠纷而言，当事人可以将侵权纠纷案提交仲裁机构处理，由仲裁机构作出仲裁裁决。不过，提起仲裁应以当事人达成了仲裁协议或者在有关涉及商业秘密的合同中约定了仲裁条款为前提。

二、侵害商业秘密行为的法律责任类型及后果

侵害商业秘密行为可承担的法律责任有民事责任、行政责任和刑事责任。

（一）民事责任

侵害商业秘密行为应承担的民事责任是指由于行为人违反了涉及商业秘密保护的民事法律或者违约所应承担的法律责任。侵害商业秘密的民事责任主要是停止侵害和赔偿损失。

1. 停止侵害。停止侵害是承担民事责任最主要的形式之一。由于商业秘密是具有秘密性的技术信息或经营信息，商业秘密侵权行为发生后，停止侵害首要的是禁止侵害人泄露该商业秘密，否则将为商业秘密所有人带来不可弥补的损失。除了禁止泄露外，停止正在使用商业秘密的行为也是停止侵害的内容之一。《关于审理不正当竞争民事案件应用法律若干问题的解释》第 16 条规定：人民法院对于侵犯商业秘密行为判决停止侵害的民事责任时，停止侵害的时间一般持续到该项商业秘密已为公众知悉时为止。依据前款规定判决停止侵害的时间如果明显是不合理的，可以在依法保护权利人该项商业秘密竞争优势的情况下，判决侵权人在一定期限或者范围内停止使用该项商业秘密。根据该规定，在有的情况下当商业秘密所有人或利害关系人发现侵害行为时，该商业秘密已经被泄露，此时对商业秘密所有人的损害更大。为保障其合法权益，人民法院可以根据因为商业秘密被泄露造成的商业秘密所有人竞争优势丧失或经济利益受损情况，判决侵害人在一定时间和范围内停止使用该信息。

2. 赔偿损失。赔偿损失是侵害商业秘密行为应承担的损害赔偿责任。《反不正当竞争法》第 17 条规定：经营者违反本法规定，给被侵害的经营者造成损害的，应当承担损害赔偿责任。经营者的合法权益受到不正当竞争行为损害的，可以向人民法院提起诉讼。因不正当竞争行为受到损害的经营者的赔偿数额，按照其因

被侵权所受到的实际损失确定；实际损失难以计算的，按照侵权人因侵权所获得的利益确定。经营者恶意实施侵犯商业秘密行为，情节严重的，可以在前述方法确定数额的 1 倍以上 5 倍以下确定赔偿数额，赔偿数额还应当包括经营者为制止侵权行为所支付的合理开支。权利人因被侵权所受到的实际损失、侵权人因侵权所获得的利益难以确定的，由人民法院根据侵权行为的情节判决给予权利人 500 万元以下的赔偿。

根据《关于审理不正当竞争民事案件应用法律若干问题的解释》第 17 条规定，确定《反不正当竞争法》规定的侵犯商业秘密行为的损害赔偿额，可以参照确定侵犯专利权的损害赔偿额的方法进行。因侵权行为导致商业秘密已为公众所知悉的，应当根据该项商业秘密的商业价值确定损害赔偿额。商业秘密的商业价值，根据其研究开发成本、实施该项商业秘密的收益、可得利益、可保持竞争优势的时间等因素确定。

在司法实践中，商业秘密所有人或者利害关系人认为商业秘密受到侵害，可以向人民法院提起商业秘密侵权之诉，要求侵害人即被告停止侵害并赔偿损失。这里所说的利害关系人，根据《关于审理不正当竞争民事案件应用法律若干问题的解释》第 15 条规定，是指相关商业秘密使用许可合同的被许可人。具体而言，对于侵犯商业秘密行为，商业秘密独占使用许可合同的被许可人提起诉讼的，人民法院应当依法受理。排他使用许可合同的被许可人和权利人共同提起诉讼，或者在权利人不起诉的情况下，自行提起诉讼，人民法院应当依法受理。普通使用许可合同的被许可人和权利人共同提起诉讼，或者经权利人书面授权，单独提起诉讼的，人民法院应当依法受理。当事人指称他人侵犯其商业秘密的，还应当对其拥有的商业秘密符合法定条件、对方当事人的信息与其商业秘密相同或者实质相同以及对方当事人采取不正当手段的事实负举证责任。其中，商业秘密符合法定条件的证据，包括商业秘密的载体、具体内容、商业价值和对该项商业秘密所采取的具体保密措施等。此外，根据上述司法解释第 18 条规定，侵害商业秘密行为一审民事纠纷案件，一般由中级人民法院管辖。

（二）行政措施

侵害商业秘密行为的行政措施是指基于行为人违反行政法律法规规定而作出的行政处罚等措施。《反不正当竞争法》第 21 条规定：违反本法第 9 条规定侵犯商业秘密的，监督检查部门应当责令停止违法行为，可以根据情节处以 10 万元以上 100 万元以下的罚款；情节严重的，处 50 万元以上 500 万元以下的罚款。《关于禁止侵犯商业秘密行为的若干规定》也规定了相关的行政处理程序和内容，即针对载有商业秘密的侵权物品的处理，工商行政管理机关责令并监督侵权人将载有商业秘密的图纸、软件及其他有关资料返还权利人，监督侵权人销毁使用权利人商业秘密生产的、流入市场将会造成商业秘密公开的产品。但权利人同意收购、销售等其他处理方式的除外。

（三）刑事责任

侵害商业秘密行为的刑事责任，是指行为人侵害商业秘密行为触犯了国家刑事法律而应当承担的法律后果。刑事责任是侵害商业秘密行为最严厉的法律责任形式，我国《刑法》第219条作了明文规定。根据该条规定，有下列侵犯商业秘密行为之一，给商业秘密的权利人造成重大损失的，处3年以下有期徒刑或者拘役，并处或者单处罚金；造成特别严重后果的，处3年以上7年以下有期徒刑，并处罚金：（1）以盗窃、利诱、胁迫或者其他不正当手段获取权利人的商业秘密的；（2）披露、使用或者允许他人使用以前项手段获取的权利人的商业秘密的；（3）违反约定或者违反权利人有关保守商业秘密的要求，披露、使用或者允许他人使用其所掌握的商业秘密的；明知或者应知前款所列行为，获取、使用或者披露他人的商业秘密的，以侵犯商业秘密论。所称商业秘密，是指不为公众所知悉，能为权利人带来经济利益，具有实用性并经权利人采取保密措施的技术信息和经营信息。所称权利人，是指商业秘密的所有人和经商业秘密所有人许可的商业秘密使用人。从上述规定可知，《刑法》与前述《反不正当竞争法》关于商业秘密的定义及侵害商业秘密行为表现的规定是完全一致的，只是在定罪量刑上，前者规定侵害商业秘密行为需要达到法定的量刑标准。此外，根据《刑法》第220条规定，单位犯侵犯商业秘密罪的，对单位判处罚金，并对其直接负责的主管人员和其他直接责任人员，依照相应规定处罚。

思考题：

1. 分析商业秘密的概念及其与国家秘密、个人隐私之间的区别与联系。
2. 试析商业秘密的构成要件。
3. 侵害商业秘密行为如何界定？
4. 商业秘密侵权纠纷中，被告有哪些抗辩侵权的方式？
5. 分析商业秘密侵权应承担的法律责任。

第五编 | 知识产权 国际条约

第二十三章　知识产权国际条约概述

知识产权的国际条约，是知识产权制度的重要内容之一。知识产权国际保护的实现，主要是通过订立知识产权国际条约。我国加入了绝大多数知识产权国际条约，这些条约对我国立法产生了重大影响。学习知识产权国际条约，既有助于了解知识产权国际保护现状，也有助于准确地理解我国知识产权国内立法。需要特别指出的是，TRIPs 协定的缔约主体包括国家之外的独立关税区，因此本编的"国际条约"不限于"国家间的协定"。

第一节　知识产权国际条约的起源和发展

一、知识产权保护的国际协调

知识产权保护的范围与程度，与一国的经济水平、文化传统乃至道德观念密不可分，因此与其他民事权利制度相比，各国知识产权法的差异要大得多。由于所有的权利都具有地域性，所有的主权国家都是依据本国的法律来保护权利的，知识产权的地域性则表现得特别明显。在缺乏国际保护的情况下，一国知识产权人的权利对象进入另一国时，通常得不到另一国法律的保护，即使是今日极为重视知识产权的美国，在 17 世纪时也只保护本国作者的著作权，允许本国人自由地复制外国作品。

19 世纪后随着交通、通信技术的发展，国际文化交往与国际贸易日益频繁，商品与技术的国际流通带来知识产权的国际保护问题。尤其是在地缘亲近、语言相通的欧洲国家之间，图书的盗印非常严重，因此在欧洲最先出现了国家之间的知识产权协议。

总之，知识产权及其对象的特点致使其保护尤其是他国知识产权法的承认完全依赖法律，加之知识产权在国家间的流转远比有体物容易，这更显出以国际条约为主要方式的国际协调在知识产权保护中的作用。

二、从双边条约到多边公约

最初的知识产权国际合作主要采取双边条约的形式。例如，1838 年开始，英国制定了一系列国际版权法，作为本国与其他国家缔结双边条约的依据，之后以此为基础，英国与法国、普鲁士、比利时、西班牙等国先后签订了一系列的著作权保护协议。

随着国际交往的不断扩大，19 世纪末期开始出现多边国际公约。例如，1873

年，奥匈帝国在维也纳举办国际发明展览会，很多外国发明者担心自己的发明得不到保护而不愿意参展，这个事件催生了 1883 年《保护工业产权巴黎公约》。1878 年，法国的文学家协会利用世界博览会在巴黎召开之机，成立了国际文学家协会，最终促成了 1886 年《保护文学和艺术作品伯尔尼公约》的缔结。此后至 20 世纪后半叶，又诞生了一系列重要的知识产权公约。例如 1970 年缔结的《专利合作条约》、1971 年缔结的《保护录音制品制作者防止未经许可复制其录音制品公约》等。尤其是 1967 年缔结的《成立世界知识产权组织公约》，创立了一个在知识产权国际保护中发挥重要角色的组织——世界知识产权组织，随后问世的绝大多数公约都是在该组织的主持下制定的。当然也有一些知识产权合约是在其他相关国际组织下制定的，如联合国教科文组织在 1952 年就制定了《世界版权合约》，《罗马公约》则是在国际劳工组织参与下制定的。

三、经济全球化对知识产权国际条约的影响

第二次世界大战之后，国际社会认识到经济合作对世界和平的影响。1946 年，联合国经社理事会举行会议，倡议起草国际贸易组织宪章，准备成立一个多边贸易组织——国际贸易组织（ITO）。为此，联合国经社理事会成立了一个筹备委员会。1947 年，筹委会召开全体大会进行关税谈判，订立了《关税及贸易总协定》（GATT），作为国际贸易组织宪章的一部分。由于种种原因，国际贸易组织宪章并未生效。《关税与贸易总协定》生效之后，以该协定为基础展开了多轮谈判，形成了一系列新的协议，这些系列协议共同成为协调国际贸易的重要规则。由于《关税与贸易总协定》的宗旨是促进贸易自由，因此最初的谈判主要涉及关税减让、削减非关税壁垒等贸易障碍问题，与知识产权毫无关联。在 1978 年东京回合谈判中，美国和欧共体曾经联合提出禁止进口假冒商品的草案，但该草案未被采纳。

20 世纪 80 年代之后，随着经济的全球化，发达国家越来越意识到贸易与知识产权的密切联系。从 1980 年至 1985 年，美国贸易赤字上升了 309%，美国政府希望依靠新的贸易政策扭转局势。1982 年，美国政府和匈牙利、韩国、墨西哥、新加坡等国展开了双边谈判，要求后者修改专利、商标和著作权制度，加强对美国知识产权的保护。谈判由美国的贸易官员（而非知识产权管理部门）负责。由于贸易问题的处理可以采取相应的报复措施，美国在双边谈判中提出的要求基本上得到了满足。通过这些实践，美国政府和相关利益集团都体会到：把知识产权与贸易联系起来，是一种有效的手段。

于是，美国政府极力主张在 1986 年的关贸总协定乌拉圭回合谈判中纳入知识

产权议题，并得到发达国家的响应，发展中国家则进行抵制。经过多方妥协，1994年4月15日，《与贸易有关的知识产权协定》（英文缩写为TRIPs，本书简称TRIPs协定）在马拉喀什签署，《建立世界贸易组织协定》也同时签订，1995年1月1日世界贸易组织（WTO）成立，TRIPs协定是世界贸易组织的支柱性协议之一，约束世界贸易组织的所有成员。

TRIPs协定是经济全球化的产物，贸易与知识产权的联接也是知识经济时代的必然。知识产权贸易的重要性已经超越了传统的货物贸易与服务贸易，并且知识产权也渗透在货物贸易与服务贸易之中。TRIPs协定是迄今为止保护程度最高的知识产权公约。但是，TRIPs协定因偏重发达国家的利益，带来了一些消极后果，尤其是药品的专利保护与贫困国家的公共健康之间发生了深刻的冲突。

2001年11月，WTO多哈部长级会议通过了《TRIPs协定与公共健康宣言》（简称《多哈宣言》），宣言关注公共健康问题——尤其是艾滋病、结核病、疟疾和其他流行疾病给发展中国家与最不发达国家带来的困扰，认识到知识产权在发展新药品的同时，也对药品的价格造成了影响。宣言指出，在解释TRIPs协定时，应当考虑协议的目标与原则，不得妨碍公共健康，同时明确指出各成员有权利用协议中的弹性空间，如紧急情况下的强制许可、自由决定是否允许平行进口等。《多哈宣言》还规定了最不发达国家在与药品有关的知识产权保护方面的过渡期，并重申了发达国家根据TRIPs第66条第2款向发展中国家进行技术转让的义务。

2003年8月30日，WTO总理事会在日内瓦通过了《实施TRIPs协定与公共健康多哈宣言第6段的决定》（以下简称《实施多哈宣言决定》），《多哈宣言》第6段的内容是："我们承认，药品生产能力不足或完全缺乏的WTO成员难以根据TRIPs协定实施有效的强制许可。我们指示TRIPs理事会寻求一个迅速有效的解决方案，并在2002年年底之前向总理事会报告。"

2005年12月6日，WTO总理事会通过了《修改〈与贸易有关的知识产权协定〉议定书》，将《多哈宣言》和《实施多哈宣言决定》第6段的内容纳入了TRIPs协定。

第二节　与知识产权事务相关的主要国际组织

一、世界知识产权组织

在知识产权的国际协调机制中，世界知识产权组织发挥着无可取代的主导地位。在已经缔结的知识产权国际公约中，除TRIPs协定由世界贸易组织管理、《世界版权公约》由联合国教科文组织管理外，其余的全部由世界知识产权组织单独或参与管理。

1893 年，《伯尔尼公约》联盟国际局与《巴黎公约》联盟国际局合并为"保护工业和文学艺术产权联合国际局"。20 世纪 50 年代，该联合国际局的名称中加入"知识产权"一词，又称"保护知识产权联合国际局"，法文缩写为 BIRPI。20 世纪 60 年代，知识产权联合国际局希望通过改革成为联合国的专门机构，于 1967 年在斯德哥尔摩召开了外交会议，通过了《成立世界知识产权组织公约》（简称 WIPO 公约）。公约规定，由"世界知识产权组织国际局"接替"知识产权联合国际局"。1974 年，世界知识产权组织成为联合国的专门机构，总部设在日内瓦。我国于 1980 年 6 月 3 日加入世界知识产权组织。

世界知识产权组织的机构包括：大会、成员国会议、协调委员会和国际局。主要职能包括：（1）协调各国的知识产权立法和程序；为工业产权国际申请提供服务。（2）适当办理有关国际申请的注册，并公布有关注册的资料。（3）交流知识产权信息。（4）向发展中国家和其他国家提供培训以及法律和技术援助。（5）为解决私人知识产权争端提供便利；世界知识产权组织设有仲裁与调解中心，帮助解决私人知识产权争端。（6）保证各成员国所组织的联盟之间的行政合作。

目前，世界知识产权组织负责管理九个独立预算的联盟：伯尔尼联盟、巴黎联盟、专利合作条约联盟、马德里联盟、海牙联盟、里斯本联盟、国际专利分类联盟、尼斯联盟和洛迦联盟。

二、世界贸易组织

世界贸易组织是 1995 年 1 月 1 日根据《建立世界贸易组织协议》而成立的，它是世界上最重要的规制国际贸易的多边组织。世界贸易组织的前身是关贸总协定。关贸总协定主要关注货物贸易，而世界贸易组织则把议题延伸到服务贸易和与贸易有关的知识产权问题。世界贸易组织之所以被视为知识产权国际组织之一，是因为世界贸易组织协议中包含 TRIPs 协定。

世界贸易组织的缔约方被称为"成员（Member）"，成员不仅包括国家，也包括具有独立外贸权的关税区。该组织的宗旨是：促进经济和贸易发展以提高生活水平、保证充分就业、保障实际收入和有效需求的增长；扩大货物和服务的生产和贸易；根据可持续发展的目标考虑对世界资源的最佳利用，寻求既保护和维护环境、又与各成员在不同经济发展水平的需要和关注相一致的方式；保证发展中国家、特别是最不发达国家在国际贸易增长中获得与其经济发展需要相当的份额。

世界贸易组织的结构包括：部长级大会；总理事会；总理事会下设的货物贸易理事会、服务贸易理事会和与贸易相关的知识产权理事会；部长级大会下设的贸易和发展委员会；国际收支委员会；预算、财务和行政委员会以及秘书处。其主要职能包括：监督多边贸易协议的执行；主持多边贸易谈判；解决贸易争端；审议各成员贸易政策；帮助发展中成员提升贸易能力；与国际基金组织和世界银行合作、参与全球经济政策的制定。我国于2001年12月11日加入世界贸易组织。

三、与知识产权相关的其他国际组织

除世界知识产权组织和世界贸易组织外，其他一些国际组织，尤其是联合国机构也积极参与知识产权事务。例如，联合国教科文组织是《世界版权公约》的管理组织；保护邻接权的《罗马公约》的管理组织不仅包括世界知识产权组织和联合国教科文组织，还包括国际劳工组织。联合国贸易与发展会议提供知识产权的技术援助与培训；联合国粮食与农业组织在《粮食和农业植物遗传资源国际条约》中涉及知识产权；世界卫生组织关注与贸易有关的知识产权规则与药品获取之间的潜在冲突。①

第三节　与贸易有关的知识产权协定

一、TRIPs协定的基本原则

（一）国民待遇原则

各成员在知识产权保护方面，给予其他成员的国民的待遇不得低于其给予本国国民的待遇。对独立关税区而言，"国民"是指在该关税区内定居或拥有真实有效的工商业机构的自然人或法人。

根据TRIPs协定第3条，允许下列例外：

1. 可以适用《巴黎公约》《伯尔尼公约》《罗马公约》《关于集成电路的知识产权条约》所允许的有关国民待遇的例外。TRIPs协定吸收了已有的若干WIPO公约的内容，因此在国民待遇原则的适用方面也保留了WIPO公约的规定。例如，

---

① ［美］弗雷德里克·M. 阿伯特、［瑞士］托马斯·科蒂尔、［澳］弗朗西斯·高锐：《世界经济一体化进程中的国际知识产权法》（上），王清译，商务印书馆2014年版，第47页。

《伯尔尼公约》第 7 条第 8 项允许被请求保护国给予作品的保护期不超过作品起源国规定的保护期，此项例外也可适用于 TRIPs 协定的成员。

2. 就表演者、录音制作者和广播组织而言，国民待遇仅适用于本协定规定的权利。各国的邻接权制度差异较大，因此有的国家不愿意完全实行国民待遇，一个典型的例子，即"录制版税"。在法、德等欧洲国家，为了减少个人与家庭复制对著作权的影响，家用音像复制设备与载体（如空白录音带或录像带）的生产者、进口者必须支付一定的费用，即"录制版税"，这笔费用通过集体管理组织分配给著作权人与邻接权人。因为"录制版税"是欧洲国家特有的制度，在其他国家未建立此项制度的背景下，欧洲国家不愿意实行国民待遇，主张实行互惠原则。为了平息争议，TRIPs 协定指出，凡协定未规定的邻接权内容，可以不实行国民待遇原则。

3. 适用《伯尔尼公约》第 6 条或《罗马公约》第 16 条第 1 款 b 项。《伯尔尼公约》第 6 条规定，"任何非本联盟成员国如未能充分保护本联盟某一成员国国民作者的作品，该成员国可对首次出版时系该非成员国国民，且在任何成员国境内均无惯常居所的作者的作品保护加以限制，如首次出版国利用此项权利，本联盟其他成员国对此受到特殊对待的作品的保护无须超过首次出版国所给予的保护。"

《罗马公约》第 16 条第 1 款 b 项规定：成员国可以声明不按照第 13 条第 4 项保护广播组织的公开传播权（广播组织有权许可或禁止在收取入场费的公共场所公开传播电视节目），如果一成员国作出此种保留，其他成员国对于总部设于该国的广播组织没有义务赋予第 13 条第 4 项规定的保护。

如果 TRIPs 协定的成员适用上述两个条款，应通知 TRIPs 理事会。

4. 各成员可以利用《巴黎公约》《伯尔尼公约》《罗马公约》和《关于集成电路的知识产权条约》允许的司法和行政程序方面的例外，包括在某成员的司法管辖范围内指定送达地址或指定代理人，但这些例外应为保证不违反本协定之法律法规所必需，且不构成对贸易的变相限制。

（二）最惠国待遇原则

TRIPs 协定首次将国际贸易中的最惠国待遇原则引入知识产权公约。第 4 条规定："在知识产权保护方面，一成员给予其他国家国民的任何利益、优惠、特权或豁免，应立即无条件地适用于其他全体成员之国民。"但下列情形不适用最惠国待遇原则：

1. 由一般司法协助及法律执行的国际协定引申出的、非专门保护知识产权的利益、优惠、特权或豁免。

2.《伯尔尼公约》1971 年文本和《罗马公约》允许不按国民待遇、而按互惠原则给予的利益、优惠、特权或豁免。

3. 本协定未规定的表演者、录音制作者和广播组织的权利。

4.《建立世界贸易组织协议》生效之前已生效的知识产权国际协定中产生的利益、优惠、特权或豁免；且已将该协定通知给 TRIPs 理事会，并对其他成员之国民未构成任意的、不公平的歧视。

（三）最低保护标准原则

凡协定规定的最低保护标准，成员均应遵守。根据协定第 1 条，成员可以根据其法律制度及习惯确定实施本协定的具体方式。

（四）利益平衡原则

协定的第 7 条和第 8 条的标题分别为"目标（Objectives）"和"原则（Principles）"，这两条反映了知识产权保护与社会公众利益应当保持平衡的立场。第 7 条规定："知识产权的保护与权利的行使，应以促进技术革新、技术转让和技术传播为目的，以有利于社会经济福利的方式促进技术知识的生产者和利用者的互利，并促进权利与义务的平衡。"第 8 条规定："成员可在其国内法律法规的制定或修订中，采取必要措施保护公众的健康与发展，以促进其社会经济与技术发展的重要领域的公共利益，只要上述措施与本协定的条款一致。在不违反本协定条款的前提下，可采取适当措施防止权利人滥用知识产权，防止不合理地限制贸易或妨害国际技术转让的做法。"

利益平衡原则具有重要的解释功能，《多哈宣言》第 6 段（a）规定："在适用国际公法的通常解释规则时，TRIPs 的每个条款应当根据协定表达的目的与宗旨进行解读，特别是根据协定的目标与原则。"此处的"目标"与"原则"即协定第 7 条和第 8 条的规定。多哈回合对公众健康与知识产权的关系的调整，是利益平衡原则的具体体现。

二、TRIPs 协定的主要内容

1. 关于保护的主体。根据第 1 条第 3 款的规定，TRIPs 协定保护的主体是符合《巴黎公约》1967 年文本、《伯尔尼公约》1971 年文本、《罗马公约》和《关于集成电路的知识产权条约》所规定的受保护资格的自然人和法人，假设所有的 WTO 成员均为这些公约的成员。

2. 关于保护的对象。TRIPs 协定保护的对象包括作品、表演、录音制品、广播、商标、地理标志、外观设计、发明、集成电路布图设计以及未公开的信息。

这些对象基本上囊括了《伯尔尼公约》《罗马公约》《巴黎公约》和《关于集成电路的知识产权条约》的内容，但与《巴黎公约》相比，TRIPs 未规定实用新型和制止不正当竞争，只是规定了与不正当竞争有关的一种对象——未公开的信息。

3. 关于著作权。协定对著作权的保护基本遵照《伯尔尼公约》，第 9 条要求成员应遵守《伯尔尼公约》1971 年文本第 1 条至第 21 条及公约附件，但成员没有义务履行《伯尔尼公约》第 6 条之二规定的权利以及由此引申的权利，即著作人格权的保护。在《伯尔尼公约》的基础上，协定增加了出租权。出租权的对象限于两类：计算机程序和电影作品。协定还规定了著作权的保护期、著作权的限制与例外。

4. 关于邻接权。邻接权又称相关权利，TRIPs 协定采用了"相关权利"的表述，包括表演者权、录音制作者权和广播组织权的保护；协定还规定了相关权利的保护期、限制与例外。

5. 关于商标权。协定规定了商标的注册；商标权的内容；驰名商标的保护；商标权的期限；商标权的例外以及对商标使用的要求；商标权的许可和转让。

6. 关于地理标志。协定规定了对地理标志的保护；对酒类地理标志的特殊保护；地理标志的例外。

7. 关于外观设计。协定规定了对外观设计的保护与例外。

8. 关于发明专利。协定规定了发明专利权的内容、发明专利的申请、专利权保护的程序要求、专利权的限制。

9. 关于集成电路布图设计。协定规定了对集成电路的布图设计的保护标准和保护的例外。

10. 关于未公开信息的保护。协定规定了未公开信息受保护的条件；对未公开信息的保护。

11. 关于对滥用知识产权行为的控制。协定的任何规定均不得阻止各成员在其立法中明确规定在特定情况下可构成对知识产权的滥用并对相关市场中的竞争产生不利影响的许可活动或条件。

协定还规定了知识产权的实施；争端的防止和解决；过渡性安排；机构安排与最后条款。

三、TRIPs 协定的争端解决机制

第 64 条规定，关于本协定的争端适用《WTO 关于争端解决的规则与程序谅解》（以下简称《争端解决谅解》）所阐明和实行的《关贸总协定》第 22 条和第

23 条的规定。1994 年，乌拉圭回合达成了《争端解决谅解》，其第 3 条第 1 款规定，争端解决原则上适用《关贸总协定》第 22 条和第 23 条，以及进一步阐明和修改的规则。

《关贸总协定》第 22 条规定，缔约方之间对于可能影响协定执行的事项应尽量磋商。第 23 条则规定，如果争端无法通过磋商解决，缔约方全体可以批准一缔约方暂停实施本协定规定的减让或其他义务。《争端解决谅解》在此基础上，对争端解决程序作出了更详细的规定，大致包括：

1. 磋商。争端解决机制鼓励成员通过协商解决争端，磋商应于争议发生后 30 日内举行，如果被请求方收到磋商请求后 10 日内未作答复，或者双方在请求提出后 30 日内未举行磋商，请求磋商的成员可直接要求成立专家组。磋商必须在 60 日内完成，否则任何一方均可要求成立专家组。

2. 专家组。专家组于受案后 6 个月内就争端事项完成调查和审理程序，向争端解决机构提交报告，自受案至结案最长不得超过 9 个月。

3. 通过报告。如果成员未上诉或未一致决议不采纳相关报告，则争端解决机构应该通过该报告。这种表决原则被称为"反向一致原则"或"一致不通过原则"。

4. 上诉。成员就专家组的报告可以提出上诉，上诉案的审理期限通常为 60 日，最长不超过 90 日。

5. 执行。如果争端解决机构或上诉机构通过报告，自报告通过 15 个月内，争端解决机构应确定执行报告的期限。如果成员在期限届满后未执行，经胜诉方的请求，争端解决机构将批准胜诉方采取报复措施。

6. 仲裁。根据《争端解决谅解》，对于当事各方已明确界定问题所在的争端，也可选择仲裁，以替代争端解决机构的管辖。同时，对争端解决机构确定的执行期限以及报复程度的合理性，也可以请求仲裁。

TRIPs 协定第 64 条第 2 项规定，自 WTO 协定生效之日起 5 年内，《关贸总协定》第 23 条第 1 款第 2 项和第 3 项不适用于知识产权争端。《关贸总协定》第 23 条规定，由于三种原因使一缔约方根据协定可直接或间接享有的利益正在丧失或减损，或使本协定规定的目标实现受到阻碍的，可以适用争端解决程序：（1）另一缔约方未实施协定规定的义务；（2）另一缔约方实施某种措施（无论该措施是否违法协定）；（3）存在任何其他情势。

这三种争端分别称为违约之诉、非违约之诉与情势之诉。之所以包含后两种情况，是为了维持成员之间的利益平衡，使一成员无法实际享有协定赋予的利益时，可以不承担对等的义务，无论该种结果是否由另一成员违约行为引起。TRIPs 协定第 64 条规定，在 WTO 生效之日起 5 年内对知识产权争端不适用非违约之诉和情势之诉。

思考题：

1. 世界上主要的国际知识产权条约有哪些？

2. 简述 TRIPs 协定的主要内容。

3. 与知识产权相关的国际组织有哪些？

第二十四章　工业产权国际条约

第一节　工业产权国际条约概述

一、工业产权法国际条约的产生

工业产权，例如专利权和商标权，是近代商品经济的产物。早期的专利和商标，都是由某个国家的国内法予以保护。然而到了 19 世纪，随着科学技术的发展和国际贸易的增长，出现了对于技术发明和商标予以跨越国界保护的需要。不过，基于国家主权的原则和知识产权的地域原则，又不可能产生跨国的专利权和商标权。相关的国家只能通过缔结国际条约的做法，协调各个国家对于专利、商标等工业产权保护的标准，最大限度地克服地域限制所带来的不利影响。正是在这样一个背景之下，经过数年的准备，1883 年由法国、意大利和荷兰等 11 国发起，在巴黎缔结了《保护工业产权巴黎公约》（简称《巴黎公约》）。《巴黎公约》就工业产权保护的基本原则和最低要求作出了一系列的规定，从而协调了成员国有关工业产权保护的标准。

二、工业产权国际条约的发展

（一）《巴黎公约》本身的发展

自《巴黎公约》缔结后，协调工业产权保护的国际条约和相关规定继续发展。首先是《巴黎公约》本身的发展。《巴黎公约》自 1884 年生效之后，又经过了若干次修订，产生了 6 个文本。而每一次的修订，都会随着工业产权保护的需要和相关认识的深入，增加一些内容。例如，1900 年的布鲁塞尔文本增加了制止不正当竞争的保护，为公约的第 10 条之二。又如，1925 年的海牙文本增加了有关知名商标的保护，为公约的第 6 条之二。事实上，按照《巴黎公约》的现行文本（1971 年的斯德哥尔摩文本），第 4 条之三有关发明人在专利证书上署名的规定，第 5 条之二有关工业产权维持费用的宽限期的规定，第 5 条之五有关工业品外观设计的规定，第 6 条之六有关服务商标的规定，第 7 条之二有关集体商标的规定，以及其他很多内容，都是在《巴黎公约》的发展过程中，在不同的文本中增加的内容。而且，无论是原有的条文，还是后来增加进去的条文，也会随着工业产权保护的需求的变迁而加以修订。

（二）《巴黎公约》子公约的发展

具体说来，依据《巴黎公约》有关工业产权保护的原则性规定，相关的国家又就其中的一些议题或者方面缔结了若干细化的条约，从而推动了《巴黎公约》的实施。按照世界知识产权组织的分类，这类国际条约可以分为三类，一是实体保护（IP Protection）条约，二是全球保护体系（Global Protection System）条约，三是分类（Classification）条约。在世界知识产权组织的一些文献中，有关工业产权保护的《巴黎公约》及其子公约被称为"巴黎家族"（Paris Family），而有关《伯尔尼公约》及其子公约则被称为"伯尔尼家族"（Bern Family）。

这里所说的实体保护条约，首先是指《巴黎公约》本身。除此之外还有 1891 年缔结的《制止商品来源虚假或欺骗性标记马德里协定》，2000 年缔结的《专利法条约》，1994 年缔结的《商标法条约》，2006 年缔结的《商标法新加坡条约》。这些条约设定了有关专利、商标保护的基本原则和最低要求。

这里所说的全球保护体系条约，主要是指 1891 年缔结的《商标国际注册马德里协定》，1989 年缔结的《商标国际注册马德里协定有关议定书》，1970 年缔结的《专利合作条约》，1925 年缔结的《工业品外观设计国际备案海牙协定》，1958 年缔结的《保护原产地名称及其国际注册里斯本协定》，1977 年缔结的《国际承认用于专利程序的微生物保存布达佩斯条约》。全球保护体系条约的宗旨是，简化工业产权的申请手续，减少相应的费用。

这里所说的分类条约，主要是指 1957 年缔结的《商标注册用商品与服务的国际分类尼斯协定》，1968 年缔结的《建立工业品外观设计国际分类洛迦诺协定》，1971 年缔结的《国际专利分类斯特拉斯堡协定》，以及 1973 年缔结的《建立商标图形要素国际分类维也纳协定》。这些条约主要是技术性的，相关的分类有助于世界知识产权组织和相关的国家对专利、商标和工业品外观设计进行分类和编排，便于主管部门的管理和社会公众的检索。

（三）TRIPs 协定的出现

在协调世界各国工业产权保护的国际条约方面，除了《巴黎公约》及其子公约，还有 TRIPs 协定。TRIPs 协定首先纳入了《巴黎公约》斯德哥尔摩文本有关工业产权保护的实体性条文，并在此基础上作了如下的规定：几乎所有技术领域的发明都可以获得专利保护，这主要是指药品和化学品的产品专利保护；专利的保护期限统一为自申请之日起 20 年，这主要是针对很多发展中国家比较短的专利保护期；将服务商标纳入驰名商标保护的范畴，同时提供了对于驰名商标的反淡化保护；突出烈性酒和葡萄酒地理标志的保护，这主要是反映了欧洲国家的诉求；

明确规定商业秘密在制止不正当竞争的含义上获得保护。除此之外，TRIPs 协定还强调了知识产权的实施机制，要求成员国以民事的、行政的、刑事的措施和边境措施，对知识产权予以保护。显然，TRIPs 协定的规定大大提高了工业产权保护的标准，强化了世界范围内有关工业产权的保护。

（四）区域性国际条约

严格说来，《巴黎公约》及其子公约，以及 TRIPs 协定，都是全球性的多边条约。除此之外，我们还应当注意那些区域性的多边条约和双边条约。其中的双边条约，是指两个国家之间签订的有关知识产权保护的条约。例如，1992 年 1 月中美两国签订的《关于保护知识产权的谅解备忘录》、1995 年 3 月中美两国签订的《中美知识产权换文及附件》，就属于这样的双边条约。其中的区域性多边条约，是指某一个区域内的几个或一些国家所签订的有关工业产权保护的条约。例如，欧洲一些国家于 1973 在德国慕尼黑签订的《欧洲专利公约》，就属于这样的区域性多边协议。

大体说来，有关工业产权保护的国际条约，尤其是《巴黎公约》及其子公约和 TRIPs 协定，协调了相关成员国有关工业产权保护的标准，极大地促进了全球范围内的工业产权保护，具有非常重要的意义。限于篇幅，本章仅论述《巴黎公约》《专利合作条约》和《商标国际注册马德里协定》及其议定书。

拓展阅读

解析"中国 WTO 知识产权争端第一案"专家组报告

第二节　《保护工业产权巴黎公约》

《巴黎公约》缔结于 1883 年 3 月，于 1884 年 7 月正式生效。在此之后，公约屡经修订，产生了 6 个文本。现在，绝大多数国家批准和采纳的是 1967 年的斯德哥尔摩文本。到 2017 年 5 月，巴黎公约共有 177 个成员国。中国于 1985 年 3 月加入巴黎公约。

一、《巴黎公约》的基本原则

（一）国民待遇原则

国民待遇是指，在工业产权的保护方面，各成员国应当在法律上给予其他成员国的国民以本国国民所享有的待遇。如享有相同的权利，承担相同的义务，在权利受到侵犯时获得相同的法律救济，等等。其中的法律，既包括该成员国颁布实施的成文法，也包括法院的判例和工业产权管理部门在行政管理上的惯例。

按照《巴黎公约》的规定，享有国民待遇的有两类。第一类是成员国的国民，既包括自然人，也包括法人。他们在公约的任何成员国，都享有与该国国民同等的待遇。第二类是非成员国的国民，只要他们在某一成员国内有住所或者实际从事工商业活动的营业所，也享有《巴黎公约》所规定的国民待遇。显然，这是通过居所或者营业所的联结点，让一些非成员国的国民也享有了公约规定的国民待遇。

国民待遇的原则，不仅保证了外国人在工业产权方面可以得到本国法律的保护，而且保证了外国人可以与本国人获得同等的保护，不会受到任何歧视。在这方面，《巴黎公约》所规定的国民待遇，不同于互惠原则。因为按照互惠原则，甲国给予乙国国民以什么样的待遇，乙国就给予甲国国民以什么样的待遇；如果乙国的保护水平高，甲国的保护水平低，则甲国国民在乙国就享受不到高出来的部分。而按照国民待遇原则，无论某一成员国的保护水平有多高，其他成员国的国民也可以与该国国民一样，享受到这个高出来的部分。

应该说，国民待遇原则隐含着这样一个含义，无论某一成员国所规定的工业产权保护水平有多高，或者有多低，只要让外国人享有本国国民的待遇就可以了。单纯实行这一原则，就有可能鼓励某些成员国把工业产权的保护水平定得很低，以至于给其他成员国国民提供了过低的保护水平。为了防止这一点，《巴黎公约》又规定了一个"最低保护原则"，作为国民待遇原则的补充。根据规定，《巴黎公约》所特别规定的权利不得遭受任何损害。这样，各成员国在制定工业产权法律时，可以根据本国的实际情况确定相关的保护水平，但这种水平又不得低于公约所规定的一系列要求。这实际上是为国民待遇原则设定了一个最低保护水平，使得各成员国之间的保护水平不至于差距太大。

（二）优先权原则

根据《巴黎公约》，成员国的国民在某一成员国提出了有关发明专利、实用新型、外观设计或者商标注册的申请以后，再想在其他成员国提出同样的申请时，可以在一定的期限内享有优先权。或者说，他随后提出的申请虽然晚于第一次提出申请的日期，但其他成员国都承认他在第一个国家提交申请的日期为本国的申请日。这样，他在第一个成员国所提出的申请的日期就是"优先权日"。

优先权的主要作用是，当发明人或者商标所有人在第一次提出申请时，不必同时向本国或者外国提出数份申请。因为，按照优先权原则，他们还有 12 个月或者 6 个月的时间，考虑自己的权利有必要在哪些国家受到保护，并在此期间办理必要的申请手续。根据优先权原则，他们也不必担心在此期间会有别人抢先申请或者抢先注册。因为只要是在优先权的期限之内，他们在其他国家的申请日是他们第一次提出申请的日期。在此期间，即使有人就同一发明、实用新型、外观设计或商标提出了申请，也会因为缺乏新颖性而被驳回，或者他人已经在先申请而被驳回。

优先权是一项程序权利。即使申请人撤回或放弃了第一次的申请，或者第一次申请被该国的工业产权部门驳回了，都不会影响优先权的存在。与此同时，在随后的申请中，优先权也不是自动产生的。申请人在向其他国家就同一项工业产权提出申请时，必须提交优先权请求书，说明自己就该项发明专利、实用新型、外观设计或者商标，已经在何时何地提交过申请，并注明第一份申请案的申请号码，以及受理国家所确定的申请日。

（三）专利权和商标权的独立性原则

根据《巴黎公约》第 4 条之二，成员国国民向某一成员国申请的专利，与他在其他成员国或者非成员国就同一发明所获得专利权无关。这一规定，不仅涉及了专利权的申请和获得，还涉及了专利权的有效与否。

先来看专利权的申请和获得。根据公约，申请人在某一成员国的专利申请是否获得授权，与他在其他成员国的申请无关。一个成员国授予了专利权，并不意味着其他成员国也应当授予专利权；一个成员国驳回了专利申请，并不意味着其他成员国也应当驳回该项申请。一个成员国是否授予该项申请以专利权，完全依据本国法律的规定，不受其他国家是否授予专利权决定的影响。

再来看专利权的有效与否。根据公约，申请人在各个国家所获得的专利权是彼此独立、互不影响的。例如，一个国家因为种种原因而宣告一项专利权无效，并不影响其他成员国就同一发明授予的专利权继续有效。或者说，发明人就自己的发明在一个国家所获得的专利权被宣告为无效，并不意味着他就该项发明在其他国家所获得的专利权也被宣告为无效。发明人就某一特定发明所获得的专利权，仅仅与特定国家的法律相关，而与其他国家就该项发明所授予的专利权无关。

根据《巴黎公约》第 6 条，商标申请和注册的条件，由各成员国的法律决定。这就表明，商标注册的申请是否获得批准，以及某一商标注册是否有效，完全由各成员国的法律所决定。例如，一件商标注册申请是否获得批准，不以该商标是否在其他国家申请注册为转移，也不以该商标是否在其他国家获准注册为转移。即使商标所有人在自己的所属国没有申请注册，或者没有获准注册，也不影响他在其他国家申请或者获准注册。又如，一件商标注册在某一成员国被撤销，或者因为没有续展而失效，并不影响该商标注册在其他国家的继续有效。

二、《巴黎公约》的其他主要规定

以上所述的"国民待遇原则""优先权原则""专利权和商标权的独立性原则"，一般被称为《巴黎公约》的三大原则。除此之外，《巴黎公约》还有一些比较重要的规定，如临时保护、宽限期、发明人的署名权、专利权的限制、驰名商标的特别保护、禁止作为商标使用的标记，以及制止不正当竞争的权利，等等。其中的有些内容，已经在本书相关的章节中论述过。下面简要介绍临时保护、宽限期和发明人的署名权。

（一）临时保护

临时保护与国际展览会上的商品及相关的工业产权有关。根据《巴黎公约》第11条的规定，任何一个成员国内由官方举办的或者经过官方承认的国际展览会上展出的商品，如果其中有可以申请专利的发明、实用新型和外观设计，或者可以申请注册的商标，各成员国都要根据本国法律给予临时保护。在临时保护的期限之内，展品所有人以外的人，不得就展品申请工业产权。如果展品所有人在此期间就展品申请了工业产权，则申请日不是第一次提交申请的日期，而是展品的公开展出之日。

临时保护不同于优先权。优先权是由第一次在成员国提出申请而获得的，而临时保护则是由展品的展出而获得的。而且，优先权的期间是由公约明确规定的，而临时保护的期间则是由各个国家规定的。一般说来，发明专利和实用新型是12个月，外观设计和商标是6个月。此外，如何界定国际展览会或者官方承认的国际展览会，也是由各个国家来决定的。

（二）宽限期

宽限期与工业产权的维持有关。因为，按照世界各国的专利法、商标法或其他法律的规定，为了维持工业产权，如专利权和商标权的有效性，权利人必须定期缴纳费用。如果权利人没有按时缴纳费用，就会丧失有关的工业产权。

工业产权的所有人没有按期缴纳维持费用，可能有种种原因，如专利权人或商标权人因为经济上的考虑，觉得与其缴纳维持费用，还不如通过不交费的方式放弃权利。又如，权利人出于疏忽或者其他原因，没有按时缴纳费用，并希望有所补救。正是考虑到后一种原因，《巴黎公约》第 5 条之二规定，缴纳规定的工业产权维持费用，应当至少允许 6 个月的宽限期，但如果本国法律另有规定，还应缴纳附加费用。

宽限期的规定，主要涉及专利和注册商标。例如在很多国家，专利的维持费用应当一年一交，商标注册的维持费用为 10 年一交。同时，绝大多数国家的法律都规定，专利和商标注册维持费的宽限期为 6 个月。在宽限期内，专利权人或者商标所有人不仅要缴纳维持费，还要缴纳一定的附加费。

（三）发明人的署名权

根据《巴黎公约》的规定，发明人有权在专利证书上署名。这就是通常所说的发明人的精神权利。与此相应，在专利证书上署名，也表明了发明人与专利权所覆盖的发明创造之间的关系。

值得注意的是，发明人的署名权不是专利权的构成部分。发明人做出一项发明，就此项发明享有精神权利，是一项自然产生的权利。即使有关的发明没有去申请专利权，或者没有获得专利权，也无法抹杀发明人做出该项发明的事实。《巴黎公约》的规定只是表明，在有关的发明获得专利的情况下，发明人有权在专利证书上署名，说明自己是该项技术的发明者。事实上，发明人在专利证书上署名，只是对已有事实的记载而已。

第三节　《专利合作条约》和《马德里协定》

一、《专利合作条约》

《专利合作条约》缔结于 1970 年，旨在简化专利的国际申请程序，以及方便申请人和受理国家的专利审查部门。《专利合作条约》是《巴黎公约》的子公约，只有《巴黎公约》的成员国才可以参加。由于《专利合作条约》极大地方便了申请人和受理国家的专利审查部门，条约的成员国迅速增加，截至 2017 年共有 152 个。中国于 1994 年加入专利合作条约。

（一）国际申请的提出

根据规定，《专利合作条约》的国民或居民，都可以提交国际申请。在通常情况下，国际申请都是首先向所在国的国家局提出，并注明该申请是《专利合作条约》意义上的国际申请。在这种情况下，这个国家局也就同时是国际申请的受理局，并由其依照条约的相关规定加以处理。除此之外，成员国的国民或居民，还可以直接向世界知识产权组织的国际局提交国际申请。在国际专利申请文件中，申请人应当注明希望在哪些成员国中获得专利权。在国际专利申请的程序中，这些国家称为"指定国"。

受理局在收到相关的国际专利申请后，应当按照《专利合作条约》的规定进行检查和处理。对于申请文件符合要求的申请案，确定国际申请日和国际申请号，并通知申请人。对于申请文件不符合要求的申请案，则要求申请人予以更正，或者不予受理。对于符合要求的申请案，受理局在通知申请人时，还应当将通知的副本送往世界知识产权组织的国际局。

国际申请的效力在于，受理局所确定的国际申请日，相当于申请人向各个指定国提出申请的日期。与此相应，申请人在向受理局提出国际申请的同时，也相当于向各个指定国提出了专利申请。

（二）国际检索与公布

国际检索是指，由《专利合作条约》联盟指定的检索单位，对国际申请案所涉及的发明进行现有技术的检索。根据规定，检索报告应当在收到申请副本之后的 3 个月之内，或者优先权日起算的 9 个月内作出。检索单位应当将检索报告分别送交申请人和国际局。检索报告会列出与申请案有关的现有技术文献，并指出这些文献与申请案的新颖性和创造性的可能关系。这样，申请人通过国际检索报告，就可以判定自己获得专利权的可能性有多大，作出继续申请或者撤回申请的决定。同样，国际申请指定国的审查部门，也可以依据国际检索报告，审查申请案是否符合新颖性、创造性的要求。

自国际申请案的申请日或者优先权日起算满 18 个月，有关的申请案进行国际公布。如果申请案是使用中文、英文、法文、德文、日文、俄文和西班牙文提出的，可以直接公布。如果是使用其他文字提出的，应当翻译成英文公布。

（三）国家处理程序和国际初步审查

在完成了国际检索和国际公布的程序以后，申请人可以有两个选择。一是进入国家处理程序，二是要求国际初步审查。

先来看国家处理程序。申请人在提出国际申请的时候，要指定一些国家，希望在这些国家中获得专利权。这样，在完成了国际检索和国际公布的程序以后，申请案就会进入这些国家，由相关国家的专利部门进行审查。这时候，指定国的专利部门会像对待本国的申请案一样，按照本国的法律法规决定是否可以授予专利权。当然，指定国的专利部门在进行审查时，也会考虑国际检索的结果。

再来看国际初步审查。根据《专利合作条约》的规定，在完成了国际检索和国际公布程序后，申请人还可以提出国际初步审查的请求。所谓国际初步审查，就是由《专利合作条约》联盟所指定的专利局，对申请案的新颖性、创造性和实用性进行审查，并提出国际初步审查报告。这叫作"专利合作条约"的第二阶段（PCTⅡ）。

在此之后，申请人可以将初步审查报告提供给指定国家的专利部门，国际申请案也由此而进入国家处理阶段。所以，从这个意义上说，国际初步审查报告并不具有约束力。有关的指定国的专利部门还要依据本国法律进行审查，从而决定是否应当授予专利权。然而，对于那些不具备实质审查能力的国家局来说，国际初步审查报告具有很大的参考价值。事实上，对于这类国家来说，国际初步审查报告的结论往往会成为该国专利审查部门的结论。这也正是国际初步审查的意义所在。

到目前为止，《专利合作条约》联盟共确定了 9 个国际初步审查单位，即澳大利亚专利局、奥地利专利局、中国知识产权局、欧洲专利局、日本特许厅、韩国专利局、俄罗斯专利局、瑞典专利局和美国专利局。

二、《马德里协定》与《马德里协定议定书》

《马德里协定》和《马德里协定议定书》，都是有关商标国际注册的重要条约。二者既有联系，又有一定的区别。下面分别论述。

（一）《马德里协定》

《马德里协定》全称为《商标国际注册马德里协定》，缔结于 1891 年 4 月，于 1892 年 7 月生效。自此以后，协议几经修订，并在 1967 年形成了现行的斯德哥尔摩文本。目前，马德里体系中的成员和组织已超过 100 个。中国于 1989 年加入《马德里协定》。

1. 国际注册申请的提出。根据规定，协定成员国的任何国民，可以提出国际注册申请。国民是指可以按照《巴黎公约》享受国民待遇的人，既包括自然人，也包括法人。

按照《马德里协定》，提出国际注册申请的商标，必须是已经在原属国注册的商标。其中的原属国，与前述的"国民"基本相同，即申请人在某一成员国内有工商营业所或者住所，或者具有某一成员国的国籍。与这种原属国的要求相对应，有关的国际注册申请也是向原属国的商标主管部门提出，并由后者向世界知识产权组织的国际局提交。

国际局在接到原属国提交的注册申请以后，要对申请案是否符合相关的要求进行确认。如果符合要求，则应当在国际注册簿中进行登记，发给国际注册证书，并且予以公布。值得注意的是，国际局并不进行实质审查，基本依赖于原属国的审查结论。

2. 国际注册的效力。根据《马德里协定》，经国际注册的商标，其效力延及原属国以外的所有成员国，就像商标在所有成员国获得注册一样。这叫作国际注册的"普遍性原则"。当然，各成员国的商标主管部门，也可以在接到国际局的注册通知以后，按照《马德里协定》的相关规定驳回国际注册，拒绝保护。

从表面上看，经过国际注册的商标可以在所有成员国中获得保护，但实际并非如此。因为，很多商标所有人并不打算让自己的商标在所有的成员国中获得保护，并支付相关的费用。所以，这就产生了"领域延伸"的概念。按照协定的相关规定，国际注册的申请人可以提出领域延伸的要求，根据需要指定某些成员国保护自己的商标。

根据规定，指定国在接到延伸保护的要求之后，可以根据协定的相关规定和本国法律，在一年之内作出是否予以注册的决定。如果驳回国际注册，则应当说明理由。

3. 国际注册与原属国注册的关系。《马德里协定》的一个特殊之处在于，获得国际注册的商标与原属国注册的商标，存在着密切关系。根据规定，自国际注册之日起的 5 年之内，国际注册的商标依赖于原属国注册的商标。在此期间，如果原属国的注册商标因为放弃、撤销、宣告无效等原因而不再受到保护，则相关的国际注册也随之而失效。这叫作"中心打击"。这是因为，国际局对于国际注册申请并不进行实质审查，而是依赖于原属国的审查。这样，国际商标注册的效力就依赖于原属国商标注册的效力。

当然，自国际注册之日起的 5 年以后，获得国际注册的商标就不再依赖于原属国注册的商标。即使有关的商标在原属国不再受到保护，也不会影响国际注册商标的效力。

（二）《马德里协定议定书》

《马德里协定》虽然方便了商标所有人申请和获得商标的国际注册，但在相关的程序上又存在着一些缺陷，与很多国家的国内注册程序存在着差异，因而参加的国家并不很多。为了克服《马德里协定》的不足，在世界知识产权组织的主持之下，世界各国又在 1989 年缔结了《商标国际注册马德里协定有关议定书》（简称《马德里协定议定书》），并于 1996 年 4 月生效。中国于 1995 年 12 月加入议定书。

《马德里协定议定书》是在《马德里协定》的基础上制定的，二者既有一些相同之处，又有一些不同之处。从形式上来看，二者属于两个不同的相互独立的国际条约。参加一个条约并不意味着参加了另一个条约。当然，《马德里协定议定书》也是《巴黎公约》之下的子公约，只有《巴黎公约》的成员国才可以成为议定书的成员国。而且，《马德里协定》和《马德里协定议定书》，都属于广义的"马德里联盟"管辖的条约，都属于商标国际注册的程序条约。

由于我们已经在前面介绍了《马德里协定》在商标国际注册方面的内容，下面仅从《马德里协定》与《马德里协定议定书》几个不同方面，介绍《马德里协定议定书》相关内容。

1. 与原属国注册申请的关系。按照《马德里协定》的规定，只有在原属国获得注册的商标，才可以进行国际注册。而按照《马德里协定议定书》，已经在原属国获得注册的商标，可以申请和进行国际注册，而没有在原属国获得注册的商标，只要在原属国提出了申请，也可以申请并进行国际注册。

2. 国际注册与领域效力。按照《马德里协定》的规定，获得国际注册的商标，在所有的成员国都可以获得保护。当然成员国可以声明，只有申请人要求领域延伸时，才可以在本国获得保护。而依据《马德里协定议定书》的规定，获得国际注册的商标仅仅具有在成员国获得保护的可能性。如果申请人要想在某几个或者所有的成员国都获得注册和保护，则必须向具体的成员国提出请求。这叫作"领域效力"。在此基础上，获得国际注册的商标就会进入国家阶段，由成员国的商标主管部门审查，作出是否注册的决定。

3. 成员国驳回国际注册申请的时间。按照《马德里协定》的规定，成员国的商标主管部门，对于获得国际注册的商标，或者要求在本国获得保护的国际注册商标，必须在一年之内作出拒绝保护的决定，并说明相关的理由。显然，一年的时间过于短促。所以《马德里协定议定书》规定，在成员国作出声明的情况下，可以在 18 个月内作出拒绝保护的决定并说明理由。而且在出现商标异议的情况下，作出拒绝保护决定的时间还可以超过 18 个月。

4. 与原属国注册的关系。按照《马德里协定》的关系，自国际注册之日起的 5 年内，国际注册的商标依赖于原属国的注册。而《马德里协定议定书》则在此基础上规定，原属国的商标注册无效以后，该商标的国际注册可以转为各指定国的国家申请。与此相应，国际注册日也会成为各个指定国的申请日。

显然，正是由于以上的一系列优点，《马德里协定议定书》在商标的国际注册方面发挥着越来越重要的作用。

思考题：

1. 简述《巴黎公约》的主要原则。

2. 简述《专利合作条约》与《马德里协定》的作用。

3. 国际上主要的工业产权条约有哪些？

第二十五章　著作权国际条约

第一节　著作权国际条约概述

一、著作权国际条约的起源

19 世纪后半期，随着交通与通信的发展，作品的国际流通大大增加。由于缺乏著作权的国际保护机制，任意复制外国作品的现象十分普遍，从而影响了合法图书的出口以及正常的著作权许可，损害了著作权人的利益。在这种情况下，一些作者和出版商团体开始呼吁著作权的国际保护。著作权国际保护的最早呼声可追溯至 1858 年在布鲁塞尔召开的"世界作者和艺术家大会"，这次大会主张将外国作者完全地、绝对地当作本国作者对待，外国作品的保护无须履行作品起源国法律规定以外的附加手续①。这两项主张就是后来的著作权公约奉行的国民待遇原则和自动保护原则的雏形。

1878 年，法国文学家协会利用世界博览会在巴黎召开之机，由著名作家雨果主持召开了一次国际文学家大会，许多著名的作家、出版商和公众人物都参加了此次大会，例如俄国的屠格涅夫和美国的班克罗夫特。此次大会成立了国际文学协会，该协会向全世界的作家与作家团体开放。1882 年，国际文学协会在罗马召开大会，与会者建议按照国际邮政联盟的模式成立一个保护著作权的国际联盟，大家认为，联盟的地点应设在瑞士的伯尔尼，因为伯尔尼是国际邮政联盟的总部所在地，也是诸多国际会议召开的地方。1883 年，国际文学协会的成员范围拓展至视觉艺术家，协会更名为"国际文学艺术协会"（Association Littéraire et Artistique Internationale，缩写为 ALAI）。1883 年 9 月，ALAI 在伯尔尼召开了一次会议，会上提交了 5 个建议草案作为讨论的基础。草案的标题是"世界文学公约"（Universal Literary Convention）。最后，大会通过了一项由 10 个条款组成的协议，这 10 个条款成为 1886 年《伯尔尼公约》文本的基础。

1883 年 12 月，应 ALAI 的要求，瑞士联邦政府向所有的"文明国家"发出邀请，请它们考虑召开一次外交会议，建立一个著作权保护的国际联盟。外交会议于 1884 年在伯尔尼召开，与会国包括德国、奥匈帝国、比利时、法国、海地、意

---

① ［西］德利娅·利普希克：《著作权与邻接权》，联合国教科文组织译，中国对外翻译出版公司 2000 年版，第 478 页。

大利、荷兰、英国、瑞典、挪威和瑞士。1884 年外交会议最终通过了五个文件，包括《关于成立著作权保护联盟的公约草案》。1885 年 9 月，第二次外交会议在伯尔尼召开，德国、阿根廷、比利时、西班牙、美国、法国、海地、洪都拉斯、意大利、巴拉圭、荷兰、英国、瑞典、挪威、瑞士和突尼斯的代表参加了此次会议，会议修改完善了 1884 年草案。1886 年 9 月，在伯尔尼举行了第三次外交会议，德国、比利时、西班牙、法国、海地、意大利、利比里亚、瑞士、英国和突尼斯参加了会议，美国和日本以观察员身份列席会议。会议通过了《保护文学和艺术作品伯尔尼公约》（简称《伯尔尼公约》），公约于 1887 年 12 月 5 日生效。这是世界上第一部著作权国际公约。

二、著作权国际条约的发展

在《伯尔尼公约》问世的同时，美洲国家缔结了一系列区域性著作权保护公约，其中最有影响力的是 1928 年《哈瓦那公约》。于是，20 世纪初国际著作权保护出现了欧洲体系与美洲体系并存的局面。第二次世界大战以后，联合国教科文组织注意到当时的两个超级大国——美国与苏联都没有参加《伯尔尼公约》和《哈瓦那公约》，加上欧洲在亚非殖民地纷纷解放，这些原殖民国家不受宗主国缔结的条约约束，使得《伯尔尼公约》的适用范围缩小。因此，联合国教科文组织积极主持订立一个新的公约，尽可能地吸收不同法律文化的国家加入，这就是1952 年缔结的《世界版权公约》。

20 世纪初，随着录制技术和无线电技术的问世，文学艺术作者以外的表演者、录音制作者、广播组织的利益保护也开始引起国际社会的关注，从而诞生了保护邻接权的国际条约。首先是 1961 年的《罗马公约》，其次是 1971 年的《录音制品日内瓦公约》。

20 世纪末，互联网技术普及，也为著作权的国际保护带来新的问题。为此，1996 年，世界知识产权组织主持制定了《世界知识产权组织版权条约》和《世界知识产权组织表演和录音制品条约》，这两个条约又被称为"因特网条约"。

另外，有两部较新的国际条约也值得关注，一是《视听表演北京条约》，该条约通过于 2012 年 6 月在北京召开的世界知识产权组织外交会议，主要涉及对视听录制品中的表演者权的保护。二是《关于为盲人、视力障碍者或其他印刷品阅读障碍者获得已出版作品提供便利的马拉喀什条约》，通过于 2013 年 6 月在马拉喀什举行的世界知识产权组织外交会议，主要目的是为盲人获取作品的无障碍格式提供法律保障。鉴于这两部条约尚未生效，本书不作详细介绍。

第二节　《伯尔尼公约》与《世界版权公约》

《伯尔尼公约》缔结于 1886 年，后来又经过了多次修订，最新文本是 1971 年的巴黎文本。我国于 1992 年 10 月 15 日加入巴黎文本。本书对《伯尔尼公约》具体内容的介绍以巴黎文本为准。巴黎文本共 44 条，正文 38 条，附件 6 条。其中第 1 条至第 21 条以及附件是实质条款。第 1 条至第 19 条内容包括：受保护的作品、受保护的主体、保护条件、权利内容、权利的限制与例外、公约的适用。第 20 条涉及联盟成员国之间的专门协定。第 21 条是有关发展中国家的特别条款。第 22 条至第 38 条是行政管理条款，其中第 22 条至第 25 条规定了大会、执行委员会、国际局、联盟预算等内容。第 26 条至第 38 条规定了公约的修正、批准和加入，对在先文本的适用，过渡条款等内容。

一、《伯尔尼公约》的基本原则

（一）国民待遇原则

《伯尔尼公约》第 5 条第 1 款确立了国民待遇原则，凡是作品的起源国为本联盟成员国的，其他成员国对该作品的保护应当如同本国国民的作品。何谓"起源国"，公约作了明确的解释。

（二）自动保护原则

《伯尔尼公约》第 5 条第 2 款规定，享有和行使著作权不需要履行任何手续。作品在创作完成之日即自动产生著作权，无须像商标权或专利权的取得那样履行登记手续，也不必在作品上加注权利标记。

（三）独立保护原则

《伯尔尼公约》第 5 条第 2 款规定，各国对著作权的保护与救济完全由各国的国内法确定。不过，独立保护原则受到最低保护原则的制约，凡公约规定的最低保护标准，成员国必须履行。

（四）最低保护原则

《伯尔尼公约》第 5 条第 1 款规定，凡受到本公约保护的作者，不仅享有国民待遇，而且享有"本公约特别赋予的权利"。因此，如果成员国的国内法没有达到公约规定的最低保护标准，即使对外国人给予国民待遇，仍然不符合公约的要求。

通过最低保护原则，可以缩小各国立法之间的差距，提高国际保护的水平。不过，根据《伯尔尼公约》第 5 条第 3 款的规定："起源国给予的保护，依照起源国的法律确定。"起源国对于起源自本国的作品，完全按照国内法予以保护，不受公约最低标准的约束。

二、《伯尔尼公约》的主要规定

（一）保护的主体范围

根据《伯尔尼公约》第 2 条第 6 款和第 3 条第 1 款的规定，公约保护的主体是符合条件的作者及其权利继受人。作者受到保护的条件是：作者是本联盟成员国的国民，无论其作品是否出版；或者作者不是本联盟成员国国民，但其作品已在本联盟成员国首次出版，或已在一非联盟成员国和本联盟一成员国同时出版。如果作者不是本联盟成员国的国民，但在本联盟一成员国有惯常居所，应视同该国国民。《伯尔尼公约》第 15 条规定了作者的认定规则。

（二）保护的权利对象

公约保护的权利对象为"文学和艺术作品"。公约没有为作品下定义，只是规定作品包括"文学、科学和艺术领域内的一切成果，无论其表现的方式和形式如何"。

公约列举了若干作品种类：书籍、小册子和其他文字作品；讲课、演讲、布道和其他同类性质的作品；戏剧或音乐剧作品；舞蹈艺术作品和哑剧作品；配词或未配词的乐曲；电影作品和以类似摄制电影的方法表达的作品；图画、油画、建筑、雕塑、雕刻和版画；摄影作品和以类似摄影的方式表达的作品；实用艺术作品；与地理、地形、建筑或科学有关的示意图、地图、设计图、草图和立体作品。

对于实用艺术作品，《伯尔尼公约》第 2 条第 7 款规定，成员国可以选择著作权法的保护，或者作为外观设计和实用新型保护。《伯尔尼公约》第 15 条第 4 款还涉及民间文学艺术作品的保护，该款规定："对于作者不明的未出版作品，如果有充分理由推定作者是本联盟一成员国国民，该国法律可以指定一主管机构作为作者的代理人，并有权在本联盟成员国保护和实施作者的权利。"

公约允许成员国对下列表达排除著作权的保护：官方文件；单纯消息报道性质的每日新闻或各种事实；政治演说和诉讼过程中的发言。

（三）权利内容

《伯尔尼公约》规定的权利内容包括著作人身权和著作财产权。

《伯尔尼公约》第6条之二规定："不受作者的财产权利的影响，即使在财产权利转让之后，作者仍有权请求就作品确认其作者资格，并反对任何歪曲、割裂其作品的行为或其他篡改行为，或其他与作品有关的可能损害其名誉或声望的行为。"该条规定确立了"作者资格权"和"保持作品完整权"。

公约保护的著作财产权包括翻译权、复制权、公开表演权、广播权、公开朗诵权、改编权、音乐作品的录制权、摄制电影权和追续权。

（四）限制与例外

《伯尔尼公约》第9条第2款规定了复制权的例外："本联盟成员国立法可以准许在某些特定情况下复制上述作品，但此种复制不得与该作品的正常使用相冲突，也不致不合理地损害作者的合法利益。"这里提出的限制复制权的三个标准——限于特定情况、不影响作品的正常使用、不损害作者的合法利益，被称为"三步检验法"（Three-step test）。三步检验法不仅适用于复制权的限制，学理上也将其作为检验"合理使用"的一般标准，该标准被后来的若干著作权国际公约所承袭。

公约还明确规定了若干合理使用情形，包括：适当引用；合理教学使用；对时事性文章的转载；新闻报道的合理使用；临时录制。

公约规定了广播权和音乐作品录制权的强制许可，并规定了对发展中国家的优惠，优惠包括翻译权的强制许可和复制权的强制许可。

（五）其他内容

公约还规定了著作权的保护期以及电影作品权利行使的特殊事项等内容。

三、《世界版权公约》的主要内容

《世界版权公约》是联合国教科文组织发起签署的著作权保护公约，于1952年9月6日在日内瓦缔结，1971年7月24日在巴黎修订。1992年7月30日，我国加入日内瓦文本和巴黎文本。

因为《伯尔尼公约》的保护标准较高，而且主要反映了欧洲的法律文化，使得一些普通法系的国家不愿意加入，联合国教科文组织为了吸收更多的国家加入国际著作权保护体系，在《世界版权公约》中作了更多的折中妥协。这一订立背景决定了《世界版权公约》的两大特点：（1）保护标准低于《伯尔尼公约》，以便更多的国家满足加入条件。（2）吸收了版权体系的文化特点，不像《伯尔尼公约》那样有着浓重的作者权体系的色彩。下面对照《伯尔尼公约》，对《世界版权公约》的主要内容作简要介绍。

（一）非自动保护

《世界版权公约》允许成员国要求以履行一定的手续作为著作权保护的条件。但是，只要权利人在作品首次出版时加注了"©"标记，并注明了著作权人的姓名、首次出版年份，且标注的方式与位置足以引起注意，则视为履行了手续要求。

（二）保护对象

保护对象是文学、科学和艺术作品——包括文学、音乐、戏剧和电影作品，以及绘画、雕刻和雕塑。《世界版权公约》没有像《伯尔尼公约》那样详细地列举作品类型。

（三）保护主体

受保护的主体是作为成员国国民的"作者和其他版权所有人"（Author and Other Copyright Proprietor），而《伯尔尼公约》保护的主体仅限于作者。

（四）权利内容与例外

《世界版权公约》没有规定著作人格权，这是融合了版权体系文化的突出体现。在著作财产权方面，《世界版权公约》规定得比较简单，只规定了要保护复制、公开表演、广播、翻译等基本权利，但没有规定具体的权利内容。也没有追续权。

对于权利的例外，《世界版权公约》规定得也比较笼统，只要求成员国规定的权利的例外"不得与公约精神和条款相冲突"。

该公约也规定了类似于《伯尔尼公约》对发展中国家的优惠，即翻译权的强制许可证和复制权的强制许可证。

（五）其他内容

对于《世界版权公约》生效之日已经丧失保护或从未得到保护的作品，本公约没有溯及力。而《伯尔尼公约》第 18 条规定："本公约适用于所有在公约生效时尚未因保护期满而在其起源国进入公有领域的作品。"

由于《世界版权公约》规定的保护标准比较低，因此对公约的规定不允许保留，该公约不影响成员国已经加入的《伯尔尼公约》或美洲区域性公约的适用，已经加入《伯尔尼公约》的国家可以加入《世界版权公约》，但不得退出《伯尔尼公约》，以避免某些国家放弃较高保护标准、趋就低标准。

《世界版权公约》以其低标准的特点吸纳多数国家，在扩大著作权国际保护范围方面发挥了重要的历史作用。但是，随着越来越多的国家加入《伯尔尼公约》

或 TRIPs 协定，低保护标准的《世界版权公约》逐渐失去其影响力。

第三节 《罗马公约》与《录音制品公约》

一、《罗马公约》的主要规定

《保护表演者、录音制品制作者和广播组织的国际公约》是第一部邻接权国际公约，因其缔结于罗马，简称为《罗马公约》。《罗马公约》共有 34 条，其中第 1 条至第 22 条规定了权利保护的实质条款，第 23 条至第 34 条主要规定了缔约国资格、加入或退出公约的程序、争端解决、公约保留、成立政府间委员会、文本使用的语种、联合国秘书长对该公约的管理职责等事项。我国尚未加入该公约。

（一）《罗马公约》的基本原则

1. 不损害著作权原则。《罗马公约》第 1 条规定："本公约给予的保护绝不触动和影响对文学艺术作品的著作权保护。因此，对本公约条款的解释不得妨害这种保护。"

2. 国民待遇原则。《罗马公约》第 4、5、6 条规定了享有国民待遇的主体范围。《罗马公约》第 2 条规定了国民待遇的标准，所谓国民待遇，是指缔约国给予下列主体的待遇：属于该国国民的表演者，且表演在该国境内进行、播放或者首次录制；属于该国国民的录音制作者，且录音制品在该国境内首次录制或首次发行；总部设于该国境内的广播组织，且该组织的节目从位于该国境内的发射台发送。

3. 最低保护原则。第 2 条第 2 款规定："国民待遇原则应符合本公约给予的保护和特别规定的限制。"这是最低保护原则的体现，它构成对国民待遇原则的限制。

4. 非自动保护原则。根据《罗马公约》第 11 条的规定，缔约国可以要求录音制品的保护必须履行一定的手续，该手续构成录音制作者或表演者或二者权利保护的前提条件。因此，对录音制品可以不实行自动保护原则。

（二）保护的主体与对象

《罗马公约》保护的对象包括三类：表演、录音制品、广播。相应地，受保护的主体分别是表演者、录音制作者和广播组织。

1. 表演与表演者。第 3 条第 1 项规定，表演者是指演员、歌唱者、演奏者、舞蹈者，以及其他表演、演唱、陈述、朗诵、演奏或以其他方式表演文学艺术作品之人。可见，公约将"表演"限定于通过声音、动作或表情再现作品的行为，"表演者"即"表演作品之人"。不过，《罗马公约》第9条规定："任何缔约国可根据国内法律和规章，将本公约的保护扩大到非表演文学艺术作品的艺人。"值得注意的是，第19条规定："尽管有公约的其他规定，一旦表演者同意将其表演纳入视觉录制品或视听录制品，第7条即不再适用。"因此，公约所保护的表演不包括电影等视听作品中的表演。

2. 录音制品和录音制作者。录音制品是指表演的声音或其他声音的任何单纯的听觉录制品。录音制作者是指首次将表演的声音或其他声音录制下来的自然人或法人。

3. 广播组织。《罗马公约》没有直接为广播组织下定义，但通过"广播"的定义可以推断出来，因为广播组织即发射广播之主体。公约所称的广播是指"供公众接收的声音或声音兼图像的无线电传播"。鉴于公约订立时的技术背景，广播仅限于"无线广播"。

（三）权利内容

1. 表演者权利。《罗马公约》规定，应当禁止下列行为：未经表演者许可，广播或公开传播其表演；未经表演者许可，录制未曾录制的表演；未经表演者许可，在下列情况下复制其表演的录制品：（1）原始录制品的制作未经其许可；（2）复制的目的超出了其同意录制的目的；（3）原始录制品根据《罗马公约》第15条制作，但复制该录制品的目的超出该条所述目的。第15条规定了邻接权的合理使用，如果原始录制品的制作属于合理使用（如用于教学），第三人复制该录制品用于商业发行，则超出了合理使用的目的范围，应当征得表演者的许可。根据第8条的规定，如果表演是集体表演，缔约国可以确定代表表演者行使权利的方式。

2. 录音制作者权利。录音制作者的基本权利是复制权，即"有权许可或禁止直接或间接复制其录音制品"。《罗马公约》第12条还规定了录音制品的二次使用。内容是：如果为商业目的发行的录音制品或其复制品直接用于广播或任何方式的公开传播，使用者应向表演者或录音制作者或二者单独支付一笔合理的报酬。国内法可以就当事人没有约定的情况规定这种报酬的分配条件。

3. 广播组织的权利。广播组织有权许可或禁止下列行为：转播其广播节目；录制其广播节目；复制未经其许可制作的广播节目的录制品；复制根据《罗马公约》第15条录制的广播节目，但复制该录制品的目的超出该条所述目的；在收取入场费的公共场所公开传播电视节目，被请求保护的缔约国可以规定行使该权利的条件。

（四）其他内容

《罗马公约》还规定了保护期、权利的例外、允许的保留等内容。

二、《录音制品公约》的主要规定

《录音制品公约》的全称是《保护录音制品制作者防止未经许可复制其录音制品公约》，缔结于 1971 年。《罗马公约》缔结之后，许多重要的录音制品生产国都没有加入，并且该公约对录音制品仅规定了复制权，不足以制止国际录音制品的盗版，因此联合国教科文组织和世界知识产权组织联合主持制定了《录音制品公约》。我国于 1992 年加入。

《录音制品公约》对缔约国的资格要求很宽松，只要是联合国、联合国专门机构、国际原子能机构、国际法院规约的成员国，均可加入。保护标准偏低，不要求实行国民待遇。公约内容只有 13 条，义务内容简单。

《录音制品公约》把录音制品定义为"任何仅听觉可感知的对表演的声音或其他声音的固定。"予以保护的主体是属于缔约国国民的录音制作者。保护的内容包括：防止未经制作者许可，制作复制品；进口此类复制品；公开发行此类复制品。缔约国可以从下列保护模式中任选一种：（1）著作权保护；（2）特别权利保护；（3）制止不正当竞争；（4）刑法保护。

《录音制品公约》还规定了保护期、保护的限制、溯及力等内容。

第四节　《世界知识产权组织版权条约》和
《世界知识产权组织表演和录音制品条约》

一、两个条约的制定

《世界知识产权组织版权条约》（WIPO Copyright Treaty，简称 WCT）和《世界知识产权组织表演和录音制品条约》（WIPO Performances and Phonograms Treaty，简称 WPPT），这两部公约同时制定，在 1996 年世界知识产权组织（WIPO）的外交会议上同时通过，在内容上也有许多相似之处，其目的都是解决数字技术与网络环境给著作权与邻接权保护带来的新问题，这两部条约有"因特网条约"之称。

在《伯尔尼公约》1971 年文本之后，从 20 世纪 80 年代开始传播技术有了迅速发展，例如家庭录制设备的大量运用、计算机软件和电子数据库的开发、互联网的运用普及等，这些技术对著作权和邻接权的保护带来很大的影响。自 1991 年始，WIPO 召集专家委员会考虑这些问题。有一种方案是对《伯尔尼公约》和《罗马公约》进行修订，但这种方案最终被认为不可行，主要原因是：（1）根据《伯尔尼公约》第 27 条，实质修订必须经全体缔约国同意，考虑到新问题的复杂性，要得到全体同意很困难；（2）《罗马公约》的管理组织共有三个（世界知识产权组织、联合国教科文组织、国际劳工组织），涉及的利益主体也有三个（表演者、录音制作者、广播组织），要达到利益的协调难度也很大。另一种方案被认为更可行：在著作权领域制定一个新的《伯尔尼公约》议定书（即 WCT 的前身），愿意接受该议定书的《伯尔尼公约》成员国可以加入；在邻接权领域先解决表演者和录音制作者的问题，稍后再制定独立的法律文件调整广播组织的权利。

在 TRIPs 协定谈判期间，为了避免妨碍该谈判，WIPO 委员会有意放缓了草案的制定。TRIPs 协定通过之后，WIPO 委员会注意到该协定对新技术（主要是数字化与网络技术）带来的问题并未作出充分的回应，于是将这些问题作为 WIPO 新条约解决的重点，称为"数字日程（Digital Agenda）"。面对世界贸易组织的竞争，WIPO 也有意通过新条约重新发挥自己的影响力。从 WCT 和 WPPT 的某些规定可以看出，WIPO 新条约在相当程度上受到了 TRIPs 协定的影响（例如涉及执法程序问题）。1996 年，WIPO 在日内瓦召开了关于版权与邻接权的外交会议，WIPO 专家委员会的主席——Jukka Liedes 提出了一份草案作为讨论基础，最终签订了 WCT 和 WPPT。条约还附有议定声明（Agreed Statement），用以解释条约内容。

这两个条约于 2002 年生效，我国于 2007 年 3 月 9 日加入这两个条约。

二、两个条约的主要内容

（一）WCT 第 1 条明确了其与《伯尔尼公约》的关系

WCT 属《伯尔尼公约》第 20 条所称的特别协定；本条约不得与《伯尔尼公约》以外的条约有任何关联，亦不得损害依任何其他条约产生的权利和义务。缔约各方应遵守《伯尔尼公约》第 1 条至第 21 条和附件的规定。条约规定，应比照适用《伯尔尼公约》第 2 条至第 6 条的规定，因此受保护的主体范围与《伯尔尼公约》确定的原则相同。《伯尔尼公约》保护的作品类型均为 WCT 的保护对象。此外，WCT 对计算机程序和数据库还作出了专门规定。

（二）WCT 规定的权利包括复制权、发行权、出租权和向公众传播的权利

复制权是《伯尔尼公约》已经确认的权利，根据 WCT 第 1 条第 4 款，WCT 的缔约方也应予以承认。关于该款的议定声明指出，不言而喻，在电子媒体中以数

字形式存储受保护的作品，构成《伯尔尼公约》第 9 条意义下的复制。《伯尔尼公约》没有规定发行权，WCT 第 6 条规定，文学和艺术作品的作者应享有授权通过销售或其他所有权转让形式向公众提供其作品原件和复制品的专有权。条约将"发行"界定为"以移转所有权的方式向公众提供作品原件和复制件"，因此不包含出租。

（三）向公众传播

条约中的"向公众传播"是指"授权将其作品以有线或无线方式向公众传播，包括将其作品向公众提供，使公众中的成员在其个人选定的地点和时间可获得这些作品。"在 WCT 的制定过程中，对"网络传播应通过哪一类权利得到控制"存在争议，尤其是"发行权"与"向公众传播权"之争。最终的妥协方案争取达到以下效果：（1）尽量使权利的法律特征不受技术的限制（包含以有线或无线方式）；（2）体现网络传播的交互性（包括将其作品向公众提供，使公众中的成员在其个人选定的地点和时间可获得这些作品），即"应请求式服务"（On-demand service）；（3）填补了《伯尔尼公约》的空白，使向公众传播权不受作品类别的限制。

（四）保护期

在保护期方面，WCT 第 9 条规定，摄影作品的保护期不适用《伯尔尼公约》第 7 条第 4 款的规定，这意味着摄影作品的保护期也应当是作者终身加死后 50 年。

（五）限制与例外

在限制与例外方面，WCT 第 10 条第 1 款重申了《伯尔尼公约》的三步检验法，对著作权设置限制与例外应满足三个条件：限于特殊情况；不得与作品的正常利用相抵触；不得无理损害作者的合法利益。

（六）对技术措施与权利管理信息的保护

WCT 第 11 条规定，缔约各方应规定适当的法律保护和有效的法律救济，制止规避由作者为行使条约所规定的权利而使用的，用以禁止未经作者许可或未经法律允许而使用作品的有效技术措施。第 12 条规定，缔约各方应规定适当和有效的法律救济，制止任何人明知或应知其行为会诱使、促成、便利或包庇对本条约或《伯尔尼公约》规定的任何权利的侵犯，而故意从事下列行为：未经许可去除或改变任何权利管理电子信息；未经许可，发行、为发行目的而进口、广播、向公众传播明知未经许可已被去除或改变权利管理电子信息的作品或作品之复制品。

（七）保护主体、对象和原则

WPPT 保护属于缔约方国民的表演者和录音制作者。"国民"的范围适用《罗马公约》的相关规定。WPPT 保护的权利对象包括表演和录音制品。

WPPT 采取的保护原则是国民待遇加最低保护标准。条约规定的应当保护的权利包括：

1. 表演者的权利。包括：

（1）精神权利。WPPT 第 5 条规定，表演者享有表演者身份表示权和禁止歪曲篡改其表演的权利，由表演的方式决定可以不提及表演者的除外。这是国际条约首次确认邻接权人的精神权利。

（2）对未固定之表演的权利。对未固定的表演，表演者应享有专有权，包括广播和向公众传播该表演，除非该表演本身属于广播表演；录制该表演。

（3）复制权。表演者享有专有权，授权以任何方式或形式对其录制为录音的表演直接或间接地复制。关于复制权在数字环境下的适用，与 WCT 的相关议定声明类似。

（4）发行权。发行权是指表演者授权以销售或其他移转所有权的方式向公众提供表演之录音制品的原件或复制件的专有权。同 WCT 一样，WPPT 不规定发行权的穷竭问题。

（5）出租权。表演者应享有授权对表演之录音制品的原件和复制件向公众进行商业出租的专有权。如果缔约方在 1994 年 4 月 15 日已承认并仍然保护表演者对其表演之录音制品的商业出租享有获取公平报酬的权利，只要录音制品的商业出租没有引起对表演者复制权的严重损害，可以保留该制度。

（6）提供已录制表演的权利。"提供已录制表演的权利"规定于第 10 条，措辞类似于 WCT 中的向公众传播的权利，但其限于"使该表演可为公众中的成员在其个人选定的地点和时间获得"，而 WCT 的规定是"包括将作品向公众提供，使公众中的成员在其个人选定的地点和时间可获得作品"。

2. 录音制作者的权利。包括复制权、发行权、出租权、提供录音制品的权利，具体内容与表演者的相关权利类似，不复赘述。

根据 WPPT 第 15 条，将商业性发行的录音制品直接或间接用于广播或用于对公众的任何传播，表演者和录音制品制作者应享有获得一次性合理报酬的权利。

条约还规定了权利的例外、技术措施与权利管理信息的保护、权利的实施等，其内容与 WCT 基本相同。

思考题：

1. 简述 TRIPs 协定对知识产权保护的影响。

2. 简述《巴黎公约》的主要内容。
3. 简述《伯尔尼公约》的主要内容。
4. 简述 WCT 的特点。

阅 读 文 献

■ 恩格斯：《论封建制度的瓦解和民族国家的产生》，《马克思恩格斯文集》第 4 卷，人民出版社 2009 年版。

■ 邓小平：《在全国科学大会开幕式上的讲话》（1978 年 3 月 18 日），《邓小平文选》第 2 卷，人民出版社 1993 年版。

■ 邓小平：《科学技术是第一生产力》（1988 年 9 月 5 日、12 日），《邓小平文选》第 3 卷，人民出版社 1993 年版。

■ 习近平：《决胜全面建成小康社会 夺取新时代中国特色社会主义伟大胜利——在中国共产党第十九次全国代表大会上的报告》（2017 年 10 月 18 日），人民出版社 2017 年版。

■ 习近平：《在中国科学院第十九次院士大会、中国工程院第十四次院士大会上的讲话》（2018 年 5 月 28 日），《人民日报》2018 年 5 月 29 日。

■《罗马公约和录音制品公约指南》，刘波林译，中国人民大学出版社 2002 年版。

■《保护文学和艺术作品伯尔尼公约指南》，刘波林译，中国人民大学出版社 2002 年版。

■《著作权与邻接权法律术语汇编》，刘波林译，北京大学出版社 2007 年版。

■〔英〕梅因：《古代法》，沈景一译，商务印书馆 1959 年版。

■〔英〕罗素：《人类的知识——其范围与限度》，张金言译，商务印书馆 1983 年版。

■〔西班牙〕德利娅·利普希克：《著作权与邻接权》，联合国教科文组织译，中国对外翻译出版公司 2000 年版。

■〔奥〕博登浩森：《保护工业产权巴黎公约指南》，汤宗舜、段瑞林译，中国人民大学出版社 2003 年版。

■〔匈〕米哈依·菲彻尔：《版权法与因特网》（上、下），郭寿康等译，中国大百科全书出版社 2009 年版。

■〔澳〕布拉德·谢尔曼、〔英〕莱昂内尔·本特利：《现代知识产权法的演进：英国的历程（1760—1911）》，金海军译，北京大学出版社 2012 年版。

■〔美〕弗雷德里克·M. 阿伯特、〔瑞士〕托马斯·科蒂尔、〔澳〕弗朗西斯·高锐：《世界经济一体化进程中的国际知识产权法》（上册），王清译，商务印书馆 2014 年版。

■〔美〕威廉·M. 兰德斯、理查德·A. 波斯纳：《知识产权法的经济结构》，金海军译，北京大学出版社 2016 年版。

■ L. Ray Patterson & Stanley W. Lindberg：*The Nature of Copyright*，The University of Georgia Press，1991.

■ Stuart Banner：*American Property*：*A History of How*，*Why*，*and What We Own*，Harvard University Press，2011.

人名译名对照表

［奥］	博登浩森	G. H. C. Bodenhaosen
［英］	本特利，莱昂内尔	Lionel Bently
［美］	班克罗夫特，乔治	George Bancroft
［美］	达勒姆，艾伦	Alan L. Durham
［美］	高莫凯维兹，罗伯特	Robert Gomulkiewicz
［美］	康威–琼斯，丹妮尔	Danielle Conway-Jones
［西班牙］	利普希克，德利娅	Delia Lypzic
［美］	莱姆利，马克	Mark Lemley
［美］	阮仙桃	Xuan Thao Nguyen
［俄］	屠格涅夫，伊凡	Ivan Turgenev
［澳］	谢尔曼，布拉德	Brad Sherman
［法］	雨果，维克多	Victor Hugo
［日］	中山信弘	なかやまのぶひろ

后　记

　　《知识产权法学》是马克思主义理论研究和建设工程重点教材，由教育部组织编写，经国家教材委员会审核通过。

　　在教材编写过程中，得到了国家教材委员会高校哲学社会科学（马工程）专家委员会、思想政治审议专家委员会以及教育部原马工程重点教材审议委员会的指导。同时，广泛听取了高校教师和学生的意见建议。

　　本教材由刘春田主持编写。绪论，刘春田撰写；第一章、第四章，第七章，孙新强撰写；第二章、第三章、第五章、第六章，李雨峰撰写；第八章、第九章、第十四章第二节，郭禾撰写；第十章，马一德撰写；第十一章、第十二章、第十三章、第十四章第一节，王太平撰写；第十五章、第十六章，张玉敏撰写；第十七章、第十八章、第十九章，王迁撰写；第二十一章，曲三强撰写；第二十章、第二十二章，冯晓青撰写；第二十三章、第二十五章，李琛撰写；第二十四章，李明德撰写。

2019 年 6 月 6 日

郑重声明

高等教育出版社依法对本书享有专有出版权。任何未经许可的复制、销售行为均违反《中华人民共和国著作权法》，其行为人将承担相应的民事责任和行政责任；构成犯罪的，将被依法追究刑事责任。为了维护市场秩序，保护读者的合法权益，避免读者误用盗版书造成不良后果，我社将配合行政执法部门和司法机关对违法犯罪的单位和个人进行严厉打击。社会各界人士如发现上述侵权行为，希望及时举报，本社将奖励举报有功人员。

反盗版举报电话　（010）58581999　58582371　58582488

反盗版举报传真　（010）82086060

反盗版举报邮箱　dd@hep.com.cn

通信地址　北京市西城区德外大街 4 号

　　　　　高等教育出版社法律事务与版权管理部

邮政编码　100120

意见反馈

为收集对教材的意见建议，进一步完善教材编写和做好服务工作，读者可将对本教材的意见建议通过如下渠道反馈至我社。

咨询电话　400-810-0598

读者服务邮箱　gjdzfwb@pub.hep.cn

通信地址　北京市朝阳区惠新东街 4 号富盛大厦 1 座

　　　　　高等教育出版社总编辑办公室

邮政编码　100029

防伪查询

用户购书后刮开封底防伪涂层，利用手机微信等软件扫描二维码，会跳转至防伪查询网页，获得所购图书详细信息。用户也可将防伪二维码下的 20 位数字按从左到右、从上到下的顺序发送短信至 106695881280，免费查询所购图书真伪。

防伪客服电话　（010）58582300